VOLKER GRONEFELD

Preisgabe und Ersatz des enteignungsrechtlichen Finalitätsmerkmals

Schriften zum Öffentlichen Recht

Band 200

Preisgabe und Ersatz des enteignungsrechtlichen Finalitätsmerkmals

Von

Dr. Volker Gronefeld

DUNCKER & HUMBLOT / BERLIN

Alle Rechte vorbehalten
© 1972 Duncker & Humblot, Berlin 41
Gedruckt 1972 bei Feese & Schulz, Berlin 41
ISBN 3 428 02776 0

Vorwort

Das Enteignungsrecht steht von jeher im Rampenlicht juristischer Aufmerksamkeit; ungezählte Judikate und eine — bisweilen erdrückende — Fülle literarischer Äußerungen liefern hierfür Beweis. Dennoch existieren auch hier Bezirke, die nähere Untersuchung lohnen. So geht die vorgelegte Arbeit den Fragen nach, die sich stellen, wenn man mit der neueren Rechtsprechung des Bundesgerichtshofes aus Gründen gerechter und billiger Entschädigung beim Enteignungsbegriff auf das Merkmal der Zielgerichtetheit verzichten will. Eine derartige Entwicklung wirft nicht nur Fragen auf, was die sichere Handhabung des Enteignungsbegriffes auf dem Gebiet der Zurechenbarkeit einer Eigentumsbeeinträchtigung betrifft; ein solches Verständnis des Enteignungsbegriffes muß auch einer Nachprüfung an der Verfassung, insbesondere den Erfordernissen, die Art. 14 Abs. 3 GG für eine Enteignung normiert, standhalten.

Die Arbeit hat der Juristischen Fakultät der Universität München zu Beginn des Jahres 1972 als Dissertation vorgelegen. Rechtsprechung und Literatur sind bis Ende 1971 berücksichtigt.

Tief verpflichtet bin ich meinem verehrten Lehrer, Herrn Prof. Dr. Peter Lerche, der diese Arbeit anregte und betreute und mich stets äußerst großzügig förderte.

Herrn Ministerialrat a. D. Dr. Johannes Broermann danke ich für die freundliche Aufnahme der Schrift in sein Verlagsprogramm.

München, im Juli 1972

Volker Gronefeld

Inhaltsverzeichnis

Erster Teil

Ausgangsposition und Gegenstand der Untersuchung   13

A. Die Entwicklung des Eingriffsbegriffs im Bereich der Enteignung sowie ihr allgemeiner verfassungsrechtlicher Hintergrund 13
    I. Der Begriff des Eigentumseingriffs in der Rechtsprechung von Bundesgerichtshof und Bundesverwaltungsgericht 13
    II. Der Eingriffsbegriff als Voraussetzung grundrechtlichen Schutzes in der Rechtsprechung des Bundesverfassungsgerichts 20
    III. Die Eingriffsgleichheit als Voraussetzung grundrechtlichen Schutzes 25
    IV. Der allgemeine verfassungsrechtlich relevante Hintergrund einer „Aufweichung" herkömmlicher Eingriffsvorstellung 27
B. Der Untersuchungsgegenstand 34

Zweiter Teil

Die Preisgabe des enteignungsrechtlichen Finalitätserfordernisses im Lichte von Art. 14 Abs. 3 GG   36

A. Zur Reichweite der Verabschiedung der Finalitätsvorstellung und der Einbettung dieser Entwicklung in die Erweiterung des Enteignungsbegriffes 36
    I. Zur Reichweite der Preisgabe der Zielgerichtetheit 36
    II. Die Preisgabe des Finalitätserfordernisses als Bestandteil der allgemeinen Entwicklung des Enteignungsbegriffes 38
B. Der Widerstand gegen eine Preisgabe des Finalitätsmerkmals aus den in Art. 14 Abs. 3 GG enthaltenen formellen Voraussetzungen einer Enteignung 42
    I. Das Problem 42
    II. Bedenken gegen eine Preisgabe des Finalitätsmerkmals aus der Gemeinwohlklausel des Art. 14 Abs. 3 S. 1 GG 43
    III. Bedenken gegen eine Preisgabe des Finalitätsmerkmals aus der Junktimklausel des Art. 14 Abs. 3 S. 2 GG 45
       1. Die spezielle Problemlage im Bereich der Junktimklausel bei Preisgabe des Finalitätsmerkmals 45
       2. Beseitigung der Bedenken durch restriktive Auslegung der Junktimklausel? 47

3. Aktuelle Bedeutung der Junktimklausel angesichts der Rechtsprechung des Bundesgerichtshofes zum enteignungsgleichen Eingriff? 51
4. Auftrag und Funktion der Junktimklausel 60
5. Eingeschränkte Geltung der Junktimklausel aus dem Gesichtspunkt des „ultra posse nemo obligatur"? 64
6. Verlangt die Junktimklausel nach einem Enteignungsbegriff im Sinne vorhersehbarer eigentumsbeeinträchtigender Maßnahmen? 66
   a) Die Möglichkeit vorsorglicher Entschädigungsregelung 66
   b) Vorhersehbarkeit der Eigentumsbeeinträchtigung als begriffsnotwendiger Bestandteil eines Eigentumseingriffes? .. 68
7. Das Zitiergebot des Art. 19 Abs. 1 S. 2 GG und die Preisgabe des Finalitätsmerkmals im Enteignungsrecht 77
   a) Das Verhältnis von Art. 19 Abs. 1 S. 2 GG zu Art. 14 Abs. 3 S. 2 GG 77
   b) Übernahme der verfassungsrechtlichen Rechtsprechung zum Zitiergebot auf das Enteignungsrecht? 79
IV. Verbleibende Wege zur Lösung des Spannungsverhältnisses zwischen Junktimklausel und Preisgabe des Finalitätserfordernisses 82
1. Zwischenbilanz 82
2. Die verfassungskonforme Auslegung als Mittel zur Vermeidung eines Verstoßes gegen Art. 14 Abs. 3 S. 2 GG? 82
3. Die Möglichkeit einer Differenzierung zwischen Verfassungswidrigkeit und Nichtigkeit eines entschädigungslosen Enteignungsgesetzes 87
   a) Die Appellwirkung bundesverfassungsgerichtlicher Entscheidungen 89
   b) Die „Kooperation" von Bundesverfassungsgericht und Gesetzgeber als Alternative zur „ipso iure" Nichtigkeit 90
   c) Die Feststellung eines entschädigungslosen Enteignungsgesetzes und die Möglichkeit rückwirkender Heilung durch nachträgliche gesetzliche Entschädigungsregelung 94

C. Das Resultat 97

Dritter Teil

Die Unmittelbarkeit des Eigentumseingriffes als Ersatz für das verabschiedete Finalitätsmerkmal 98

A. Tragweite und Bedeutung des Begriffes der Unmittelbarkeit 98
B. Die speziellen Zurechnungskriterien einer Eigentumsbeeinträchtigung im Enteignungsrecht 104
   I. Auftrag und Funktion der Enteignungsentschädigung 105
   II. Die Tauglichkeit zivil- und verwaltungsrechtlicher Schadenszurechnungskriterien im Enteignungsrecht 108
      1. Der adäquate Kausalzusammenhang 108
      2. Die Sozialadäquanz 110
      3. Der Gefahrbegriff 112

4. Die Theorie der wesentlichen Ursache 114
  5. Die Normzwecklehre 115
III. Die Zurechnung von Eigentumsbeeinträchtigungen zum Tätigkeitsbereich hoher Hand 117
  1. Der Einsatz von Befehl und Zwang als Kriterium des Vorgehens hoher Hand? 117
  2. Eigentumseingriff hoher Hand nur bei Wahrnehmung öffentlicher Aufgaben? 120
  3. Der Lösungsansatz 129
  4. Die Zuordnung von Realakten zum Tätigkeitsbereich hoher Hand 132
  5. Der notwendige Zusammenhang zwischen dem Handeln hoher Hand und der eingetretenen Eigentumsbeeinträchtigung 136

Literaturverzeichnis 141

Abkürzungsverzeichnis

AcP	Archiv für die civilistische Praxis
AfE	Archiv für das Eisenbahnwesen
AfK	Archiv für Kommunalwissenschaften
AöR	Archiv des öffentlichen Rechts
AuR	Arbeit und Recht
BadVGH	Badischer Verwaltungsgerichtshof
BAG	Bundesarbeitsgericht
BAGE	Entscheidungssammlung des Bundesarbeitsgerichts
BAnz	Bundesanzeiger
BayGO	Bayerische Gemeindeordnung
BayJMBl	Bayerisches Justizministerialblatt
BayLStVG	Bayerisches Landesstraf- und Verordnungsgesetz
BayObLG	Bayerisches Oberstes Landesgericht
BayVerfGH	Bayerischer Verfassungsgerichtshof
BayVerfGHE	Entscheidungssammlung des Bayerischen Verfassungsgerichtshofs
BayVGH	Bayerischer Verwaltungsgerichtshof
BayVGHE	Entscheidungssammlung des Bayerischen Verwaltungsgerichtshofs
BayVBl	Bayerische Verwaltungsblätter
BB	Der Betriebs-Berater
BBaubl.	Bundesbaublatt
BBauG	Bundesbaugesetz
Betrieb	Der Betrieb
BFH	Bundesfinanzhof
BFHE	Entscheidungssammlung des Bundesfinanzhofs
BFStrG	Bundesfernstraßengesetz
BGB	Bürgerliches Gesetzbuch
BGBl	Bundesgesetzblatt
BGE	Entscheidungssammlung des Schweizerischen Bundesgerichts
BGH	Bundesgerichtshof
BGHSt	Entscheidungssammlung des Bundesgerichtshofs in Strafsachen
BGHZ	Entscheidungssammlung des Bundesgerichtshofs in Zivilsachen
BLG	Bundesleistungsgesetz
BlGBW	Blätter für Grundstücks-, Bau- und Wohnungsrecht
BRS	Baurechtssammlung
BSG	Bundessozialgericht

Abkürzungsverzeichnis

BSGE	Entscheidungssammlung des Bundessozialgerichts
BStBl	Bundessteuerblatt
BVerfG	Bundesverfassungsgericht
BVerfGE	Entscheidungssammlung des Bundesverfassungsgerichts
BVerfGG	Gesetz über das Bundesverfassungsgericht
BVerwG	Bundesverwaltungsgericht
BVerwGE	Entscheidungssammlung des Bundesverwaltungsgerichts
DAR	Deutsches Autorecht
DJT	Deutscher Juristentag
DÖV	Die öffentliche Verwaltung
DRiZ	Deutsche Richterzeitung
DRZ	Deutsche Rechts-Zeitschrift
DVBl	Deutsches Verwaltungsblatt
DWW	Deutsche Wohnungswirtschaft
EStG	Einkommensteuergesetz
EvStL	Evangelisches Staatslexikon
FamRZ	Zeitschrift für das gesamte Familienrecht
GA	Goltdammers Archiv für Strafrecht und Strafprozeß
GewArch	Gewerbearchiv
GG	Grundgesetz
Gruchot	Gruchots Beiträge zur Erläuterung des deutschen Rechts
GRUR	Gewerblicher Rechtsschutz und Urheberrecht
GSZ	Großer Senat für Zivilsachen (BGH)
HdbDStR	Handbuch des Deutschen Staatsrechts
HdSW	Handwörterbuch der Sozialwissenschaften
HKWP	Handbuch der Kommunalen Wissenschaft und Praxis
JbSW	Jahrbuch für Sozialwissenschaft
JheringsJb	Jherings Jahrbücher der Dogmatik des bürgerlichen Rechts
JöR	Jahrbuch des öffentlichen Rechts
JR	Juristische Rundschau
JuJb	Juristen-Jahrbuch
JurA	Juristische Analysen
JuS	Juristische Schulung
JW	Juristische Wochenschrift
JZ	Juristenzeitung
KG	Kammergericht
Kom.	Kommentar
LG	Landgericht
lit.	Buchstabe
LM	Nachschlagewerk des Bundesgerichtshofs, herausgegeben von Lindenmaier und Möhring
LPG	Landespressegesetz
LS	Leitsatz
LVG	Landesverwaltungsgericht

MDR	Monatsschrift für deutsches Recht
NdsRpfl	Niedersächsische Rechtspflege
NJW	Neue Juristische Wochenschrift
OLG	Oberlandesgericht
OVG	Oberverwaltungsgericht
OVGE	Entscheidungssammlung der Oberverwaltungsgerichte Lüneburg und Münster
Prot.	Protokolle
PrOVG	Preußisches Oberverwaltungsgericht
PVU	Preußische Verfassungsurkunde
Rspr.	Rechtsprechung
RPG	Reichspressegesetz
RG	Reichsgericht
RGSt	Entscheidungssammlung des Reichsgerichts in Strafsachen
RGZ	Entscheidungssammlung des Reichsgerichts in Zivilsachen
RiA	Das Recht im Amt
Rz.	Randziffer
SeuffArch	Seufferts Archiv für Entscheidungen der obersten Gerichte
Soz. Sich.	Soziale Sicherheit
StGB	Strafgesetzbuch
StL	Staatslexikon
StuW	Steuer und Wirtschaft
U.	Urteil
VersR	Versicherungsrecht, Juristische Rundschau für die Individualversicherung
VerwArch	Verwaltungsarchiv
VerwRspr	Verwaltungsrechtsprechung in Deutschland
VG	Verwaltungsgericht
VGH	Verwaltungsgerichtshof
VVDStRL	Veröffentlichungen der Vereinigung der Deutschen Staatsrechtslehrer
VwGO	Verwaltungsgerichtsordnung
Warneyer	Warneyer, Die Rechtsprechung des Reichsgerichts, ab 1961 die Rechtsprechung des Bundesgerichtshofs
WM	Wertpapier-Mitteilungen
WRP	Wettbewerb in Recht und Praxis
WV	Weimarer Verfassung
ZBR	Zeitschrift für Beamtenrecht
ZgesStW	Zeitschrift für die gesamte Staatswissenschaft
ZHR	Zeitschrift für das gesamte Handelsrecht und Wirtschaftsrecht
ZZP	Zeitschrift für Zivilprozeß

Erster Teil

Ausgangsposition und Gegenstand der Untersuchung

A. Die Entwicklung des Eingriffsbegriffs im Bereich der Enteignung sowie ihr allgemeiner verfassungsrechtlicher Hintergrund

I. Der Begriff des Eigentumseingriffs in der Rechtsprechung von Bundesgerichtshof und Bundesverwaltungsgericht

Vielfältig wie die Tätigkeitsformen hoheitlicher Verwaltung sind auch die Beeinträchtigungen, die ihrem Wirkungskreis erwachsen. Tatsächliche Vorgänge[1], fehlerhafte Rechtshandlungen im Sinne rechtswidriger[2] wie auch rechtswidrig schuldhafter Eigentumsbeschneidungen[3], gezielte Eingriffe[4] und ungewollte Beeinträchtigungen[5], lassen den Ruf nach Enteignungsentschädigung laut werden.

---

[1] BGHZ 37, 44/47 (Artillerieschießübungen); 48, 58 (Rheinuferstraße); 48, 65; 30, 241 (beide betr. Höherlegung einer Straße); 48, 98 (Autobahnneubau); 49, 148 (Verkehrslärm); 49, 231 (Moselausbau); 49, 339 (Sandabschwemmungen); 54, 332 (Verkehrsampel); 54, 384 (Bau und Betrieb einer Fernverkehrsstraße); BGH LM Nr. 1 zu § 77 BLG (Manöverschäden); BGH LM Nr. 14 zu Art. 14 (Cf) (Bärenbaude); BGH NJW 1965, 1907 (Buschkrugbrücke); BGH MDR 1965, 120 (Kanalisationsarbeiten); BGHZ 55, 261 (Soldatengaststätte); BGHZ 55, 229 (Rohrbruch); BGH NJW 1971, 750 (Überschwemmung); OLG Hamm MDR 1968, 321 (Sprengungen).

[2] BGHZ 6, 270/290 f. (Wohnungszuweisung); BGHZ 15, 17/22 f. (Apothekenkonzession); BGHZ 32, 208/210 ff. (Verkaufsveranstaltung); BGH NJW 1965, 1912 (Genehmigung einer Werbeanlage); OLG Hamburg DÖV 1971, 238 (Unzureichende Beamtenbesoldung); BGH DÖV 1971, 246 (Bauerlaubnis); vgl. auch *Maunz* in Maunz-Dürig-Herzog Art. 14 Anm. 100; *Keßler*, DRiZ 1967, 374 ff.; *Bender*, Staatshaftungsrecht, Rz. 27 ff. (S. 18 ff.); *Kröner*, Eigentumsgarantie, 12 f. jeweils m. w. Nachw.

[3] Nur etwa BGHZ 7, 296/297 ff. (Wohnungszuweisung); BGHZ 13, 88/92 ff. (Gebäudeabbruch); *Bender*, Staatshaftungsrecht, Rz. 27 (S. 19) Fn. 69; zur Entwicklung der Rechtsprechung *Jaenicke*, Haftung, 77 ff.

[4] BGHZ 12, 52/57 (Grundstücksrequisition); BGHZ 23, 235/240 (Behelfsheimsiedlung).

[5] BGHZ 28, 310/313 (Trecker); BGHZ 30, 241 (Höherlegung einer Straße); BGHZ 23, 157 ff. (Verkaufsbaracken); BGH NJW 1960, 1995 (Möbelgeschäft); BGH NJW 1962, 1816 f.; BGH DVBl 1968, 212 (Sandgrube); LG Hamburg MDR 1965, 44 (Brückensperre); vgl. hier auch die in Fn. 1 referierten Entscheidungen; ferner *Konow*, Eigentumsschutz, 62 ff. m. w. Nachw.; *Kröner*, Eigentumsgarantie, 22 f. m. w. Nachw.; *Schack*, DÖV 1965, 616 ff.

Entschädigung aus Enteignungsrecht kann aber nur dann gewährt werden, wenn die tatbestandlichen Voraussetzungen einer Enteignung (Art. 14 Abs. 3 GG), oder eines enteignungsgleichen Eingriffs erfüllt sind. So muß sich die Maßnahme, die den geltend gemachten Nachteil bewirkt, insbesondere als Eingriff hoher Hand im Sinne des Enteignungsrechts präsentieren.

Der vom Eingriffsbegriff umfaßte Vorgang enthält schon allein nach rein sprachlichem Verständnis nicht nur den Effekt der Tätigkeit hoher Hand, nämlich die Beschneidung eines geschützten Rechtsbereiches, sondern darüber hinaus gerade auch die Handlung hoher Hand selbst, die die Rechtsbeeinträchtigung hervorruft, das Kriterium des Instruments[6]. Hält man sich insbesondere diesen letzteren Eingriffsbestandteil der Handlung vor Augen, so läßt sich erkennen, daß dem Eingriff von dieser Seite her gesehen ein Mindestmaß an Zielstrebigkeit anhaftet[7]. Dies fand in der Rechtsprechung[8], aber auch vielfach in der Literatur[9] seinen Ausdruck darin, daß ein recht verstandener Eingriffsbegriff nur das erfassen könne, was eingreifen soll, nicht aber, was zufällig oder doch ungewollt geschieht. In Konsequenz dieser Auffassung war es nur natürlich, daß sich der Bundesgerichtshof zunächst bei ungezielten Eigentumseingriffen Entschädigungsforderungen aus Enteignungsrecht widersetzte[10]: Enteignungscharakter könne einer Eigentumsverletzung eben nur bei hoheit-

---

[6] Hierzu *Lerche*, JuS 1961, 237/239; *Gallwas*, BayVBl 1965, 40.

[7] *Larenz*, Vertrag II, § 30 (S. 10); *Lerche*, DVBl 1958, 524/528; ders., DÖV 1961, 486/490; ders., Grundrechte Bd. IV/1, 447/473; ders., Übermaß, 106, 114, 262 Fn. 15; *Kind*, jur. Diss., 14; *Zeidler*, Technisierung, 8.

[8] Vgl. nur etwa BGHZ 12, 52/57 (Grundstücksrequisition); BGHZ 23, 235/240 (Behelfsheimsiedlung); BGHZ 31, 1/5 (KPD-Mitglied); auch OLG Hamburg DVBl 1959, 822/824; BayVerfGHE nF. 8 II 1/9; OLG Oldenburg JR 1958, 222; OLG Neustadt MDR 1958, 427.

[9] *H. Arndt*, NJW 1957, 856/857; *Beinhardt*, BayVBl 1962, 205/206; *Bettermann*, MDR 1957, 672/674; *Burchardi*, jur. Diss., 117 ff.; *Döbereiner*, NJW 1968, 1916/1917; *Dürig*, JZ 1955, 521/524; *Fischer*, 41. DJT, C 43, 50, 52; *Forsthoff*, Verwaltungsrecht I, 320; ders., DÖV 1965, 289 f.; *Gallwas*, BayVBl 1965, 40/43; *Goennenwein*, Gemeinderecht, 517 f.; *Greiner*, DÖV 1954, 583/586 f.; *Janssen*, Entschädigung, 160 ff.; *Katzenstein*, MDR 1952, 193/194 Fn. 5; *Kimminich* in Bonner Kommentar, Art. 14 GG Anm. 119; *Kind*, jur. Diss., 16; *Herbert Krüger*, Schack-Festschrift, 71/77 f.; *Leisner*, VVDStRL 20 (1963), 185/191 ff., 241; *Menger-Erichsen*, VerwArch 56 (1965), 374 f.; *Pagendarm*, DRiZ 1960, 314/317; *Reißmüller*, JZ 1960, 122; *Riedel*, jur. Diss., 10, 22; *Schack*, JZ 1956, 425/426; ders., JZ 1960, 625/626; ders., JZ 1961, 373; ders., DÖV 1961, 728/729; *Scheuner*, JuS 1961, 243/248; ders., Verfassungsschutz, 63/105; *H. Schneider*, Aufopferung, 30/31; *Karl-Heinz Vogel*, GA 1958, 33/42; *Zeidler*, Technisierung, 25; *Schricker*, Wirtschaftliche Tätigkeit, 229 f.; *Söhn*, jur. Diss., 54; vgl. zu Art. 12 Abs. 1 GG auch *Bachof*, Grundrechte Bd. III/1, 155/198; OVG Münster, DVBl 1965, 527/530; in allgemeineren Zusammenhängen *Geiger*, Grundrechte, 30 f., 47.

[10] Insbes. BGHZ 12, 52/57 (Grundstücksrequisition): Eingriff ist nur, was eingreifen soll, nicht was zufällig geschieht; BGHZ 23, 235/240 (Behelfsheimsiedlung); BGH MDR 1960, 1000; BGHZ 31, 1/5 (KPD-Mitglied).

A. Die Entwicklung des enteignungsrechtlichen Eingriffsbegriffs

lichen Eingriffen gewisser Formalität — zielgerichteten Hoheitshandlungen — zufließen.

Damit war aber das den Grundrechtsschutz bewirkende Eingriffsmerkmal als ein derart formales bestimmt, daß es (notwendigen) Schutz gegen die vielfachen Beeinträchtigungen, die durch die hohe Hand hervorgerufen werden, in dem Maße versagt, als sich die Handlungsformen und Mechanismen der Verwaltung einer Kategorisierung als Eingriff in dem genannten Sinne entziehen[11]. Bedenken gegen den Eingriffsbegriff herkömmlicher Prägung werden aber nicht nur hinsichtlich der Fälle laut, in denen die hohe Hand ohne Anwendung von Befehl und Zwang im Wege der Leistungsverwaltung tätig ist. Der überkommene Eingriffsbegriff kann vor allem auch diejenigen Fälle nicht einer Lösung zuführen, in denen zwar die primäre Handlung zielgerichtet ist, wohl aber „ungezielte" Nebenwirkungen auftreten, die dem Betroffenen, der nicht Adressat der Primärmaßnahme ist, dann eine ganz erhebliche Beeinträchtigung bescheren. Der bisherige Eingriffsbegriff läßt weiter auch jene mitunter äußerst schwerwiegenden Rechtsbeschneidungen außer Betracht, die als Folgewirkungen „ungezielt" abgesehen von der gezielten Primärmaßnahme bei demselben Betroffenen eintreten können.

Der herkömmliche Eingriffsbegriff ist also nicht in der Lage, die geschilderten Kollisionsfälle, deren Lösung ihm aber unter dem Aspekt des Grundrechtsschutzes aufgegeben ist, zu bewältigen. So nimmt es nicht wunder, daß der Eingriffsbegriff in der geschilderten Form zunächst stillschweigend, dann aber schließlich ausdrücklich als formale Voraussetzung grundrechtlichen Eigentumsschutzes verabschiedet wurde[12]. Der Bundesgerichtshof ließ in der Folge für die Qualifikation als Enteignung

---

[11] *Badura*, DÖV 1968, 446/451 f.; *Forsthoff*, Staatsbürger II, 19/20 (Fn. 1); *Friauf*, VVDStRL 27 (1967), 1/7 f.; *Köttgen*, Fondsverwaltung, 69; *Lerche*, Übermaß, 114 ff., 137 ff.; *ders.*, Werbung, 105; *Püttner*, Unternehmen, 141 ff., 145 ff.; *Scheuner*, VVDStRL 11 (1954), 40, 46, 71 f.; *Scholz*, Wesen, 222; *ders.*, Wirtschaftsaufsicht, 44; *Schüle*, VVDStRL 11 (1954), 75/93.

[12] *Bachof*, VVDStRL 12 (1954), 37/57 f., 63 f.; *ders.*, DÖV 1953, 423; *ders.*, VVDStRL 19 (1961), 259 f./263; *ders.*, Grundrechte Bd. III/1, 155/175; *ders.*, Verfassungsrecht II, 113; *Bauschke-Kloepfer*, NJW 1971, 1233/1235; *Bellstedt*, DÖV 1961, 161/167; *Friauf*, JurA 1970, 299; *ders.*, Verfassungsrechtliche Grenzen, 40 f.; *Gallwas*, Beeinträchtigungen, 43 ff., 48; *Herzog*, Hirsch-Festschrift, 63 ff.; *E. v. Hippel*, Grenzen, 61; *Hussla*, Riese-Festschrift, 329/330; *Konow*, Eigentumsschutz, 60, 159 f., 173; *Klußmann*, Zulässigkeit, 33, 122; *Lerche*, DVBl 1958, 524/528 f.; *ders.*, DÖV 1961, 486/490; *Neumann*, Wirtschaftslenkende Verwaltung, 33, 122; *Leisner*, Grundrechte, 404; *Schack*, DÖV 1965, 616/619; *Scholz*, Wesen, 222; *ders.*, Wirtschaftsaufsicht, 44; *Vogel*, VVDStRL 24 (1966), 125/153 f.; vgl. auch *Schleeh*, AöR 92 (1967), 58/77 für den Bereich des verwaltungsgerichtlichen Rechtsschutzes. Schon *Anschütz*, VerwArch 5 (1897), 1/134: Nur so viel läßt sich sagen, daß Billigkeitsrücksichten die Schadloshaltung überall da fordern, wo die Wirkungen einer polizeilichen Verfügung einer Expropriation gleichkommen, also überall, wo ein Vermögensobjekt wider den Willen des Inhabers für öffentliche Zwecke in Anspruch genommen wird.

genügen, wenn von der hoheitlichen Maßnahme unmittelbare Auswirkungen auf das von Art. 14 GG geschützte Eigentum ausgingen[13].

Diese Entwicklung der Judikatur des Bundesgerichtshofs ist nur eine folgerichtige Weiterführung der in der Entscheidung des Großen Senats des Bundesgerichtshofs vom 10. 6. 1952[14] vorgezeichneten Grundlinien. Schon damals wies der Bundesgerichtshof darauf hin, daß die Eigentumsgarantie und der Enteignungsschutz des Art. 14 GG das ganze Vermögen des Bürgers decken müßten. Konkreter Anlaß dieser Ausführungen war zwar nur die Einbeziehung auch subjektiver öffentlicher Rechte in den Eigentumsschutz; jene Erwägungen beanspruchen aber nicht nur Geltung für die dort unmittelbar angesprochene Effektivität des Eigentumsschutzes bezüglich der zu erfassenden Rechtspositionen, sondern darüber hinaus ganz allgemein für die Effektivität des Eigentumsschutzes gegenüber staatlichem Vorgehen welcher Art auch immer. Jede Eigentumsbeeinträchtigung muß sich an Art. 14 GG messen lassen, gleichgültig, auf welche Weise sie herbeigeführt wurde[15]. Ganz Entsprechendes ist auch in der Rechtsprechung des Bundesverfassungsgerichts zu beobachten. Hatte das Bundesverfassungsgericht[16] zunächst festgestellt, das Grundgesetz wolle das Rechtsinstitut des Eigentums so schützen, wie es das bürgerliche Recht und die gesellschaftlichen Anschauungen geformt haben, so löste es sich in der Folgezeit von dieser eher statischen Betrachtungsweise und ging — insbesondere in seiner Rechtsprechung zum Eigentumsschutz öffentlich-rechtlicher Rechtspositionen — davon aus, daß für den Eigentumsschutz entscheidend sei, ob der Inhaber des in Rede stehenden Rechtes eine Position einnimmt, die derjenigen des Eigentümers so nahe

---

[13] BGHZ 23, 157/161 ff. (Verkaufsbaracken); BGHZ 28, 310/313 (Trecker); BGHZ 30, 241 (Höherlegung einer Straße); BGHZ 37, 44/47 (Artillerieschießübungen); BGHZ 48, 46/49; BGHZ 54, 293/295; 54, 332/338; 54, 384/388; BGH LM Nr. 76 zu Art. 14 GG (Baumaterial); BGH DÖV 1964, 100; BGH DÖV 1965, 203; BGH NJW 1968, 293; NJW 1968, 791; BGH NJW 1971, 750; BGHZ 55, 229/231 f.; BGH DÖV 1971, 246; BGHZ 56, 40 ff.; w. Nachw. vgl. Fn. 1; *Konow*, Eigentumsschutz, 62 ff.; *Kröner*, Eigentumsgarantie, 23; *Bender*, Staatshaftungsrecht, Rz. 28 ff. (S. 20 ff.); vgl. auch OLG Celle NdsRPfl 1963, 251; LG Hamburg MDR 1965, 44.

[14] BGHZ 6, 270/278 — GSZ 2/52 (Wohnungszuweisung).

[15] *Götz*, Wirtschaftssubventionen, 275; *Kreft*, Aufopferung, 15; *Kröner*, Eigentumsgarantie, 11; *Lerche*, JurA 1970, 821/845; *Luhmann*, Entschädigung, 50 f. Allgemein zum Eingriffsverständnis: *Friauf*, Verfassungsrechtliche Grenzen, 40; ders., JurA 1970, 299; ders., VVDStRL 27 (1969), 1/7 f.; *Hussla*, Riese-Festschrift, 329/330; *Ipsen*, AöR 90 (1965), 393/426, 429; *Hoffmann*, Währungsparität, 76; *Jaenicke*, Haftung, 84; *Lerche*, Werbung, 108; ders., Übermaß, 144 ff., 137 ff.; *Müller*, Positivität, 38, 73; *Püttner*, Unternehmen, 141 ff., 145 ff., 188; *Scholz*, Wesen, 222; ders., Wirtschaftsaufsicht, 44; *Vogel*, VVDStRL 24 (1966), 125/151 ff.; *Weber*, Staat 4 (1965), 409/436.

[16] BVerfGE 1, 264/277 f.; 2, 380/399; dagegen *Dürig*, JZ 1958, 22; ders., Apelt-Festschrift, 13 ff.

A. Die Entwicklung des enteignungsrechtlichen Eingriffsbegriffs

kommt, daß Art. 14 GG Anwendung finden muß[17]. Ähnlich argumentieren das Bundesverwaltungsgericht[18] und das Bundessozialgericht[19], die als Kriterium mit dem persönlichen Einsatz von Kapital und Arbeit die für den Eigentumsschutz erforderliche Beziehung personaler Art begründen[20].

Der Eigentumsbegriff ist mit der referierten Rechtsprechung nicht als statischer Begriff aufzufassen[21]. Ein derartiger Begriff diente auch nicht der Stabilität und Kontinuität des Eigentumsschutzes, er würde das Gegenteil, die Festlegung auf eine bestimmte Zeit oder Auffassung bewirken[22] und damit Einbußen an seiner Fähigkeit, der Lösung von Kollisionsfällen zu dienen, hinnehmen müssen.

Besondere Beachtung verdient im Bereich der Eingriffsproblematik beim Eigentumsschutz die Rechtsprechung des Bundesverwaltungsgerichts zur sogenannten Nachbarklage. Im Einklang mit der in der Literatur[23] und der sonstigen Rechtsprechung[24] h. M. geht auch das Bundesverwaltungsgericht von der grundsätzlichen Zulässigkeit einer derartigen Klage aus[25]. Diese Klage eröffnet dann den Weg zu materieller Prüfung,

---

[17] BVerfGE 4, 219; 14, 288/293 (Rechtsposition ist dann Eigentum, wenn sie Äquivalent eigener Leistung ist); BVerfGE 16, 94/111 (Rechtsposition muß so stark sein, daß nach dem rechtsstaatlichen Gehalt des Grundgesetzes ausgeschlossen ist, daß der Staat sie ersatzlos entzieht); BVerfGE 18, 392/397; 19, 354/370; 22, 241/253; 24, 220/225 f.; vgl. zur Rechtsprechungsentwicklung den Bericht von *Lepa*, Beilage zum BAnz Nr. 187 v. 8. 10. 1969.
[18] BVerwGE 11, 68/74; hierzu *Bachof*, Peters-Festschrift, 642 ff.; BVerwGE 3, 254/256 f.; 3, 297/299; 22, 299/303 f.; 25, 210/220 f.; BVerwG NJW 1966, 899.
[19] BSGE 5, 40/43 mit zust. Anm. *Dürig*, JZ 1958, 22 ff.; BSGE 9, 127 ff.; 25, 170/173; 26, 141/144.
[20] Die Rechtsprechung des Bundesgerichtshofes schwenkte nach der berichteten anfänglich weiteren Fassung — hiernach sollte jedes vermögenswerte Recht Eigentumsschutz genießen — auf die gleiche Linie ein. Diese neuere Judikatur läßt nur solche Rechtspositionen, die eines Schutzes wie das Sacheigentum fähig und bedürftig sind, von Art. 14 GG garantiert sein. Vgl. hierzu nur etwa BGH VersR 1964, 89; BGH WarnRspr. 1967 Nr. 161; zur Entwicklung Anm. *Kreft*, LM Nr. 15 zu Art. 14 (Cc) GG; *Stein*, Lehrbuch, 171; neuerdings *Sendler*, DÖV 1971, 16/20 f.
[21] Ausdrücklich auch BGHZ 6, 270/277; BGHZ 48, 193; BVerfGE 20, 355/356; *Häberle*, Öffentliches Interesse, 689 f.; *Kröner*, Eigentumsgarantie, 32; *Leisner*, Erbschaftsbesteuerung, 85 f.; *Quaritsch*, DVBl 1959, 455/459; *Sendler*, DÖV 1971, 16/18.
[22] Zu diesen Gefahren auch v. *Pestalozza*, Staat 2 (1963), 425/429.
[23] *Evers*, JuS 1962, 87/90 ff.; *Eyermann-Fröhler*, § 42 Anm. 98; *Peters*, DÖV 1965, 744 ff.; *Obermayer*, JuS 1963, 110 ff.; *Simon*, BayVBl 1967, 227 ff.; *Scholz*, Wirtschaftsaufsicht, 69 ff.; *Schulte*, Eigentum, 186 ff., 200 ff.; *Timmermann*, Nachbarschutz, 25 ff., 99 ff.; *Ule*, § 42 Anm. III 1 b; vgl. hierzu auch *Bartlsperger*, VerwArch 60 (1969), 35 ff.; *Redeker*, DVBl 1968, 7 ff.
[24] Etwa OVG Lüneburg DVBl 1962, 418; DVBl 1966, 275; DVBl 1968, 45; OVG Berlin JR 1962, 116; VGH Kassel DVBl 1962, 724; OVG Münster MDR 1964, 445; VGH Mannheim DÖV 1969, 646.
[25] BVerwGE 11, 331 (Gaststättenrecht); vgl. auch *Heinrich*, DVBl 1966, 430 f.; BVerwGE 22, 129/130 ff. (Baurecht); BVerwGE 27, 176 (Wasserrecht) m. Anm.

wenn der Nachbar (Kläger) die Verletzung von Rechtsnormen behauptet, die — zumindest auch — seinem Schutze zu dienen bestimmt sind[26]. Von dieser Grundlage her wird jede als — durch die Baugenehmigung — verletzt gerügte Norm von den Gerichten daraufhin untersucht, ob sie dem Nachbarn über bloße Rechtsreflexe hinaus echte Berechtigungen einräumt. Hierbei greift das Bundesverwaltungsgericht — wenn auch nur subsidiär — auf die Grundrechtsgewährleistungen, im Rahmen der baurechtlichen Nachbarklage insbesondere auf Art. 14 GG, zurück[27]. Allerdings setzt eine Berufung auf Art. 14 GG voraus, daß die beanstandete Baugenehmigung das (nachbarliche) Eigentum verletzt. Dies ist, wird der herkömmliche Eingriffsbegriff i. S. zielgerichteter Einwirkung zugrundegelegt, in derartigen Fällen schlechthin unmöglich; denn der Verwaltungsakt, der die Bebauung eines Grundstückes genehmigt, wirkt eben in seiner Zielrichtung nur auf dieses, nicht aber auf ein anderes (benachbartes) Grundstück ein. Trotzdem zieht hier das Bundesverwaltungsgericht Art. 14 GG heran: Zwar würden Baugenehmigungen, auch wenn sie rechtswidrig sind, in aller Regel das Eigentum des Nachbarn nicht verletzen, wohl aber seien sie dann dazu in der Lage, wenn sie oder ihre Ausnutzung die vorgegebene Grundstückssituation nachhaltig verändern und dadurch den Nachbarn schwer und unerträglich treffen[28]. Leitender Gesichtspunkt dieser Rechtsprechung ist die Überlegung des Bundesverwal-

---

Dellian, DVBl 1968, 33 ff.; BVerwGE 28, 131 (gewerberechtliche Anlagenkonzession) m. Anm. *Schefold*, DÖV 1967, 859; Anm. *Schrödter*, DVBl. 1968, 35; hierzu auch VGH Stuttgart VerwRspr. 11, 739; LVG Köln GewArch 1957, 128; ferner auch BVerwGE 11, 95 ff.; 27, 29/31 ff.; 28, 33/34 ff.; 28, 268/273 ff.; BVerwGE 32, 173 ff.; DVBl 1970, 60 f.; DVBl 1970, 61 ff.; DVBl 1970, 62 ff.; DVBl 1970, 65 f.

[26] Nur etwa *Friauf*, Baurecht, 365/409 ff.; ders., JurA 1969, 3 ff.; *Simon*, Bay VBl 1967, 227 ff.; *Zinkahn-Bielenberg*, § 31 BBauG Anm. 99 ff.

[27] Insbes. BVerwG NJW 1969, 1786; BVerwGE 32, 173/178 f. (Bingerbrück); 32, 222/225 f. (Alter Postweg); BVerwG DVBl 1969, 213/214; DVBl 1970, 60 f. (Schlei); DVBl 1970, 61 f. (Badenweiler); DVBl 1970, 62 ff. (Landstuhl); DVBl 1970, 65 f. (Deggendorf); DVBl 1970, 66 (alle diese Entscheidungen betrafen das Baurecht); zur Begründung der Nachbarklage aus Art. 14 Abs. 1 GG: *Redeker*, DVBl 1971, 369/373; *Schulte*, Eigentum, 200 ff.; abl. *Evers*, DVBl 1970, 12/13 ff.; *Götz*, Bauleitplanung, 48; BVerwG MDR 1971, 163 (für das Wasserrecht); BVerwG 30, 191 (für die Konkurrentenklage): Der Staat lehnt in diesem Zusammenhange die Möglichkeit einer Verletzung von Art. 14 Abs. 1 GG durch die Subventionierung eines Konkurrenten von vornherein ab, da es sich hier immer nur um einen enteignungsgleichen Eingriff handeln könne, der gerade nicht unter Art. 14 Abs. 1 GG falle. Im gleichen Sinne des Entweder-Oder von Enteignung und Eigentumsbindung *H. J. Wolff*, Verwaltungsrecht III, § 154 V b 3 (221); a. A. *Friauf*, DVBl 1966, 729/733; *Götz*, Wirtschaftssubventionen, 274 ff.; *Ipsen*, VVDStRL 25 (1967), 257/301 ff.; *Isensee*, Subsidiaritätsprinzip, 286 ff. (m. vielen Nachw.); *Zacher*, VVDStRL 25 (1967), 308/368 f.; zum Ganzen auch *Redeker*, DVBl 1968, 7/34 ff.; ders., jüngst DVBl 1971, 369/371.

[28] BVerwG NJW 1969, 1786/1787; BVerwGE 32, 173/179; 32, 222; BVerwG DVBl 1969, 213/214; DVBl 1970, 61; DVBl 1970, 62; vgl. auch *Evers*, DVBl 1970, 12/14.

tungsgerichts, daß der Nachbar bei besonders schweren Beeinträchtigungen seines Grundstücks nicht schutzlos gegenüber der Ursache der Beeinträchtigung, der Baugenehmigung, dastehen soll; denn ein solches Ergebnis wäre mit dem Schutzcharakter des Eigentumsrechtes des Art. 14 GG nicht vereinbar. Der von Art. 14 GG geforderte Schutz darf, was sich sinngemäß aus den referierten Entscheidungen des Bundesverwaltungsgerichtes ergibt, nicht durch einen derart technisierten Eingriffsbegriff eingeschränkt werden, der den Eigentumsschutz des Art. 14 GG nur dann aktualisiert, wenn der Eingriff zielgerichtet ist; d. h. der Eingriff muß weder adressatbezogen noch überhaupt auf die Hervorrufung einer bestimmten Beeinträchtigung gerichtet sein.

Gleiche Erwägungen finden sich in der Judikatur des Bundesverwaltungsgerichts auch an anderer Stelle wieder. So räumt das Gericht beispielsweise ein, daß die Erteilung einer Schankerlaubnis an eine in unmittelbarer Nähe einer Kirche gelegene Gaststätte das in Art. 4 Abs. 2 GG gewährleistete Recht ungestörter Religionsausübung beeinträchtigen könne[29]. Für den Bereich des Art. 7 Abs. 4 GG vertritt das Bundesverwaltungsgericht die Meinung, daß die Garantie der Privatschulfreiheit zwar in erster Linie durch solche Maßnahmen in Frage gestellt wird, die einen Eingriff in die freie Betätigung einer Privatschule enthalten oder zu einer Erschwerung oder Verweigerung der Anerkennung als Ersatzschule führen[30]. Abgesehen hiervon müßten aber auch solche Maßnahmen in Betracht gezogen werden, die sich in finanzieller Hinsicht besonders nachteilig auf das Privatschulwesen auswirken, was nicht nur durch staatliche Eingriffe, sondern auch dadurch herbeigeführt werden könne, daß z. B. der Besuch der öffentlichen Schulen besonders anziehend ausgestaltet wird[31].

Auch bei diesen Entscheidungen ist das Wesentliche für die Aktualisierung des Grundrechtsschutzes nicht die Zielrichtung der zu beurteilenden Maßnahme im Sinne einer Adressatbezogenheit oder der Herbeiführung eines bestimmten (geplanten) Erfolges. Auch Nebenwirkungen, die bei einem von der Primärmaßnahme nicht angesprochenen Dritten auftreten, können diesem auf Grund der ihn auch hier schützenden Grundrechte ein selbständiges Klagerecht gegen die Primärmaßnahme einräumen.

---

[29] BVerwGE 10, 91/92, 94.
[30] BVerwGE 23, 347/349.
[31] Vgl. auch BVerwGE 30, 191/197 f. zu Art. 2 und 3 GG; hierzu *Mössner*, JuS 1971, 131; *Scholz*, NJW 1969, 1044; *Selmer*, NJW 1969, 1266; vgl. auch *Schmidt*, NJW 1969, 2162.

II. Der Eingriffsbegriff als Voraussetzung grundrechtlichen Schutzes in der Rechtsprechung des Bundesverfassungsgerichts

Die bisherige Darstellung der Entwicklung des Eingriffsbegriffs im Bereich des Eigentumsschutzes ergab, daß sich diese Voraussetzung grundrechtlichen Schutzes von der Betonung des Technischen, Formalisierten i. S. des Zielgerichteten wegbewegt und sich einem eher materialen Verständnis zuwendet, sich das Gewicht von früherer Gleichberechtigung des Effekt- und Instrumentkriteriums zum heutigen Überwiegen des Effektkriteriums hin verschiebt. Diese Entwicklung spielt sich nicht nur im Bereich des Eigentumsschutzes ab, sie ist umfassender Natur im Bereich des Grundrechtsschutzes. Neben den beiden schon referierten Entscheidungen des Bundesverwaltungsgerichtes zu Art. 4 Abs. 2 und Art. 7 Abs. 4 GG illustriert eine Reihe von Judikaten des Bundesverfassungsgerichts diese Beobachtung.

Auf das Problem des Verhältnisses von Grundrechtsschutz und Nebenfolge der Maßnahmen hoher Hand ging das Bundesverfassungsgericht ausdrücklich in seiner Rechtsprechung zu Art. 3 Abs. 1 und Art. 6 GG ein. Das Gericht schloß dabei ungezielte Folgen hoheitlicher Handlungen nicht schlankweg vom Maßstabe der Grundrechte aus. Allerdings sonderte es gewisse Nebenfolgen über das Kriterium der unbeachtlichen Nebenfolge vom Grundrechtsschutz aus.

So sei nach der Rechtsprechung des Bundesverfassungsgerichts zu Art. 3 Abs. 1 GG eine gewisse ungleiche wirtschaftliche Auswirkung auf die einzelnen Steuerschuldner und ihre Wettbewerbslage bei Steuergesetzen unvermeidbar und hinzunehmen; denn Steuergesetze müssen, um praktikabel zu sein, die Sachverhalte — Massenvorgänge des Wirtschaftslebens — typisieren und damit nicht nur die Besonderheiten des einzelnen Falles, sondern möglicherweise auch ganzer Gruppen vernachlässigen[32]. Doch sei andererseits die Gestaltungsfreiheit des Steuergesetzgebers nicht unbeschränkt, die wirtschaftliche ungleiche Wirkung einer Regelung auf die Steuerzahler darf ein gewisses Maß nicht überschreiten. Die steuerlichen Vorteile der Typisierung müssen im rechten Verhältnis zu der mit der Typisierung notwendig verbundenen Ungleichheit steuerlicher Belastung stehen, wobei geringfügige oder nur in besonderen Fällen auftretende Ungleichheiten unbeachtlich seien[33]. Für den besonderen

---

[32] BVerfGE 6, 55/77; 11, 50/58 ff.; 12, 151/166, 168 f.; 13, 331/341: Die Sachgerechtigkeit einer Norm kann schon dann außer Frage stehen, wenn ihre nachteiligen Wirkungen sich als bloße Nebenfolgen einer im übrigen unbedenklichen Regelung erweisen; 21, 12/26 f.; 21, 54/69; 23, 327/345 f.; 24, 174/183; 28, 324/355.

[33] BVerfGE 13, 331/341; 14, 76/101 f.; 21, 12/27 f.; 26, 172/185; 27, 375/389; *Badura,* AöR 92 (1967), 382/401.

A. Die Entwicklung des enteignungsrechtlichen Eingriffsbegriffs

Bereich des Eigentumsschutzes lassen sich diese Aspekte der unbeachtlichen Nebenfolge allerdings nicht verwerten, wie hier gleich vorweg festzustellen ist. Der Grund dafür ist darin zu sehen, daß die Eingrenzung des Grundrechtsschutzes durch das Merkmal der unbeachtlichen Nebenfolge von der speziellen Aufgabe des Gleichheitssatzes her bestimmt ist: Die hohe Hand soll eine sachgerechte Regelung treffen, wobei ihr im einzelnen ein weiter Spielraum zugebilligt ist. Entscheidend für die Aktualisierung des von Art. 3 Abs. 1 GG vermittelten Schutzes sei, ob die Unterschiede der von der hohen Hand geregelten Sachverhalte für eine am Gerechtigkeitsgedanken orientierte Betrachtungsweise so erheblich sind, daß ihre Vernachlässigung als willkürlich bezeichnet werden müßte[34]. Demnach entspricht es nur der verfassungsrechtlichen Lage, wenn das Bundesverfassungsgericht eine Grenze für die im Bereich des Art. 3 Abs. 1 GG eine Rolle spielenden Zweckmäßigkeitserwägungen dort zieht, wo die besonderen Wertentscheidungen des Grundgesetzes eingreifen[35]. Gleiches gilt für das Verhältnis des eigentumsrechtlichen Schutzes zum blassen Willkürverbot des Art. 3 Abs. 1 GG. Immerhin bleibt jedoch festzuhalten, daß trotz der Nichtberücksichtigung von unbeachtlichen Nebenfolgen unbeabsichtigte Wirkungen hoheitlicher Maßnahmen nicht schlechthin dem Schutzbereich des Art. 3 Abs. 1 GG entrückt sind. Dieses Ergebnis bestätigt eine weitere Entscheidung, und zwar zur Chancengleichheit politischer Parteien[36]. Nach dieser Entscheidung ist die von Art. 3 Abs. 1 GG gewährleistete Chancengleichheit politischer Parteien auch dann verletzt, wenn das Gesetz seinem Wortlaut nach zwar eine ungleiche Behandlung vermeidet, trotzdem aber mittelbar den Bereich politischer Willensbildung beeinträchtigt. Entscheidend sei nicht die äußere Form, sondern der materielle Gehalt der gesetzlichen Regelung.

Mit den Fragen unbeabsichtigter Nebenwirkungen setzte sich das Bundesverfassungsgericht auch ausführlich in seiner Rechtsprechung zu Art. 6 Abs. 1 GG auseinander. Nach dieser Judikatur[37] verbiete es sich angesichts der grundlegenden Wertentscheidung von Art. 6 Abs. 1 GG[38], bei staatlichen Eingriffen wie der Besteuerung eine benachteiligende Sonderbehandlung an Ehe oder Familie anzuknüpfen. Art. 6 Abs. 1 GG

---

[34] BVerfGE 1, 14/52; 4, 352/355 f.; 11, 245/253; 12, 326/333; 12, 341/348; 14, 142/150; 15, 313/320; 17, 149/203; 18, 38/46; 18, 121/124; 20, 31/33; 21, 227/234; 24, 220/228; 25, 101/105; 26, 302/310; 27, 1/10.

[35] Etwa BVerfGE 6, 55/83 f.; 12, 151/169; 13, 331/344; 26, 321/327.

[36] BVerfGE 8, 51/64.

[37] BVerfGE 6, 55/71 f.; 6, 386/388; 13, 290/298; 19, 394/396 ff.; vgl. auch BVerwGE 26, 321/327: Der Vorrang der verfassungsrechtlichen Wertentscheidungen — hier Art. 6 Abs. 1 GG — verbietet es, Zweckmäßigkeitserwägungen (Praktikabilität) unter Verletzung solcher Wertungen voranzustellen.

[38] BVerfGE 11, 50/60; 12, 151/167; 13, 290/299.

untersage dem Gesetzgeber jegliche Benachteiligung von Ehegatten gegenüber Ledigen[39]. Diese Grundsätze lassen darauf schließen, daß das Bundesverfassungsgericht generell alle die Ehegatten benachteiligenden Auswirkungen einer gesetzlichen Regelung, auch die unbeabsichtigten Nebenfolgen, ins Auge faßt, um die entsprechende gesetzliche Regelung an Art. 6 Abs. 1 GG zu messen. Allerdings hatte das Bundesverfassungsgericht in einer früheren Entscheidung[40] festgestellt, daß Art. 6 Abs. 1 GG nicht dazu berechtige, solche Vorschriften für verfassungswidrig zu erachten, die nur in bestimmten Fällen die unbeabsichtigte Nebenfolge haben, sich als Beschwer von Ehe oder Familie auszuwirken. Diese Auffassung schränkte das Gericht aber später[41] wieder ein: Auch wenn der Gesetzgeber die nachteiligen Auswirkungen nicht im Auge gehabt habe, soll doch eine — bei der bisherigen Auslegung — allgemein und unverkennbar dem Gesetzesinhalt entfließende Beeinträchtigung nicht als unbeachtliche Auswirkung angesehen werden. Eine weitere Entscheidung zu diesem Grundrechtsbereich[42] hebt allein auf die Tatsache der Benachteiligung und nicht darauf ab, mit welchen Mitteln der Eingriff erfolgte[43].

Gleiche Erwägungen leiten das Bundesverfassungsgericht auch in seinen Entscheidungen zum Unehelichenrecht. Stellt das Gericht zunächst die in Art. 6 Abs. 5 GG enthaltene allgemeine Wertentscheidung heraus[44], so fordert es dann, daß ein Kind nicht wegen seiner unehelichen Geburt benachteiligt werden dürfe, sei es unmittelbar oder mittelbar[45].

Eine besondere Rolle spielt der Eingriffsbegriff auch im Bereich der Berufsfreiheit, Art. 12 GG. Auch hier machte das Bundesverfassungsgericht den grundrechtlichen Schutz nicht vom Vorliegen eines Eingriffs bestimmter Formalisierung abhängig. Es stellte vielmehr ausdrücklich heraus, daß es beim Schutz der Berufsfreiheit nicht auf die rechtliche Gestaltung einer Regelung ankommt[46]. Zwar bilde Art. 12 Abs. 1 GG regelmäßig nur für solche Bestimmungen die Maßstabsnorm, die sich gerade auf die berufliche Betätigung beziehen. Doch soll der Schutzbereich der

---

[39] BVerfGE 9, 237/247.
[40] BVerfGE 6, 55/77.
[41] BVerfGE 12, 151/169.
[42] BVerfGE 13, 290/299.
[43] Zum Ganzen auch BVerfGE 13, 331/341; 18, 96/106 f.
[44] BVerfGE 8, 210/217; 17, 148/153; BVerfG JZ 1967, 599.
[45] BVerfGE 17, 148/154; das Bundesverfassungsgericht konnte hier offenlassen, ob eine mittelbare Benachteiligung unehelicher Kinder allgemein gegen Art. 6 Abs. 5 GG verstößt, da es die entsprechende Prüfung im Rahmen des allgemeinen Gleichheitssatzes vornahm; vgl. auch BVerfGE 13, 290/298; BVerfG JZ 1967, 599.
[46] BVerfGE 11, 30/43; 12, 144/147; 13, 181/184 ff.; 14, 76/101; 16, 147/162 ff.; 22, 380/384.

A. Die Entwicklung des enteignungsrechtlichen Eingriffsbegriffs

Berufsfreiheit angesichts der materiellen Wertentscheidung in Art. 12 Abs. 1 GG[47] auch solche Vorschriften umfassen, die infolge ihrer tatsächlichen Auswirkungen geeignet sind, die Freiheit der Berufswahl mittelbar zu beeinträchtigen, obwohl sie unmittelbar keinen berufsregelnden Charakter tragen[48]. Regelungen, die in ihrer Auswirkung in die Nähe einer Zulässigkeitsregelung kommen und nach ihrer Art auf die Freiheit der Berufswahl zurückwirken können, sind nach dieser Rechtsprechung wie Zulässigkeitsregelungen zu behandeln und deren rechtlichen Maßstäben unterworfen[49].

Die zitierten Entscheidungen des Bundesverfassungsgerichts beruhen auf den gleichen Gründen, die auch schon im Bereiche von Art. 3 und 6 GG zur entsprechenden Berücksichtigung von unbeabsichtigten Nebenfolgen geführt hatten: Der Schutz des einzelnen vor Beschränkungen der ihm garantierten freien Berufswahl wäre nur unvollkommen, wollte man diese Beeinträchtigungen grundsätzlich einer Nachprüfung an Art. 12 Abs. 1 GG entziehen[50].

Die grundrechtliche Bedeutung ungezielter Nebenwirkungen erkannte das Bundesverfassungsgericht auch in einer Entscheidung zu Art. 9 Abs. 3 GG an[51]. Im Rahmen dieses Grundrechts prüfte das Bundesverfassungsgericht, ob die Tariffähigkeit der Innungen die Koalitionsfreiheit des einzelnen Handwerkers nicht nur rechtlich, sondern möglicherweise in einem ins Gewicht fallenden Umfange tatsächlich beschnitten hat. Wenn dies auch im Ergebnis abgelehnt wurde, läßt doch die Untersuchung des Gerichts hinsichtlich faktischer Auswirkung auf den Betroffenen erkennen, daß das Bundesverfassungsgericht auch hier nicht von einem Eingriffsbegriff bestimmter Formalisierung ausgeht, sondern für die Aktualisierung des Grundrechtsschutzes eine bloße tatsächliche Auswirkung allerdings gewisser Schwere genügen läßt.

In einer jüngsten Entscheidung[52] zu Art. 9 Abs. 1 GG hellte das Bundesverfassungsgericht den Eingriffsbegriff noch von einer anderen Seite her auf. Zunächst wird in dem Beschluß festgestellt[53], daß Art. 9 Abs. 1 GG vor einem Eingriff in den Kernbereich des Vereinsbestandes und der Vereinstätigkeit schütze, da sonst ein effektiver Grundrechtsschutz nicht

---

[47] BVerfGE 7, 377/404.
[48] BVerfGE 11, 30/43; 13, 181/185 f.; 22, 380/384.
[49] BVerfGE 11, 30/43; 13, 181/186: Kriterium — wirtschaftliche Auswirkung; BVerfGE 14, 76/101; BVerfGE 30, 292/313 ff.; *Badura*, AöR 92 (1967), 382/406.
[50] BVerfGE 13, 181/185 f.; vgl. auch BVerfGE 9, 83/87; 10, 185/192; 22, 380/384 f.
[51] BVerfGE 20, 312/321.
[52] BVerfGE 30, 227 ff.
[53] BVerfGE 30, 227/241.

bestünde; zu diesem Kernbereich gehöre aber auch in gewissem Umfange die Namensführung des Vereins. Der unmittelbare Eingriff in das Namensrecht des Vereins kann demnach zugleich einen den Schutz des Art. 9 Abs. 1 GG hervorrufenden mittelbaren Eingriff in die ungehinderte Ausübung der Vereinstätigkeit enthalten[54, 55]. Dies insbesondere dann, wenn sich wie hier durch den Zwang zur Namensänderung Nachteile der unmittelbaren Vereinstätigkeit (hier: Mitwirkung an den Wahlen der Selbstverwaltungsorgane bei den Sozialversicherungsträgern) ergeben, und — hierauf weist das Bundesverfassungsgericht ausdrücklich hin — diese Nachteile eine typische, vorhersehbare Folge des Verbots der bisherigen Namensführung sind.

Allen berichteten Entscheidungen liegt ein Grundrechtsverständnis zugrunde, das den vom speziellen Grundrecht umrissenen Bereich privater Lebensäußerung in den Mittelpunkt seines Schutzes stellt. Eine solche Betrachtungsweise löst sich aber von engen technischen Begriffen als Grundrechtsvoraussetzungen und läßt insbesondere alle Versuche ins Leere greifen, die zur Aktualisierung des Grundrechtsschutzes an einen formalisierten Eingriffsbegriff im Sinne nötiger Zielgerichtetheit anknüpfen wollen.

Dieses Grundrechtsverständnis spiegelt auch die Rechtsprechung des Bundesverfassungsgerichts zum prozessualen Erfordernis der Selbstbetroffenheit im Rahmen der Verfassungsbeschwerde nach Art. 93 Abs. 1 Ziff. 4 lit. a GG, § 90 BVerfGG wider. Grundsätzlich kann eine Verfassungsbeschwerde zulässig nur von dem erhoben werden, der selbst durch den Hoheitsakt in seinen Rechten verletzt ist[56]. Das für eine zulässige Verfassungsbeschwerde erforderliche Rechtsschutzbedürfnis liegt nur dann vor, wenn der Beschwerdeführer durch den von ihm angefochtenen Akt öffentlicher Gewalt unmittelbar rechtlich und nicht nur faktisch betroffen und damit beschwert ist[57]. So können bloße Reflexwirkungen einer Verfassungsbeschwerde nicht zur Zulässigkeit verhelfen[58]. Ob jedoch eine Reflexwirkung vorliegt, soll nach der verfassungsgerichtlichen Rechtsprechung nicht an der formalen Zielrichtung des angegriffenen Hoheitsaktes abzulesen, sondern seiner materiellen Bedeutung nach zu ermitteln sein[59]. So sei auch in den Fällen von unmittelbarer Beschwer des Beschwerdeführers auszugehen und nicht bloße Reflexwirkung anzunehmen, in denen jemand wegen seiner besonderen Beziehung zum Sachverhalt

---

[54, 55] BVerfGE 30, 227/242 f.
[56] BVerfGE 1, 91/95, 97, 102; 2, 292/294; 13, 1/9; 10, 134/136; 29, 83/94.
[57] Ausdrücklich BVerfGE 8, 222/225; 15, 283/285; 24, 289/295; 28, 314/320.
[58] BVerfGE 6, 273/278.
[59] BVerfGE 6, 273/278; insbes. auch BVerfGE 13, 230/233; ebenso *Schmidt-Bleibtreu* in Maunz-Sigloch, § 90 Anm. 95 f.

durch den gegen einen anderen gerichteten Akt öffentlicher Gewalt betroffen ist[60].

III. Die Eingriffsgleichheit
als Voraussetzung grundrechtlichen Schutzes

Das gleiche Ergebnis einer Erweiterung grundrechtlichen Schutzes wie die oben berichtete „Aufweichung" des überkommenen Eingriffsbegriffs erreicht diejenige Auffassung, die anbetrachts der aufgetauchten Schwierigkeiten Beeinträchtigungen, die nicht die beschriebene formale Eingriffsqualität erreichen, solchen Beeinträchtigungen an die Seite rückt, wenn sie nur entsprechende Beschneidungen des Grundrechtsschutzes im Gefolge haben[61]. Hier wird über den Begriff der eingriffsgleichen Beeinträchtigung der Bezugspunkt grundrechtlichen Schutzes vergrößert, indem er von einem den Eingriff (im engen technischen Sinne) und der eingriffsgleichen Beeinträchtigung umfassenden Oberbegriff der Grundrechtsbeeinträchtigung bestimmt wird.

In diesem Zusammenhang ist z. B. an die Rechtsfigur der „faktischen Bausperre" zu denken. Die Rechtsprechung des Bundesgerichtshofs[62] spricht von einer faktischen Bausperre dann, wenn die hohe Hand ohne Anordnung ordnungsgemäßer Bausperre durch ihr objektives Verwaltungshandeln eine die Baufreiheit in einem bestimmten Gebiete einschränkende allgemeine Anordnung getroffen hat, die jedenfalls in ihrer Wirkung einer normativen baurechtlichen Beschränkung des Eigentums (Veränderungssperre) gleichkommt[63]. Auch hier kann, sofern es sich nicht um eine Maßnahme im Bereiche der Eigentumsbindung handelt, ein Entschädigungsanspruch aus Enteignungsrecht gegeben sein, ohne daß es überhaupt auf einen Bauantrag des Bauwilligen sowie dessen Bescheidung durch die Verwaltungsbehörde ankommt[64].

---

[60] BVerfGE 4, 96/100 f.; 15, 256/262 f.; 15, 283/286; 16, 25/27; 18, 1/12: Die für die Zulässigkeit der Verfassungsbeschwerde erforderliche Beschwer braucht nicht ... darin zu bestehen, daß die rechtlichen Pflichten der Bf. gemindert werden, wenn die beanstandete Rechtsvorschrift nichtig wäre. Es muß genügen, daß die als nichtig gerügte Steuernorm ... den Konkurrenten der Bf. rechtliche Vorteile bringt, die die Wettbewerbsfähigkeit der Bf. mindern, und daß die darin liegende Benachteiligung der Bf. wegfallen würde, wenn die Steuernorm für nichtig erklärt würde. BVerfGE 24, 289/295; *Lechner*, § 90 BVerfGG Anm. 3 b; *Schmidt-Bleibtreu* in Maunz-Sigloch, § 90 BVerfGG Anm. 96.

[61] Vgl. etwa *Lerche*, Übermaß, 106, 114, 258 ff., 262; *ders*., Grundrechte Bd. IV/1, 447/473 ff.; *ders.*, JuS 1961, 237/239 f.; *ders.*, Dreivierteldeckung, 14 f.

[62] BGH NJW 1959, 1775 = LM Nr. 21 zu Art. 14 (Ce) GG; BGH NJW 1966, 884; *Kröner*, Eigentumsgarantie, 41.

[63] Im Rahmen einer Eingriffsgleichheit sind allerdings nicht die Fälle angesprochen, in denen die Voraussetzungen für die Anordnung einer förmlichen Veränderungssperre nicht vorliegen, und allein schon in der Ablehnung des Bauantrags eine Enteignung liegt; vgl. BGH NJW 1966, 884.

[64] BGH LM Nr. 21 zu Art. 14 (Ce) GG.

26   1. Teil: Ausgangsposition und Gegenstand der Untersuchung

Ganz Entsprechendes ist auch im Bereich der „allgemeinen Gesetze" des Art. 5 Abs. 2 GG zu beobachten. Die Kennzeichnung eines Gesetzes als „allgemein", dessen Bedeutung sich nicht im Beispielhaften erschöpft[65], sondern ein zuzügliches Erfordernis zum Gesetzesbegriff enthält, erfolgte zunächst dahin, daß das betreffende Gesetz die Rechtsbeziehungen ganz allgemein regeln müsse und nicht unzulässiges Sonderrecht darstellen dürfe. Unzulässiges Sonderrecht sei aber dann gegeben, wenn sich das Gesetz speziell gegen das geschützte Rechtsgut der Meinungsfreiheit richte[66].

Dieser Auffassung wird entgegengehalten, daß sie zwar einen (als ersten Anknüpfungspunkt) wichtigen Teilaspekt berühre, aber doch bei seiner ausschließlichen Verwendung zur Qualifikation als „allgemein" den eigentlichen im Materiellen liegenden Begriffsinhalt vernachlässige[67]. Der Frage, wie die Kriterien eines materiell aufzufassenden Begriffs der „Allgemeinheit" zu bestimmen sind, oder ob angesichts des Fehlens absoluter Fixpunkte der grundrechtliche Geltungsbereich nur über eine Güterabwägung[68] — mit der Gefahr gleichzeitiger Grundrechtsrelativierung[69] — bestimmt werden muß, kann hier dahinstehen; in diesem Zu-

---

[65] Damit sind die Auffassungen ausgeschieden, die „Allgemeinheit" i. S. genereller Geltung des Gesetzes für alle deuten; so etwa *Hamel*, Bedeutung, 46, 48; *Herbert Krüger*, DÖV 1961, 721/727; *W. Jellinek*, VVDStRL 4 (1928), 82 f.; *Quaritsch*, Staat 1 (1962), 289/294; *Vervier*, AöR 6 (1924), 1, 4 f.; *H. Weber*, JuS 1967, 433/440. Diese Eigenschaft ergibt sich schon aus dem materiellen Gesetzesbegriff — *Imboden*, Gesetz, 9 — und ihre spezielle Notwendigkeit unter dem Grundgesetz aus Art. 19 Abs. 1 S. 1 GG — *Fr. Klein*, VVDStRL 15 (1957), 66; *Kemper*, Pressefreiheit, 59; *H. Schneider*, Carl-Schmitt-Festschrift, 159/167. Insgesamt wie hier auch *Bettermann*, JZ 1964, 601/603 f.; *Ridder*, Grundrechte Bd. II, 243/283; *Schwark*, Allgemeine Gesetze, 59 ff.; *Löffler*, Presserecht II § 1 LPG Anm. 56 - 60 (S. 33 ff.), insbes. Anm. 58 (S. 34).

[66] *Anschütz*, Kommentar, Art. 118 WV, Anm. 3; *Häntzschel*, HdbStR 659/660; ders., Kommentar, § 1 RPG Anm. 1/9; *Rothenbücher*, VVDStRL 4 (1928), 6/20; *Kitzinger*, Kommentar, § 1 RPG Anm. 2 a, § 20 RPG Anm. 1; RG JW 1930, 2139 f.; BVerfGE 21, 271/280, 286; BayVerfGHE nF. 4 II 63/76 ff.; BVerwG NJW 1970, 908/910; vgl. hierzu auch *Ehmke*, Arndt-Festschrift, 77/85; *Kemper*, Pressefreiheit, 63 ff.; *H. H. Klein*, Staat 10 (1971), 145/150 ff., 155; *v. Mangoldt-Klein*, Art. 5 GG Anm. IX 3 a (250); *Lerche*, Grundrechte Bd. IV/1, 447/473; *Müller*, Positivität, 68; *Nipperdey*, DVBl 1958, 445/449; *Ridder*, Grundrechte Bd. II, 243/282; *Schwark*, Allgemeine Gesetze, 130; vgl. auch *Bettermann*, JZ 1964, 601 ff.; ders., Grenzen, 21 ff., 25 ff.

[67] *E. Kaufmann*, VVDStRL 4 (1928), 77/81; *Koellreutter*, VVDStRL 4 (1928), 76; *Smend*, VVDStRL 4 (1928), 44/51 f., 97; *Triepel*, VVDStRL 4 (1928), 89; *A. Arndt*, JZ 1965, 337/340; *Hamel*, Bedeutung, 46, 48; *Häberle*, Wesensgehalt, 32; *Hollerbach*, VVDStRL 24 (1966), 232/233; *Geiger*, Leibholz-Festschrift, 187/199; *E. v. Hippel*, Grenzen, 38; *Hesse*, Grundzüge, 152; *Klinkhardt*, DVBl 1965, 467/470; *D. Lorenz*, AöR 95 (1970), 174/177; *Scheuner*, VVDStRL 22 (1965), 1/81; *Schnur*, VVDStRL 22 (1965), 121/155.

[68] Vgl. hierzu die Rspr. des Bundesverfassungsgerichts BVerfGE 7, 198/208 f.; 12, 113/124 f.; 20, 56/97; 20, 162/176 f.; 21, 271/281;; 24, 278 ff.; 25, 44/55; 25, 256/265; 27, 71/80; 27, 104/109; 28, 55/63; 28, 175/185 f.; 28, 191/200; 28, 282/292.

[69] Zu dieser Gefahr *Bettermann*, JZ 1964, 601/602; *Copic*, Grundgesetz, 23 f.; ders., JZ 1963, 495 Fn. 13; *Geiger*, Grundrechte, 31 f., 36; *Gentz*, NJW 1968,

sammenhang ist nur von Interesse, daß versucht wird, beide Auffassungen nicht im Sinne eines Entweder-Oder einander gegenüberzustellen, sondern sie zu kombinieren. Ist ein Gesetz nach den referierten Auffassungen auf der ersten (formalen) Stufe als allgemein erkannt, so soll nicht ausgeschlossen sein, daß es dann auf der zweiten (materialen) Stufe seinen Charakter als dem Sonderrecht gleichgestelltes unzulässiges allgemeines Gesetz erweist[70]. Ein derartiges Verständnis findet sein Hauptanwendungsgebiet in den Fällen, in denen Gesetze in die von Art. 5 Abs. 1 GG geschützten Rechtsbezirke nicht zielgerichtet hineinschneiden, sondern reflexiv das grundrechtliche Rechtsgut berühren. Ganz wie die Fälle administrativer eingriffsloser[71] Beeinträchtigungen sollen derartige Berührungen den speziellen und somit von Art. 5 Abs. 2 nicht gedeckten Gesetzen als „eingriffsgleich" an die Seite gestellt werden[72], wobei das Maß gleicher Auswirkung das entscheidende Wort sprechen soll[73].

IV. Der allgemeine verfassungsrechtlich relevante Hintergrund einer „Aufweichung" herkömmlicher Eingriffsvorstellung

So sehr man die Aufgabe des Eingriffsbegriffes im Sinne eines leicht zu handhabenden Begriffes mit scharfgezeichneter Kontur bedauern mag[74], ist dies doch Teil einer umfassenderen, auch in Teilbereichen nicht aufzuhaltenden Entwicklung, gefordert von einer notwendigen Anpassung des Instrumentariums rechtlichen Schutzes an die Formen heute möglicher Rechtsbeschneidungen wie überhaupt von einem veränderten, den heutigen Gegebenheiten angepaßten Grundrechtsverständnis.

1600/1605; W. *Jellinek*, VVDStRL 4 (1928), 82/83; *Kemper*, Pressefreiheit, 62; *Lerche*, EvStL Sp. 1601/1606; ders., DVBl 1961, 690/692; *Merten*, MDR 1968, 621/625 f.; *Knies*, Kunstfreiheit, 38 Fn. 71, 42; *C. Schmitt*, Verfassungslehre, 167; *Schwark*, Allgemeine Gesetze, 49 ff., 51 f.; *Ridder*, Grundrechte Bd. II, 243/282; *Schwenk*, NJW 1962, 1321/1322; *Schnur*, VVDStRL 22 (1965), 121/127 f., 157.

[70] Zu einem solchen Vorgehen *Lerche*, Grundrechte Bd. IV/1, 447/475; vgl. aber auch die in Fn. 68 referierten Entscheidungen des Bundesverfassungsgerichts.

[71] i. S. nicht gezielter Rechtsbeeinträchtigungen.

[72] Etwa *Lerche*, Übermaß, 106, 114; ders., Grundrechte Bd. IV/1, 447/473 ff., 475, 487 f.; auch *Scholler*, Person, 389.

[73] *Lerche*, Übermaß, 106, 114; ders., Grundrechte Bd. IV/1, 447/473 ff.; *Kemper*, Pressefreiheit, 68; *Ridder*, Grundrechte Bd. II, 243/282 f.; ders., JZ 1961, 537/539; *Schwark*, Allgemeine Gesetze, 131.

[74] Vgl. nur etwa *Menger*, VerwArch 56 (1965), 374/375; *Scheuner*, JuS 1961, 243; *Wagner*, DRiZ 1965, 114/119; unter dem Blickwinkel der Junktimklausel: *Janssen*, Entschädigung, 173 ff.; *Kriele*, DÖV 1967, 531/537 ff.; zur Kritik an der allgemeinen Auflösung des Enteignungsbegriffes insbes.: *Dürig*, JZ 1954, 4 ff.; *Henke*, VVDStRL 28 (1970), 149/177; *C. Schmitt*, Verfassungsrechtliche Aufsätze, 110 ff., 118 ff.; auch *Burmeister*, Verwaltung 1969, 21 (Fn. 2): Ausweitung des klassischen Ausgleichsanspruches durch extensive Auslegung und Aufweichung des Eingriffsbegriffes.

1. Teil: Ausgangsposition und Gegenstand der Untersuchung

Das vom bürgerlichen Rechtsstaat überlieferte Arsenal rechtlichen Schutzes, das sich an einem staatlichen Vorgehen mit Befehl und Zwang orientierte und von dort her die Voraussetzungen seiner Aktualisierung formalisierte (Eingriffsverwaltung)[75], ist der neueren Entwicklung interventionistischer Wirtschafts- und Steuergesetzgebung, der Subventionspraxis, ja der ganzen Wirtschaftslenkung wie der Globalsteuerung — auch im gesellschaftlichen Bereich[76] — nicht mehr gewachsen[77]. Das Instrumentarium überkommener Begriffe, wie der des Gesetzes[78], des Verwaltungsaktes[79], des Eingriffs im allgemeinen[80], möglicherweise sogar des

---

[75] *Brohm*, Strukturen, 235; *Forsthoff*, Planung III, 21/33; *Köttgen*, Planung III, 11/15; *Bender*, JuS 1971, 77/82; *Weber*, Staat 4 (1965), 409/436.

[76] Hierzu *Ellwein*, Regierung, 83; *Herzog*, Hirsch-Festschrift, 63 ff.

[77] *Badura*, Wirtschaftsverfassung, 31 ff.; *Beinhardt*, DVBl 1961, 608/609 f.; *E.-W. Böckenförde*, Arndt-Festschrift, 53/66 ff.; *Gallwas*, Beeinträchtigungen, 1 ff.; *Lerche*, DVBl 1958, 524/528 f.; ders., DÖV 1961, 486/490; ders., Übermaß, 53 ff.; *Weber*, Spannungen, 225 ff./231 ff.

[78] So ist die Wirtschaftsgesetzgebung in erheblichem Umfange Gelegenheitsgesetzgebung. Zur Zulässigkeit von Maßnahmegesetzen: BVerfGE 4, 7/18 f. (Investitionshilfegesetz); 10, 89/107 f. (Erft-Verband); 15, 126/146 f.; 24, 33/52 (AKU); 25, 371/396 (lex Rheinstahl); BVerfGE 30, 250 (Absicherungsgesetz); BVerfGE 29, 402/409 (Konjunkturzuschlag); vgl. weiter zum Maßnahmegesetz: *Bachof*, Staatsbürger II, 3/15; *Badura*, Besonderes Verwaltungsrecht, 235/257; ders., Wirtschaftsverfassung, 35 ff.; *Ballerstedt*, Schmidt-Rimpler-Festschrift, 369 ff.; ders., AöR 74 (1948), 129/146; *Brohm*, Strukturen, 232: Die Unterscheidung zwischen Norm und Verwaltung schleift sich weitgehend ab; hierzu jüngst auch OLG Hamburg DÖV 1971, 238/240; *Ehmke*, Wirtschaft, 66 f.; *Forsthoff*, Jellinek-Gedächtnisschrift, 221 ff.; *Hoppe*, DÖV 1965, 546 ff.; *Isay*, Schmidt-Rimpler-Festschrift, 403/407, 425; *Leisner*, Grundrechte, 179; *Lerche*, Übermaß, 46 ff.; ders., Dreivierteldeckung, 15; *Meessen*, DÖV 1970, 314 ff.; *Menger*, VVDStRL 15 (1957), 3 ff. (insbes. 13 f.); *Menger-Erichsen*, VerwArch 61 (1970), 82/85 f.; *K. Huber*, Maßnahmegesetz; *Scheuner*, VVDStRL 15 (1957), 69 ff. (insbes. 76); *Simitis*, Informationskrise, 12 f.; *Wehrhahn*, VVDStRL 15 (1957), 35 ff.; *Zeidler*, JZ 1960, 391 ff.; ders., Maßnahmegesetz; vgl. auch *Arndt*, NJW 1963, 1273 ff. (insbes. 1274 f., 1279 f.); *Badura*, DÖV 1968, 446/452: Auflösung des liberalen Gesetzesbegriffes; vgl. zu den Problemen eines Gesetzesvorbehalts bei Subventionen etwa: BVerwGE 6, 282/287; BVerfGE 8, 155/167; VGH Kassel JuS 1963, 365 (Nr. 1); *Badura*, Besonderes Verwaltungsrecht, 235/256; ders., Wirtschaftsverfassung, 53; *Bellstedt*, DÖV 1961, 161 ff.; *Friauf*, DVBl 1966, 729/736; *Götz*, Wirtschaftssubventionen, insbes. 281 ff., 289 ff. m. w. Nachw.; *Imboden*, Gesetz, 18 ff.; *Ipsen*, VVDStRL 25 (1967), 257 ff./264 f., 305 f.; ders., DVBl 1956, 461 ff., 498 ff., 602 ff.; *Isensee*, Subsidiaritätsprinzip, 215 f.; *Jesch*, Gesetz, passim; *Selmer*, JuS 1968, 489/492 ff.; *H. J. Wolff*, Verwaltungsrecht III, § 154 V a (220); *Zacher*, VVDStRL 25 (1967), 308/312 ff. m. w. Nachw. Überhaupt zur Interdependenz von Eingriff und Leistung: *Bachof*, VVDStRL 12 (1954), 37/57 f.; *Becker*, VVDStRL 14 (1956), 109; *Beinhardt*, DVBl 1961, 608 ff.; *Hoffmann*, Währungsparität, 71; *Imboden*, Gesetz, 42; *Isensee*, Subsidiaritätsprinzip, 215 f.; *Köttgen*, Fondsverwaltung, 63; *Rupp*, DVBl 1958, 113/115; *Stein*, AöR 86 (1961), 320/322 ff.; *Werner*, DVBl 1959, 527/530.

[79] BVerwGE 3, 258/262: Der Begriff des Verwaltungsaktes ist eine Zweckschöpfung der Verwaltungswissenschaft. Für die Zweckbestimmung des Verwaltungsaktes im Rahmen der Verwaltungsgerichtsbarkeit ist das Rechtsschutzbedürfnis des Bürgers maßgebend. Zur „Aufweichung" des Verwaltungsaktsbegriffes aus Gründen eines durch Art. 19 Abs. 4 GG gewährleisteten um-

A. Die Entwicklung des enteignungsrechtlichen Eingriffsbegriffs

subjektiven öffentlichen Rechts[81], vermag mit der tradierten inhaltlichen Bedeutung die zur Lösung anstehenden Problemlagen nur mehr zum Teil zu bewältigen. Die Notwendigkeit, den Grundrechtsschutz den veränderten Methoden staatlicher Lenkung wie überhaupt staatlicher Tätigkeit anzupassen, ist offenbar[82].

Begründung und Chance einer derartigen Anpassung liegen in einer neuen — die früheren formalisierten Voraussetzungen grundrechtlichen Schutzes ablösenden — Auffassung von Grundrechtsgeltung und -funktion. Ein solches Verständnis, das auch die oben berichtete Kasuistik des Bundesverfassungsgerichts trägt, findet im Grundgesetz nicht nur Rückendeckung, sondern wird vielmehr von ihm verlangt: Art. 19 Abs. 4 und Art. 93 Abs. 1 Ziff. 4 lit. a GG gehen davon aus, daß keine staatliche Tätigkeit außerhalb richterlicher Beurteilung stehen solle, Art. 1 Abs. 3 GG verleiht den Grundrechten die Qualität unmittelbar geltenden Rechts[83]. Allein schon von hierher drängt sich die Forderung auf, daß grundsätzlich kein staatliches Handeln, wie immer es auch beschaffen sein mag, außerhalb grundrechtlicher Geltung stehen dürfe. So werden heute Bezirke, die bislang für grundrechtsfern oder gar grundrechtsfrei gehalten wurden, weil z. B. politischer Art[84] oder die — wie z. B. die Gnadenentscheidungen — nach überkommener Auffassung auf speziellem staatlichen Recht beruhen sollen, nicht mehr prinzipiell der verfassungsrechtlichen Beurteilung[85] entzogen. Gleiches vollzieht sich im besonderen

---

fassenden Rechtsschutzes im Wege teleologischer Interpretation *Bachof,* Staatsbürger II, 3/9, daselbst auch Beispiele; vgl. auch *Badura,* DÖV 1968, 446/452; *Mörtel,* Auswirkungen, 137 ff./150; *Rupp,* Grundfragen, 250/252; Zur Wirtschaftslenkung durch Verwaltungsakt (indirekte Wirkung) *Isay,* Schmidt-Rimpler-Festschrift, 403/414.

[80] Vgl. oben Fn. 11.

[81] *Ipsen,* AöR 90 (1965), 393/429; *Lerche,* Grundrechte Bd. IV/1, 447/516 f.; *ders.,* Übermaß, 260, 263 ff.; *Scheuner,* VVDStRL 11 (1954), 1/63, 150; *E. Schneider,* DRiZ 1968, 190/196; kritisch auch *Rupp,* NJW 1966, 2037/2039; *Maiwald,* NJW 1969, 1424/1426; vgl. demgegenüber *Dürig's* Appell — JZ 1955, 521/522 —, am formalen Begriff des subjektiven öffentlichen Rechts festzuhalten; *ders.* auch ZGesStW 109 (1953), 326 ff., 326, 340 f. m. Fn. 1; vgl. weiter *Evers,* DVBl 1970, 12/15; *Henke,* Das subjektive öffentliche Recht; *Scholz,* Wirtschaftsaufsicht, 122 ff., 165 ff.; von der baurechtlichen Seite her *Bartlsperger,* VerwArch 60 (1969), 35 ff., insbes. 40 ff., 50 ff.

[82] *Dürig* in Maunz-Dürig-Herzog Art. 1 Abs. 3 GG Anm. 100 a; *Friauf,* DVBl 1966, 729/736 f.; *ders.,* Verfassungsrechtliche Grenzen, 40 f.; *Ipsen,* AöR 90 (1965), 393/426, 429; *Isensee,* Subsidiaritätsprinzip, 215 f.; *Lerche,* JuS 1961, 237/239 f.; *ders.,* Dreivierteldeckung, 14 f. m. w. Nachw.; *ders.,* JurA 1970, 821/845; *Renck,* JuS 1971, 77/82; *Weber,* Staat 4 (1965), 409/435 f.

[83] Nur etwa BVerfGE 6, 386/387; *Dürig,* ZgesStW 109 (1953), 326/340 ff.; *Göldner,* Verfassungsprinzip, 30 ff.; *Raiser,* Grundgesetz, B 10 f.

[84] Zu diesen Fragen: *Göldner,* Verfassungsprinzip, 165; *Herzog,* Hirsch-Festschrift, 63 ff.; *Ipsen,* Außenwirtschaft, 50 ff.; *Fr. Klein,* Bundesverfassungsgericht, 28 f., 35 f. m. w. Nachw.; jüngst auch *Herbert Krüger,* DÖV 1971, 289 ff.

[85] Zu den Gnadenentscheidungen etwa: BVerfGE 25, 352/358 ff., 363 ff.; hierzu abl. *Menger-Erichsen,* VerwArch 61 (1970), 168 ff.; *Trautmann,* MDR 1971,

Gewaltverhältnis; auch hier wandelten sich angesichts der Art. 1 Abs. 3 und 19 Abs. 4 GG (vgl. aber speziell auch Art. 17 a GG) und der vom Grundgesetz zum Staatsziel erhobenen Sozialstaatlichkeit (Art. 20 Abs. 1, Art. 28 Abs. 1 GG) die Auffassungen zugunsten eines prinzipiellen Geltungsanspruches der Grundrechte[86]. Aber auch im Bereich der Grundrechtsfunktion selbst gewinnen Expansionstendenzen deutliche Konturen. Über die herkömmliche Abwehrfunktion hinaus seien den Grundrechten, so wird vorgetragen, leistungsgewährende Inhalte zu entnehmen[87]. Ermutigung findet diese Forderung von einer — wie man meint — recht verstandenen Sozialstaatlichkeit[88], aber auch von dem von Haus aus leistungsgewährenden Charakter vieler Grundrechte, selbst wenn diese ihrem Wortlaut nach eine derartige Aussage nicht enthalten[89].

Mit diesen Entwicklungslinien verbündet sich der bei der Grundrechtsauslegung zum Interpretationsprinzip erhobene Gedanke größtmöglicher Grundrechtseffektivität. Aufgabe der Verfassungsrechtsprechung sei hiernach, der Norm diejenige Auslegung zu geben, die die juristische Wirkungskraft der Norm am stärksten entfaltet; der Umfang grundrechtlichen Schutzes soll extensiv bestimmt werden[90]. Eine dieses Prinzip berücksichtigende Grundrechtsinterpretation legt nach der Rechtsprechung des Bundesverfassungsgerichts über die Abwehrfunktion eines Grundrechtes hinaus die in den Grundrechtsbestimmungen verkörperte objektive Wertordnung bloß[91]. Die aus den einzelnen Grundrechten ermittel-

---

173 ff.; vgl. auch *Müller*, DVBl 1963, 18/19; jetzt auch BVerfGE 30, 108 (Widerruf eines Gnadenerweises); OLG Hamburg JZ 1969, 940 m. Anm. *Maurer*; BayVerfGHE nF. 18 II 140/149 ff.; 19 II 23/28; 21 II 11/12 ff.; BayVerfGHE nF. 23 II 6 ff. m. w. Nachw.; kritisch zur Rspr. des BayVerfGH *Krüger*, DÖV 1971, 289; vgl. ferner zum gesamten Problemkreis *Knemeyer*, DÖV 1970, 121; *H. Schneider*, Gerichtsfreie Hoheitsakte.

[86] *Bachof*, VVDStRL 12 (1954), 37/58 ff.; *Henke*, VVDStRL 28 (1970), 149/156 ff.; *Imboden*, Gesetz, 13 f.; *Hildegard Krüger*, ZBR 1956, 309/311 ff.; *Leisner*, Grundrechte, 177; *Lerche*, Übermaß, 215 ff.; *v. Mangoldt-Klein*, Vorbem. XVI (S. 133 ff.); *Maunz*, Staatsrecht, 141 f.; *Obermayer*, Verwaltungsakt, 172; *v. Münch*, JZ 1958, 73 ff.; *Redeker*, JZ 1954, 625/627; *Ule*, EvStL, Sp. 664 ff.; kritisch neuerdings *Herbert Krüger*, DÖV 1971, 289.

[87] Jüngst *Kloepfer*, Entstehenssicherung, 2 ff. mit vielen Nachw.

[88] Vgl. zu diesen Fragen etwa den Rechtsprechungsbericht von *Zacher*, AöR 93 (1968), 341/360 ff.; weitere Nachw. auch bei *Kloepfer*, Entstehenssicherung, 2 ff.

[89] *Kloepfer*, Entstehenssicherung, 12 ff., 24 ff.

[90] BVerfGE unter mißverständlicher Zitierung von *Thoma*, Grundrechte I (1929), 1/13 ff., dem es nur um die Frage „Programmsatz" oder aktueller Rechtssatz ging. Kritisch zur Grundrechtsauslegung im Sinne extensiver Auslegung *v. Pestalozza*, Staat 2 (1963), 425/443 ff.; abl. auch *Ehmke*, VVDStRL 20 (1963), 53/87 f.; vgl. weiter auch *Berg*, Konkurrenzen, 162; *Laufke*, Lehmann-Festschrift I, 154; *Leisner*, Verfassungsmäßigkeit, 6 ff.; *Püttner*, Unternehmen, 143 f.

[91] BVerfGE 5, 85/204; 6, 32/40; 6, 55/72: Art. 6 Abs. 1 GG enthält nicht nur ein Bekenntnis und wirkt als Institutsgarantie, sondern stellt darüber hinaus zu-

A. Die Entwicklung des enteignungsrechtlichen Eingriffsbegriffs

ten Grundsatzentscheidungen wirken verbindlich. So findet das Ermessen des Gesetzgebers, das ihm im Rahmen des Gleichheitssatzes zukommt, seine Grenze auch an eben diesen Grundsatznormen, in denen nach der Auffassung des Bundesverfassungsgerichts für bestimmte Bereiche der Rechts- und Sozialordnung Wertentscheidungen des Verfassungsgebers ausgedrückt sind[92]. Dieses Wertsystem strahlt überdies als verfassungsrechtliche Grundentscheidung in alle Bereiche des Rechts verbindlich aus[93].

Geht man — mit welcher Begründung im einzelnen auch immer — davon aus, daß jegliches staatliche Handeln prinzipieller grundrechtlicher Beurteilung nicht entzogen sein darf, faßt man weiter den Grundsatz grundrechtseffektiver Interpretation ins Auge, so liegt auf der Hand, Grundrechtsschutz von dem Effekt einer hoheitlichen Maßnahme auf den vom einzelnen Grundrecht angesprochenen Bereich personaler Freiheit abhängig zu machen[94].

Ist so der verfassungsrechtliche Hintergrund kurz beleuchtet, vor dem sich die entsprechende Entwicklung auf dem Felde des Eigentumsschutzes vollzieht, bleibt doch zu fragen, ob sich recht verstandener Grundrechtsschutz überhaupt eine — mit dieser Entwicklung notwendigerweise verbundene — „Aufweichung" formalisierter, technischer Begriffe wie z. B. den des Eingriffes oder gar einen Verzicht hierauf leisten kann.

Angesichts der geringen Technizität der Grundrechte[95] und der damit verbundenen Gefahr der Rechtsunsicherheit bei einer Grundrechtsinter-

---

gleich eine Grundsatznorm auf, d. h. eine verbindliche Wertentscheidung für den gesamten Bereich des Ehe und Familie betreffenden privaten und öffentlichen Rechts. BVerfGE 10, 59/81; BVerfG JZ 1967, 599/601: Grundrechte sind nicht nur Abwehrrechte des Bürgers gegen den Staat, sondern statuieren auch als objektive Normen ein Wertsystem, das als verfassungsrechtliche Grundentscheidung für alle Bereiche des Rechts Geltung beansprucht. So auch schon BVerfGE 7, 198/205; BVerfGE 25, 256/263; *Raiser*, Grundgesetz, B 13.

[92] Vgl. nur etwa BVerfGE 6, 55/71; 9, 237/248; 13, 290/295 f.; 17, 210/217; 18, 257/269; 19, 394/396; 21, 362/372; *Redeker*, DVBl 1971, 369/373.

[93] Insbes. BVerfGE 7, 198/204 ff.; 7, 230/236; 25, 256/263; BVerfG JZ 1967, 599/601; *Geiger*, Grundrechte, 18 ff.; *Göldner*, Verfassungsprinzip, 33 f.; *Menger-Erichsen*, VerwArch 61 (1970), 82/83 ff.; *Raiser*, Grundgesetz, B 19 ff.; *Wintrich*, Laforet-Festschrift, 227/231 ff.; zur Drittwirkungslehre etwa *Dürig*, Nawiasky-Festschrift, 157 ff.; *ders.* in Maunz-Dürig-Herzog Art. 1 GG Anm. 127 ff.; *Ehmke*, Wirtschaft, 78 ff.; *Geiger*, Grundrechte, 9 ff., 18 ff., 35 ff. m. w. Nachw.; *H. H. Klein*, Staat 10 (1971), 145/147 ff.; *Laufke*, Lehmann-Festschrift I, 145 ff.; *Leisner*, Grundrechte, 306 ff., 356 ff. und passim; *Raiser*, Grundgesetz, B 9 f. (m. Fn. 11, 12).

[94] Vgl. hier auch zum Grundsatz „in dubio pro libertate" *Schneider*, Juristentag-Festschrift, 263/288 f.; *ders.*, VVDStRL 20 (1963), 1/31; *Uber*, Freiheit, 27 f.; hierzu auch BVerfGE 6, 32/42; 7, 377/403; 13, 97/105; abl. *Ehmke*, VVDStRL 20 (1963), 53/94; *Lerche*, Übermaß, 33 m. Fn. 18; *v. Pestalozza*, Staat 2 (1963), 425/445; vgl. auch *Berg*, Konkurrenzen, 81; *Dürig*, AöR 79 (1953/54), 57/62; *ders.* in Maunz-Dürig-Herzog Art. 2 Abs. 1 GG Anm. 72; *Wintrich*, Problematik, 31.

[95] *Arndt*, BB 1960, 993/994: Das Grundgesetz unterscheidet sich durch erheblich geringeren Grad an Bestimmtheit, Rationalität und Berechenbarkeit von

pretation und Grundrechtskonkretisierung, die sich mangels formalisierter Begriffe wie dem des Eingriffs möglicherweise auf bloße Wertung verlegt, nicht aber den Weg juristischer Subsumtion beschreitet[96], scheinen formalisierte Bestandteile im Tatbestand grundrechtlicher Gewährleistung bei einem Blick auf die Rechtsstaatsgarantie unerläßlich[97]; denn gerade sie sollen gleichmäßige juristische Subsumtion ermöglichen und die von der Staatszielbestimmung des Art. 20 Abs. 1 GG geforderte Rechtssicherheit bewirken[98]. Dem gesellen sich jene Stimmen zu, die davon warnen, den Grundrechten nur allgemeine Wertvorstellungen und damit die Garantie äußerster Grenzen zu entnehmen[99].

Kann aber ein technischer, formalisierter Begriff die auf ihm ruhenden Hoffnungen erfüllen, ohne auf der anderen Seite grundrechtliche Schutzzwecke einzuengen? Betrachtet man die grundrechtlichen Gewährleistungen nicht als Garantie eines rechtlichen, was die vorgefundenen unterverfassungsrechtlichen Normen betrifft, und gesellschaftlichen status quo[100], so entstehen schon hier Bedenken, die sich aus den momentanen Vorzügen eines technisierten Begriffes selbst ergeben. Der enge technische Begriff ermöglicht zwar in der Situation, auf die er gemünzt ist, eine hohe

---

anderen Gesetzen grundlegend. *E. Kaufmann*, Autorität und Freiheit I, 500/510; *Leisner*, Verfassungsmäßigkeit, 29 f., 31; *v. Pestalozza*, Staat 2 (1963), 425/435. Aber auch schon für das einfache Gesetz *Stein*, AöR 86 (1961), 320/324: Die Allgemeinheit des Gesetzes schließt notwendig einen Rest von objektiver Unbestimmtheit in sich. In diesem Sinne auch *Larenz*, Methodenlehre, 218 ff.; vgl. auch *Ehmke*, VVDStRL 20 (1963), 53/65; *Göldner*, Verfassungsprinzip, 36 ff., 98; *Grunsky*, Grenzen, 9. Für den Bereich des Eigentumsschutzes hält *E. Schneider* (DÖV 1965, 292) Art. 14 GG wegen seiner geringen Konkretheit für nicht subsumibel.

[96] *Badura*, AöR 92 (1967), 382/395: Ob der Gesetzgeber ein Grundrecht verletzt hat, ist, von besonderen Fällen abgesehen, weniger eine Frage der Subsumtion als der wertenden Abwägung. Deswegen erscheinen die Grundrechte in der Sprache des Bundesverfassungsgerichts so häufig als „wertentscheidende Grundsatznormen". Gegen das Denken in Werten *Schmitt*, Tyrannei, 37 ff. Hiergegen jüngst auch wieder *Forsthoff*, Industriegesellschaft, 67 f.

[97] *Forsthoff*, VVDStRL 12 (1954), 8/16; *ders.*, Schmitt-Festschrift, 35/51; *ders.*, Planung III, 21/22; zur Kritik an Forsthoff *Lerche*, DVBl 1961, 690/692; *ders.*, Übermaß, 54 ff.; vgl. aber auch *E.-W. Böckenförde*, Arndt-Festschrift, 53/74.

[98] VG München DVBl 1970, 936/939 (in Zusammenhang mit dem rechtsstaatlichen Bestimmtheitsgrundsatz): Die Form gewährleistet die Eindeutigkeit der Rechtslage und macht den Gesetzgeber zu seinem Vorteil unabhängig von wohlmeinenden Gerichten; vgl. demgegenüber auch *Bachof*, VVDStRL 12 (1954), 37/39: Dem Rechtsstaatsbegriff des Grundgesetzes eignen... nicht nur formale, sondern auch und sogar primär materiale Elemente: Rechtsstaat ist der auf Verwirklichung und Sicherung der Gerechtigkeit zielende Staat, und seine formalen Elemente dienen nur der Gewährleistung dieses materialen Gehalts.

[99] *Hirsch*, JR 1966, 334/342.

[100] *Ipsen*, AöR 90 (1965), 393/426; *Leisner*, Verfassungsmäßigkeit, 35 f., 41 ff., 69; *Lerche*, Sozialhilfe, 11; *ders.*, Kompetenzbereich, 12; *Müller*, Positivität, 98 f.; *Scheuner*, AöR 95 (1970), 353/405; vgl. hierzu auch *Herbert Krüger*, DÖV 1971, 289/291; *Scholz*, Koalitionsfreiheit, 230 ff.; *Sendler*, DÖV 1971, 16/18.

A. Die Entwicklung des enteignungsrechtlichen Eingriffsbegriffs 33

Subsumtionssicherheit, aber eben nur für die konkrete Situation, die er anspricht. Im Gegensatz zu Begriffen höherer Sinnvariabilität, die allerdings der Subsumtion im Einzelfall mehr Spiel lassen, birgt der formalisierte Begriff die vermehrte Gefahr des Entgleitens der Regelungsmöglichkeit in jenen Konfliktsfällen, für die er ursprünglich geschaffen wurde, allein dadurch, daß sich die zugrundeliegenden wirtschaftlichen, technischen, sozialen Verhältnissen unter der Hand verändern. Je mehr ein Begriff formalisiert ist, desto mehr konserviert er das Gegenwärtige und trägt den Keim späterer Unanwendbarkeit in sich[101]. In der Konsequenz wird zu betonte Formalisierung möglicherweise zu Rechtsunsicherheit und Einzelfallungerechtigkeit führen, also gerade zum Gegenteil dessen, was erreicht werden sollte[102].

Je starrer schließlich formale Begriffe als Voraussetzungen unterschiedlicher Rechtsfolgen gefaßt sind, desto eher stellen sich Fragen des Formenmißbrauches[103], der Formenvertauschung[104] und Formenflucht[105].

Die sich — in gewissen Grenzen — vollziehende Auflösung des Rechtsformalismus folgt im übrigen aus der internen Entwicklung des Rechtsdenkens selbst: logische, aber auch wertende Sinndeutung ersetzt zunehmend formale Merkmale, ein Vorgang, der von der Entwicklung zum sozialen Staate mit seiner Forderung materialer Gerechtigkeit noch unterstützt wird[106].

---

[101] Zur Verstetigung der Verfassung durch enge Begriffsfassung und dem dadurch bewirkten Mangel an Adaptionsfähigkeit schon *Heller*, Staatslehre, 257 f.; weiter auch *Lerche*, Übermaß, 179 und insbes. DVBl 1961, 690/692; *Leisner*, Verfassungsmäßigkeit, 26; vgl. auch *Redeker*, DVBl 1971, 369/374 zur Flexibilität von Plangesetzen.

[102] Dies zunächst durch Subsumtionsprobleme bei Erfassung von Konfliktfällen, auf deren Regelung die Norm ursprünglich gerichtet war, sie jetzt aber ihrem Wortlaut nach nicht mehr deckt, und damit verbunden der — von der Angst vor der Lücke hervorgerufene — psychologische Zwang zur Auslegung über den Wortlaut hinweg. Ferner provozieren derart enge Begriffe den raschen Wechsel ihrer Fassung, allerdings zeitlich verschoben zur gesellschaftlichen, wirtschaftlichen etc. Entwicklung. Zur Überschätzung der Bedeutung formeller Rationalität und Evidenz *Forsthoff*, Schmitt-Festschrift, 35/51; *ders.*, Planung III, 21/33; *ders.*, Industriegesellschaft, 67 ff.; vgl. demgegenüber *Leibholz*, Strukturprobleme, 262/263 f.; *Lerche*, DVBl 1961, 690/692 ff./699; *ders.*, Übermaß, 54 ff.;; kritisch auch *Göldner*, Verfassungsprinzip, 178.

[103] *E. Kaufmann*, Autorität und Freiheit I, 309/370; *Smend*, Staatsrechtliche Abhandlungen, 119/213; *Lerche*, DÖV 1961, 486/491 f.; *ders.*, Übermaß, 45.

[104] Nur etwa *Friauf*, VVDStRL 27 (1969), 1/7 f.; *Lerche*, Übermaß, 45 m. Fn. 74; *Rupp*, NJW 1968, 569 f.

[105] Etwa *Fleiner*, Institutionen, 326; *Krüger*, Staatslehre, 326; *Leisner*, Grundrechte, 199; *Naumann*, VVDStRL 11 (1954), 131; *Neumann*, Wirtschaftslenkende Verwaltung, 29; *Scheuner*, VVDStRL 11 (1954), 1/53; *H. Schneider*, BB 1969, Beilage 2, S. 17; *Zeidler*, VVDStRL 19 (1961), 208/225.

[106] *M. Weber*, Wirtschaft, 647 ff.; zu dieser Entwicklung auch *Leibholz*, Strukturprobleme, 262/263; *Smend*, Staatsrechtliche Abhandlungen, 166/263; *Triepel*, Staatsrecht, 37: Da das Recht selbst nichts ist als ein Komplex von

B. Der Untersuchungsgegenstand

Die bisherige Bestandsaufnahme verschaffte Klarheit über die Entwicklung des Eingriffsbegriffes im Bereich des Eigentumsschutzes sowie den verfassungsrechtlichen Rahmen, innerhalb dessen diese Entwicklung abläuft. Offen mußte dabei bleiben, inwieweit die Wandlung eines finalitätsbestimmten Eingriffsbegriffes zu einem Eingriffsbegriff, dessen ganzes Gewicht jetzt auf der Komponente des Effekts zu liegen scheint, überhaupt mit den in Art. 14 Abs. 3 GG normierten Zulässigkeitsvoraussetzungen einer Enteignung zu vereinen ist. Es ließe sich nämlich durchaus vorstellen, daß der Eigentumseingriff, den diese Zulässigkeitsbedingungen wie die Gemeinwohl- oder die Junktimklausel voraussetzen, eine gewisse Formalisierung im Sinne einer Finalitätsbestimmung oder zumindest einer Vorhersehbarkeit enthalten muß, anderenfalls der Gesetzgeber vor unlösbare Aufgaben gestellt würde. Diesen Fragen ist im zweiten Teil der Untersuchung nachzugehen, wobei sich erweisen wird, daß die stärksten Bedenken gegen eine Preisgabe des Finalitätserfordernisses aus der sog. Junktimklausel des Art. 14 Abs. 3 S. 2 GG erwachsen, jener Bestimmung, die dem Gesetzgeber auferlegt, jedem Enteignungsgesetz eine Entschädigungsregelung beizufügen, will er das Gesetz nicht dem Urteil der Verfassungswidrigkeit aussetzen. Die Auseinandersetzung mit der Problematik der Junktimklausel wird demgemäß den Kern des zweiten Teils der Untersuchung bilden.

Die Untersuchung darf aber nicht nach Klärung des Spannungsverhältnisses zwischen Preisgabe des Finalitätsmerkmals und den Zulässigkeitserfordernissen einer Enteignung abbrechen. Dies könnte den Eindruck erwecken, der Handlungsbestandteil des Eigentumseingriffs sei völlig bedeutungslos geworden und allein die Feststellung, daß der von Art. 14 GG geschützte Bereich berührt wurde, aktualisiere grundrechtlichen Schutz. Vielmehr bleibt in einem dritten Teil der Untersuchung zu fragen, welche Kriterien maßgebend sind, um eine Beschneidung von Art. 14 GG geschützter Rechtspositionen der hohen Hand zuzurechnen; denn ausschließliches Abheben auf den Effekt grundrechtlicher Beeinträchtigung läßt die Gefahr unverhältnismäßiger Ausweitung der Entschädigungsverpflichtung entstehen und den Staat als große Versicherungsanstalt[107] erschei-

---

Werturteilen über Interessenkonflikte, so ist die teleologische Methode die dem Gegenstand der Rechtswissenschaft angemessene Methode.

[107] Hiergegen mit Recht *Werner*, DVBl 1959, 527/530; *ders.*, Richterstaat, 22 f.: Tendenz, aus persönlichem Schicksal einen einklagbaren Rechtsverlust zu machen; *Dürig*, JZ 1955, 521/523; *Kimminich*, JuS 1969, 349/351; *Lerche*, JuS 1961, 237/9; *Peter*, JZ 1969, 549/556 f.; *Reißmüller*, JZ 1960, 122 f.; *Tiedemann*, NJW 1962, 1760/1761; vgl. zum Folgenbeseitigungsanspruch auch *Bachof*, Vornahmeklage, 132.

nen. In diesem Zusammenhang wird entscheidende Bedeutung der Auseinandersetzung mit dem vom Bundesgerichtshof in ständiger Rechtsprechung zur Haftungsbegrenzung verwendeten Merkmal einer Unmittelbarkeit des Eigentumseingriffs beizumessen sein.

Zweiter Teil

Die Preisgabe des enteignungsrechtlichen Finalitätserfordernisses im Lichte von Art. 14 Abs. 3 GG

A. Zur Reichweite der Verabschiedung der Finalitätsvorstellung und der Einbettung dieser Entwicklung in die Erweiterung des Enteignungsbegriffes

I. Zur Reichweite der Preisgabe der Zielgerichtetheit

Der Bundesgerichtshof gab das Erfordernis des gezielten Eingriffs nicht nur in Teilbezirken des Enteignungsrechts auf, er verabschiedete dieses Merkmal vielmehr für den gesamten Bereich einer Entschädigung aus enteignungsrechtlichen Gesichtspunkten[1]: Jede hoheitliche Maßnahme, die sich unmittelbar nachteilig auf das Eigentum im Sinne des Art. 14 GG auswirkt, ist im Enteignungsrecht als Eingriff zu werten[2].

Dies gilt insbesondere auch für den Bereich des enteignungsgleichen Eingriffs[3]. Zwar verzichtete der Bundesgerichtshof überwiegend in den Fällen auf das Merkmal der Zielgerichtetheit, in denen er Enteignungsentschädigung aus dem Gesichtspunkt des enteignungsgleichen Eingriffs zusprach[4], dies bedeutet aber nicht eine Beschränkung der Preisgabe des herkömmlichen Finalitätserfordernisses nur für die Fälle enteignungsgleichen Eingriffs. Die Unrichtigkeit einer solchen Eingrenzung ergibt sich schon aus der Rechtsfigur des enteignungsgleichen Eingriffs selbst. Nach der Rechtsprechung des Bundesgerichtshofes zum enteignungsgleichen Eingriff[5] sind rechtswidrige Einwirkungen der hohen Hand in die

---

[1] *Bauschke-Kloepfer*, NJW 1971, 1233/1235; *Kimminich*, JuS 1969, 349/350; *Peter*, JZ 1969, 549/557.

[2] *Hussla*, Riese-Festschrift, 329/330; *Kröner*, DVBl 1969, 157/159; *ders.*, Eigentumsgarantie, 24.

[3] Vgl. aber *Bähr*, Bericht zu BGH DÖV 1965, 203 in JuS 1965, 279; *H. Weber*, Bericht zu BGHZ 54, 332 in JuS 1971, 153; vgl. auch *Isensee*, Subsidiaritätsprinzip, 288; *Battis*, Erwerbsschutz, 26; *Keßler*, DRiZ 1967, 374 ff.; *Maunz* in Maunz-Dürig-Herzog Art. 14 GG Anm. 94; *Oldiges*, Grundlagen, 173; *Wagner*, NJW 1967, 2333/2337.

[4] Vgl. oben Fn. 13 (Teil I).

[5] Vgl. nur BGHZ 6, 270/289; 7, 296 ff.; 13, 88 ff.; 30, 123 ff.; 32, 208 ff.; oben Fn. 2, 3 (Teil I); etwa auch *Heidenhain*, JZ 1968, 487/491, 493 f.

A. Finalitätsvorstellung und Erweiterung des Enteignungsbegriffes

Rechtssphäre des einzelnen dann nach Enteignungsgrundsätzen zu behandeln, wenn sie sich für den Fall ihrer gesetzlichen Zulässigkeit nach Inhalt und Wirkung als Enteignung darstellen; dies bedeutet aber nicht nur, daß die genannten Einwirkungen enteignungsgleich, d. h. wie Enteignungen, zu entschädigen sind, sondern darüber hinaus, daß Enteignung und enteignungsgleicher Eingriff denselben Eingriffsbegriff zugrunde legen.

Neue Aspekte lassen sich auch nicht jener Judikatur abgewinnen[6], die nicht mehr von Enteignung, sondern von Entschädigung aus enteignungsrechtlichen Grundsätzen[7] oder enteignendem (enteignend wirkendem) Eingriff spricht[8]. Bezeichnete der enteignende Eingriff ursprünglich die rechtmäßige Enteignung[9] und hob er sich gerade dadurch von dem mit der Rechtswidrigkeit verbundenen enteignungsgleichen Eingriff ab, so kann dem Begriff des enteignenden Eingriffs angesichts der jüngeren Judikatur des Bundesgerichtshofes zum enteignungsgleichen Eingriff[10] bald umfassendere Bedeutung zufließen. Denn geht man mit dieser Rechtsprechung davon aus, daß gerade dann, wenn die Rechtswidrigkeit eines Eingriffs erkannt ist, das dem enteignungsgleichen Eingriff Eigentümliche, nämlich das Überschreiten der Opfergrenze, feststeht, so hat man das einzige Unterscheidungsmerkmal zwischen enteignendem und enteignungsgleichem Eingriff fallengelassen und zu einem Kriterium des Sonderopfers gemacht. Damit aber können auch die Fälle des enteignungsgleichen Eingriffs dem Begriff des enteignenden Eingriffs unterfallen[11]. Gleichgültig, ob und wie man nun im einzelnen die Grenzen zwischen enteignendem und enteignungsgleichem Eingriff ziehen will, eine Bedeutung für unsere Frage nach dem Eingriffsbegriff im Enteignungsrecht kann die Rechtsfigur des enteignenden Eingriffs nur haben,

---

[6] Wie hier *Kreft*, Aufopferung, 16 f.; *Peter*, JZ 1969, 549/557; a. A. *Wagner*, NJW 1967, 2333/2334, 2337; *Döbereiner*, NJW 1968, 1916: Über die Natur des enteignenden Eingriffs besteht weiterhin Unklarheit.

[7] BGHZ 37, 44 (Artillerieschießübungen); BGH NJW 1968, 293 (Kfz-Ausrüstung); BGH NJW 1968, 791; Anspruch auf Enteignungsentschädigung: BGH LM Nr. 24 zu Art. 14 (Cf) (Bärenbaude); BGH NJW 1965, 1907 (Buschkrugbrücke); BGHZ 55, 229 (Rohrbruch); BGH DÖV 1971, 246; BGH DVBl 1971, 456 (Großtankstelle).

[8] BGH NJW 1964, 202 (Münchner Baulinien); BGH NJW 1965, 1912 (Werbeanlage); BGH NJW 1965, 2102 (Trümmergrundstück); BGHZ 40, 355 (Müllabfuhr); BGHZ 54, 293/295 f. (Abwasserbeseitigung).

[9] Vgl. die ausdrückliche Gegenüberstellung in BGHZ 45, 150 ff. (Elbeleitdamm); 48, 46/49 (Wannseevilla); ferner BGH NJW 1971, 750; *Hussla*, Riese-Festschrift, 329/344 f.; aber auch BGHZ 56, 40/41.

[10] BGHZ 32, 208/211; BGH NJW 1965, 1912; BGH DÖV 1971, 246 m. abl. Anm. von *Schrödter*, DVBl 1971, 465/467; ferner *Hussla*, Riese-Festschrift, 329/338 f.; *Kreft*, Aufopferung, 26; *Kröner*, Eigentumsgarantie, 13.

[11] So jüngst auch *Bauschke-Kloepfer*, NJW 1971, 1233/1236.

2. Teil: Die Preisgabe des Finalitätsmerkmals und Art. 14 Abs. 3 GG

wenn sie sich von der in Art. 14 Abs. 3 GG angesprochenen Enteignung dadurch unterscheidet, daß es bei ihr nur auf die enteignende Wirkung ankommen könne, die Enteignung des Art. 14 Abs. 3 GG aber finale, also formalisierte Eingriffe im Auge habe. Eine derartige Auffassung führte zu der Konsequenz, daß die Zulässigkeitsbedingungen des Art. 14 Abs. 3 GG nur für die Enteignung, nicht aber für den enteignenden Eingriff Geltung beanspruchen können. Ein solches Ergebnis läßt sich aber nicht mit Art. 14 Abs. 3 GG vereinen. Die Zulässigkeitsbedingungen des Art. 14 Abs. 3 GG dienen der Eigentumssicherung durch formelle Erfordernisse; diese Eigentumssicherung kann aber nur umfassend sein, jede Eigentumsbeeinträchtigung enteignender Wirkung muß sich an ihnen messen lassen.

So ergibt sich, daß weder der enteignende noch der enteignungsgleiche Eingriff für sich allein die speziellen Fälle ungezielten Einwirkens umfassen kann; die Eingriffsvoraussetzung für jegliche Entschädigung im Eigentumsbereich bleibt die gleiche.

II. Die Preisgabe des Finalitätserfordernisses als Bestandteil der allgemeinen Entwicklung des Enteignungsbegriffes

Orientiert sich der Grundrechtsschutz im Prinzipiellen heute nicht mehr an einer mit dem Eingriffsbegriff zu verbindenden Zielvorstellung, so hat das seine Parallele in der Erweiterung des Enteignungsbegriffes über bloße Güterbeschaffung[12] hinaus zur Aufopferungsenteignung[13]. Durch Einbezug der Fälle früherer Aufopferung[14] in den Bereich der Enteignung

---

[12] *Forsthoff*, Verwaltungsrecht I, 313; *Frohberg*, BlGBW 1968, 145/147; *E. R. Huber*, Wirtschaftsverwaltungsrecht II, 19; *Ipsen*, VVDStRL 10 (1952), 74/105; *ders.*, AöR 90 (1965), 393/427; *Janssen*, Entschädigung, 98, 160; *ders.*, NJW 1962, 939/942; *Krüger*, Staatslehre, 927; *ders.*, Schack-Festschrift, 71/77; *Ridder*, VVDStRL 10 (1952), 124/139, 141; *P. Schneider*, Juristentag-Festschrift II, 263/276 Fn. 43; *K. H. Vogel*, GA 1958, 33/71; *W. Weber*, NJW 1950, 401/402; *ders.*, Grundrechte Bd. II, 331/349; *ders.*, HdSW III, Enteignung, Sp. 227/229; vgl. auch BayVGHE n. F. 19 I 57/59; zur Geschichte des Enteignungsrechts *Mann*, Juristen-Festschrift II, 291 ff.

[13] Etwa BGHZ 30, 338; 37, 269;; *Barkhau*, Nothilfeleistungen, 66; *Bender*, Staatshaftungsrecht, Rz. 19 (S. 12 f.); *Bielenburg*, DVBl 1971, 441/444; *Forsthoff*, Verwaltungsrecht I, 312 f.; *Gallwas*, Beeinträchtigungen, 44 Fn. 99; *Horst*, Querverbindungen, 17; *Kimminich*, Bonner Kommentar, Art. 14 GG Anm. 40; *Köttgen*, Daseinsvorsorge, 51; *Söhn*, jur. Diss., 20; *Stödter*, Öffentlich-rechtliche Entschädigung, 237; *W. Weber*, Grundrechte Bd. II, 331/350; *ders.*, HdSW III, Enteignung, Sp. 227/229; *Zinkeisen*, jur. Diss., 34; vgl. insbes. auch BVerfGE 24, 367/394; Enteignung als Sonderfall der Aufopferung: BGHZ 13, 88/91; 45, 290/295; *Horst*, Querverbindungen, 5; *Hoffmann*, Währungsparität, 87; *Kimminich*, JuS 1969, 349/350; *Raiser*, HdSW II, Eigentumsrecht, 39/43; *Stödter*, Öffentlich-rechtliche Entschädigung, 3.

[14] BGHZ 45, 290; *Battis*, Erwerbsschutz, 28; *Keßler*, DRiZ 1967, 374; *Wagner*, DRiZ 1965, 114/118; *Scheuner*, Verfassungsschutz, 63/105: Die Aufopferung verlangt nicht wie die Enteignung eine förmliche rechtliche Maßnahme der Ent-

ergreift die Auflösung des technischen Eingriffsbegriffs im Sinne eines formalisierten Verfahrens oder einer Maßnahme bestimmter Ziel- oder Zweckrichtung Gebiete, die solchen (auflösenden) Tendenzen am längsten widerstanden haben[15]. Begründen läßt sich diese Entwicklung nur mit dem beschriebenen grundsätzlichen Wandel und der Erweiterung grundrechtlichen Schutzes, nicht aber über ein in Art. 14 Abs. 3 GG hineingelesenes Prinzip der Lastengleichheit[16]. Wollte man eine derartige in Art. 14 Abs. 3 GG garantierte Lastengleichheit im Sinne einer Konkretisierung der in Art. 3 Abs. 1 GG gewährleisteten allgemeinen Gleichheit auffassen[17], so wäre nicht viel gewonnen, da hiermit nur äußerste Willkürgrenzen abgesteckt würden[18]. Eine solche Lesart müßte ferner die Kriterien des eine Entschädigung rechtfertigenden Sonderopfers aus dem Gleichheitssatz beziehen und danach fragen, ob den einzelnen ein ungleich belastendes Opfer getroffen hat[19]. Zugleich steht aber drohend die Gefahr der Formalisierung auf, insbesondere wenn man die Verwandtschaft der Paare gleich/ungleich und allgemein/speziell bedenkt[20], eine Gefahr, der

---

ziehung oder Beeinträchtigung im besonderen Falle; es genügt auch eine indirekte Einwirkung.

[15] Vgl. zur Auflösung des Enteignungsbegriffes: *Burmeister*, Verwaltung 1969, 21 Fn. 2; *Dürig*, JZ 1954, 4 ff.; ders., JZ 1955, 521 ff.; *Burchardi*, jur. Diss., 137; *Gallwas*, Beeinträchtigungen, 43; *Häberle*, Wesensgehalt, 222 ff.; *E. R. Huber*, Wirtschaftsverwaltungsrecht II, 20 f.; *Luhmann*, Entschädigung, 51; *v. Mangoldt-Klein*, Art. 14 GG Anm. VII 1 (440); *Menger-Erichsen*, VerwArch 56 (1965), 347 f.; *Scheuner*, JuS 1961, 243; *Peter*, JZ 1969, 549/552; *Ossenbühl*, JuS 1971, 575/577 f.

[16] Zur Lastengleichheit etwa: *Barkhau*, Nothilfeleistungen, 56; *Dagtoglou*, Ersatzpflicht, 58; *Diester*, Enteignung, 168; *Ehlermann*, Wirtschaftslenkung, 140; *Fischer*, 41. DJT, C 33 f., 38 f.; *Haas*, System, 22 ff.; *Heidenhain*, Amtshaftung, 95 ff.; *Janssen*, Entschädigung, 65; *Katzenstein*, MDR 1952, 193 ff.; *Klußmann*, Zulässigkeit, 135; *Kreft*, Aufopferung, 25; *Kuschmann*, NJW 1966, 574/575 f.; *Kutscher*, Enteignung, 45 f.; *Nicolaysen*, Schack-Festschrift, 107/108; *Rausch*, DVBl 1969, 167/173; *Scheuner*, Verfassungsschutz, 63/124 f.; ders., Juristentag-Festschrift II, 229/256; ders., VVDStRL 28 (1970), 230/233; *Spanner*, Jellinek-Gedächtnisschrift, 469/482; *Stoedter*, Öffentlichrechtliche Entschädigung, 78 ff.; *W. Weber*, Grundrechte Bd. II, 331/372 f.; *Dürig*, JZ 1954, 4 ff., 11; *Riedel*, jur. Diss., 5; *Luhmann*, Entschädigung, 42 f., 65, 73.

[17] BGHZ 6, 270/280: Der Verstoß gegen den Gleichheitssatz kennzeichnet die Enteignung; BGHZ 13, 265/316; BGHZ 15, 268; BGHZ 27, 15; zur Rechtsprechung des Bundesgerichtshofes *Hussla*, Riese-Festschrift, 329/331; *Kröner*, Eigentumsgarantie, 57 ff., 61 ff. So auch *Schaumann*, AöR 87 (1962), 502/504; *Battis*, Erwerbsschutz, 52; *Kreft*, Heusinger-Festgabe, 167/177; Lastengleichheit als Ausfluß des Gleichheitssatzes: *Rausch*, DVBl 1969, 167/173; *Schack*, Gutachten, 5/55; *Spanner*, Jellinek-Gedächtnisschrift, 469/482; *Zacher*, Freiheitliche Demokratie, 154; vgl. auch die vorstehende Fn.

[18] Wie hier *Lerche*, Übermaß, 181; zur Rechtsprechung des Bundesverfassungsgerichts *Leibholz-Rinck*, Art. 3 GG Anm. 2 ff.

[19] So die berichtete Rechtsprechung des Bundesgerichtshofes (Fn. 17); kritisch hierzu *Wagner*, Jahrreiß-Festschrift, 441/446.

[20] Vgl. etwa das Reichsgericht: RGZ 129, 146; 133, 124; zur Kritik hieran *Dürig*, JZ 1954, 4/6; *Bender*, NJW 1965, 1297/1301; *Forsthoff*, JZ 1952, 627;

der Bundesgerichtshof dadurch entgeht, daß er im Einzelfall nicht auf die objektive Besonderheit, sondern das subjektive Opfer abstellt. So muß die Maßnahme unzumutbar sein, bei wirtschaftlicher vernünftiger Betrachtung sich zumindest als fühlbare Beeinträchtigung eines von Art. 14 GG geschützten Rechtsgutes darstellen[21]. Damit wird aber die Pflicht zur Enteignungsentschädigung nicht mehr unmittelbar vom Gleichheitssatz, sondern von Art. 14 Abs. 3 GG i. V. m. der Eigentumsgarantie selbst getragen[22].

Abgesehen von den grundsätzlichen Bedenken, die gegen eine enge Verknüpfung von Enteignung und Gleichheitssatz sprechen, scheint der eigentliche Ursprung des Gedankens einer Lastengleichheit ohnehin eher in sozialstaatlichen Überlegungen als im Bereich grundrechtlicher Sicherung zu liegen[23]. So verlangt nach einer jüngeren Entscheidung des Bundesverfassungsgerichts[24] das Sozialstaatsprinzip (Art. 20 Abs. 1, Art. 28 Abs. 1 GG), daß die staatliche Gemeinschaft in der Regel Lasten mitträgt,

---

E. R. Huber, Wirtschaftsverwaltungsrecht II, 32; *Heidenhain*, Amtshaftung, 96 (Fn. 66); *Herbert Krüger*, DÖV 1961, 721/726; *Stoedter*, DÖV 1953, 96/99; vgl. auch *Rausch*, DVBl 1969, 167/170; für den Bereich der allgemeinen Gesetze: *Bettermann*, JZ 1964, 601/604 f.; *Kemper*, Pressefreiheit, 65 f.; *Friauf*, JR 1970, 215/216; aber auch *Löffler*, Presserecht II, § 1 LPG Anm. 59 f. (S. 34 f.).

[21] BGH NJW 1959, 1916/1917; BGH LM Nr. 24 zu Art. 14 GG (Cf); BGH MDR 1960, 1000/1001; BGH NJW 1964, 202; BGHZ 8, 273/276; 19, 1/4; 30, 241/243, 247; 50, 93/98; BGHZ 54, 293/295 ff.; BGH DÖV 1971, 246; LG Frankfurt NJW 1964, 1966; auch etwa *Hussla*, Riese-Festschrift, 329/331; *Kröner*, Eigentumsgarantie, 57; ders., DVBl 1969, 157/161; *E. Schneider*, NJW 1965, 1907; ders., DRiZ 1968, 190/194; *Schack*, JZ 1956, 425/427; *Pagendarm*, Beilage 5 zu WM 1965, 1/14; *Bielenberg*, DVBl 1971, 441/448 f.

[22] Vgl. jüngst BGHZ 54, 293/295: die Frage, ob ein Eingriff bereits enteignenden Charakter hat oder nur die Sozialbindung des Eigentums verwirklicht, beantwortet sich nicht nach der formalen Gestaltung der Maßnahme, sondern nach ihrem inneren Gehalt und ihren Zweck, wobei die Schwere des Eingriffs, die Überschreitung einer gewissen Opfergrenze und die Grundsätze der Verhältnismäßigkeit zu beachten sind. In der Sache selbst bestehen keine größeren Unterschiede zur Schwere- und Tragweitetheorie des BVerwG (E 5, 143/145; 7, 297/299; 11, 68/75 st. Rspr.), was auch anläßlich einer gemeinsamen Aussprache von Mitgliedern des III. Zivilsenats des BGH und des IV. Senats des BVerwG festgestellt wurde; vgl. hierzu den Ausprachebericht in DRiZ 1967, 163; auch *Kreft*, Heusinger-Festgabe, 167/178. Wie hier auch *Haas*, System, 35 f.; *Bettermann*, VVDStRL 20 (1963), 255/257; *Forsthoff*, DÖV 1955, 193/194; *Rausch*, jur. Diss., 189 ff., 205 f.; *Rüfner*, Staat 7 (1968), 41/47; *Schäfer*, 41. DJT, C 12; *Weyreuther*, Gutachten B 32.

[23] Ausdrücklich für den Aufopferungsanspruch *Greiner*, DÖV 1954, 583/586 f.; vgl. in diesem Zusammenhange auch BVerfGE 3, 4/10: Ein subjektives öffentliches Recht auf Entschädigung könnte nur auf zwingenden gesetzlichen Vorschriften beruhen ... Wenn es aber Sinn der Vorschrift ist, daß nach pflichtgemäßem Ermessen eine Entschädigung gewährt werden kann, so kann aus Art. 3 GG kein Anspruch auf Entschädigung im Einzelfall hergeleitet werden; es besteht nur ein Anspruch darauf, daß sie nicht willkürlich versagt wird (zum Kriegsfolgenrecht).

[24] BVerfGE 27, 253/283; vgl. auch BGHZ 25, 238/241.

A. Finalitätsvorstellung und Erweiterung des Enteignungsbegriffes

die aus einem von der Gesamtheit zu tragenden Schicksal, namentlich durch Eingriffe von außen, entstanden sind und mehr oder weniger zufällig nur einige Bürger oder bestimmte Gruppen getroffen hat. Das Sozialstaatsprinzip bewirkt nach dieser Rechtsprechung nur eine Lasten-Pflichtenverteilung, nicht aber gewährt es unmittelbar Ansprüche. Erst gesetzliche Regelungen bewirken konkrete Ausgleichsansprüche[25]. Die angesprochene Pflicht zu gesetzlicher Regelung besteht jedoch nur in besonderen Fällen, wie z. B. bei dem Komplex der Kriegs- und Kriegsfolgeschäden, wobei aber anbetrachts des Ausmaßes dieser Schäden nicht sämtliche Schäden in voller Höhe auszugleichen sind; dem Gesetzgeber steht bei der Bestimmung hierüber ein weites Ermessen zu, im äußersten begrenzt durch das Willkürverbot des Art. 3 Abs. 1 GG[26]. Es handelt sich eben um Sozialleistung und nicht um ein Äquivalent für Vermögensbeschädigungen[27]. Damit erscheinen aber auch die Grenzen einer sozialstaatlichen Lastengleichheit erreicht; Recht und Staat sind nicht verpflichtet, dem Staatsbürger für Schicksalsschläge, die er unverschuldet erlitten hat, prinzipiell Entschädigung zu bieten[28].

Grundrechtlicher Eigentumsschutz durch Entschädigungspflicht im Falle einer Enteignung zielt demgegenüber in eine andere Richtung; er will nicht gegen Schicksalsschläge sichern, sondern dient der Erhaltung des von Art. 14 Abs. 1 GG umgrenzten Freiheitsraumes[29].

---

[25] Vgl. auch BVerfGE 1, 105: Der Gesetzgeber ist verfassungsrechtlich zu sozialer Aktivität, insbesondere dazu verpflichtet, sich um einen erträglichen Ausgleich der widerstreitenden Interessen und um die Herstellung erträglicher Lebensbedingungen für alle zu bemühen. BVerfGE 11, 50/56; 17, 210/216; 19, 354/356; 27, 326/340 f.; *Isensee*, Subsidiaritätsprinzip, 276; *W. Weber*, Staat 4 (1965), 409/437; vgl. jüngst auch *Redeker*, DVBl 1971, 369 ff.

[26] BVerfGE 27, 253/284 ff.; 27, 326/340 ff.

[27] BVerfGE 27, 326/343.

[28] *Werner*, DVBl 1959, 527/530; *ders.*, Richterstaat, 22 f.; *ders.*, Tendenzen, 10 f.; *Dürig*, JZ 1955, 521/523; *ders.*, Apelt-Festschrift, 13/52: Wo der „Zufall" (z. B. einer Naturkatastrophe) oder das „Schicksal" (z. B. eines Bombenteppichs) regieren, entgleitet der Sachverhalt der Statik des rechtsstaatlichen Wiedergutmachenmüssens; es verbleibt der Notruf zur dynamischen Sozialgestaltung durch Helfen, Gewähren, Lastenverteilung etc.; *Lerche*, JuS 1961, 237/239.

[29] Aber auch *Henke*, VVDStRL 28 (1970), 149/174: Ein Zusammenhang zwischen Sozialrecht und Eigentum liegt darin, daß ein voll ausgebautes sozialrechtliches Anspruchssystem die existenz- und auch freiheitssichernde Wirkung ersetzen könnte und vielleicht einmal ersetzen wird, die das Eigentum in der Vergangenheit besaß. *Götz*, VVDStRL 28 (1970), 270 zum Ausgleichsanspruch aus Verwaltungsrisiko; *Wertenbruch*, DÖV 1969, 593/594. *C. Schmitt*, Verfassungsrechtliche Aufsätze, 110/120: Die Enteignung ist keine Abfindung, kein allgemeiner Ausgleich, sei es Lasten- oder Opferausgleich. Wer hier die Vorstellung einer allgemeinen Lastengleichheit verwendet, setzt die Enteignung mit steuerlicher Belastung gleich und rechtfertigt dadurch die Zerstörung des Eigentums im Wege der Besteuerung.

Lassen sich so die Kreise von Eigentumsschutz (mit Enteignungsentschädigung) und sozialer Leistung im Prinzipiellen auseinanderhalten[30], läuft ein Verfahren, das angesichts der Unzulänglichkeiten, die der überkommene formalisierte Eingriffsbegriff mit sich gebracht hat, mit der Aufgabe der Zielgerichtetheit überhaupt auf den Eingriffsbegriff verzichten will[31], Gefahr, vorhandene Gräben zu verschütten.

Zieht man nach allem eine Zwischenbilanz, so ist zu vermerken, daß sich das Enteignungsrecht nicht mehr, auch nicht in Teilgebieten, an einem von einer bestimmten Formalisierung im Sinne der Ziel- und Zweckrichtung gekennzeichneten Eingriffsbegriff orientiert, sondern entscheidende Bedeutung gerade auch den tatsächlichen Auswirkungen auf den grundrechtlich geschützten Eigentumsbereich beimißt.

B. Der Widerstand gegen eine Preisgabe des Finalitätsmerkmals aus den in Art. 14 Abs. 3 GG enthaltenen formellen Voraussetzungen einer Enteignung

I. Das Problem

Widerstand gegen die Preisgabe eines im Sinne der Zielgerichtetheit formalisierten Eingriffsbegriffes könnte sich von Seiten der in Art. 14 Abs. 3 GG normierten Voraussetzungen einer Enteignung ergeben.

Allerdings kann den Enteignungserfordernissen des Art. 14 Abs. 3 GG keine unmittelbare Begriffsbestimmung der Enteignung entnommen werden. Art. 14 Abs. 3 GG setzt den Begriff der Enteignung voraus und hält für diesen Begriff in S. 1, 2 und 3 nur Zulässigkeitsbedingungen bereit[32]. Die Konsequenz einer Verletzung dieser Voraussetzungen kann demzufolge nur Rechtswidrigkeit der enteignenden Maßnahme, nicht aber überhaupt Leugnen einer Enteignung im betreffenden Einzelfalle sein[33]. Der Bundesgerichtshof[34] weist in diesem Zusammenhang für den

---

[30] BVerwGE 4, 6/15; 8, 4: Entschädigung ist nicht lediglich nach sozialen Gesichtspunkten festzusetzen.

[31] In dieser Richtung *E. Schneider*, NJW 1967, 1750/1754; *Gallwas*, Beeinträchtigungen, 125; wie hier *Lerche*, DVBl 1958, 524/528; *ders.*, DÖV 1965, 212 ff.; vgl. auch *Wagner*, Jahrreiß-Festschrift, 441/464; *Schulte*, Eigentum, 54 f. Vgl. demgegenüber aber *Luhmann*, Entschädigung, 168; *R. Schneider*, VerwArch 58 (1967), 301/306; *Wagner*, NJW 1966, 569; *ders.*, Jahrreiß-Festschrift, 441/449.

[32] *Battis*, Erwerbsschutz, 75; *Lerche*, JuS 1961, 237/240 Fn. 27: Wenn eine Enteignung nach Art. 14 Abs. 3 S. 1, 2 GG bestimmte Erfordernisse zu erfüllen hat, um rechtmäßig zu sein, so ist sie tatbestandlich auch gerade dann gegeben, wenn das eine oder andere dieser Erfordernisse nicht erfüllt ist. In diesem Sinne auch *Maury*, MDR 1954, 144/145; *Weyreuther*, Gutachten B 156 f.

[33] Wie hier *Battis*, Erwerbsschutz, 75; *Bauschke-Kloepfer*, NJW 1971, 1233; *Lerche*, JuS 1961, 237/240 (Fn. 27); *v. Mangoldt-Klein*, Art. 14 Anm. VII 2 b

B. Der Widerstand gegen eine Preisgabe des Finalitätsmerkmals 43

Fall der Gemeinwohlklausel des Art. 14 Abs. 3 S. 1 GG darauf hin, daß es dem Begriff der Enteignung belanglos sei, ob das dem einzelnen abgeforderte Sonderopfer tatsächlich dem Wohle der Allgemeinheit diente. Zum (objektiven) Tatbestand der Enteignung (Enteignungsbegriff) gehöre weder Rechtswidrigkeit noch Schuld[35].

Trotzdem könnte man jedoch zu bedenken geben, daß die den Freiheitsbereich des Art. 14 GG sichernden Zulässigkeitsvoraussetzungen[36] des Art. 14 Abs. 3 GG nur dann eine reelle Chance hätten, ihrer spezifischen, verfassungssichernden Funktion gerecht zu werden, wenn dem Enteignungsbegriff ein notwendig formalisierter Eingriffsbegriff inhärent wäre[37].

II. Bedenken gegen eine Preisgabe des Finalitätsmerkmals aus der Gemeinwohlklausel des Art. 14 Abs. 3 S. 1 GG

Ein erster Einwand gegen die Eliminierung der Zielvorstellung aus dem Bereich des Enteignungsrechtes rekrutiert sich aus Art. 14 Abs. 3 S. 1 GG, nach welchem eine Enteignung nur zum Wohle der Allgemeinheit zulässig sein soll. Verschiedene Stimmen lesen hieraus eine der Enteignung begriffsnotwendige Zweckbestimmung und Zielgerichtetheit[38].

Möglicherweise mag Art. 14 Abs. 3 S. 1 GG auf eine spezifische Zweckrichtung der Enteignung dergestalt hinweisen, daß die Abgrenzung zwischen Enteignung und Sozialbindung in die Richtung der Privatnützigkeits-[39] oder Zweckentfremdungstheorie[40] zielt. Nicht jedoch ist der Ge-

---

(441); *Rausch*, jur. Diss., 176; *R. Schneider*, NJW 1968, 1320 f.: Fehlt es an einem der in Art. 14 Abs. 3 GG aufgestellten besonderen Vorbedingungen, dann ist der gleichwohl vorgenommene Eingriff zwar widerrechtlich, aber doch Enteignung. Ebenso *ders.*, VerwArch 58 (1967), 301/308; zur Unterscheidung von Wesensbestandteilen des Enteignungsbegriffes und Zulässigkeitsbedingungen ausdrücklich schon *Stödter*, Öffentlichrechtliche Entschädigung, 219; *Wolff*, Kahl-Festgabe, 20.

[34] BGHZ 13, 88/92 f.; *Kröner*, Eigentumsgarantie, 59 Fn. 227 m. w. Nachw.

[35] BGHZ 13, 88/93.

[36] Neuerdings etwa *Gallwas*, Beeinträchtigungen, 116 (für das insoweit gleichliegende Zitiergebot), 120 ff. (für Art. 14 Abs. 3 S. 2 GG).

[37] Vgl. nur *Janssen*, Entschädigung, 173 ff.; *Kriele*, DÖV 1967, 531/537 f.; *Rausch*, jur. Diss., 165 f., 178 ff.

[38] *Barkhau*, Nothilfeleistungen, 66 f.; *Burchardi*, jur. Diss., 118 f.; *Janssen*, Entschädigung, 166 ff., 169; *Rausch*, DVBl 1969, 167/173; *Ridder*, VVDStRL 10 (1952), 124/140.

[39] *Diester*, Enteignung, 147; *Ehlermann*, Wirtschaftslenkung, 100 ff.; *Rausch*, jur. Diss., 211; *Reinhardt*, Verfassungsschutz, 1/14, 24 f.; Bedenken hierzu *Leisner*, VVDStRL 20 (1963), 185/233.

[40] *E. R. Huber*, ZgesStW 96 (1936), 438/463; *ders.*, Wirtschaftsverwaltungsrecht II, 23 ff.; *v. Mangoldt-Klein*, Art. 14 Anm. VII 2 b (440 f.); *Kutscher*, Enteignung, 123 ff.; *W. Weber*, Grundrechte Bd. II, 331/374.

meinwohlklausel des Art. 14 Abs. 3 S. 1 GG eine Festlegung des Enteignungsbegriffes auf einen Eingriff bestimmter Zielrichtung zu entnehmen. Begründen läßt sich dies allerdings nicht mit dem bloßen Hinweis darauf, daß die Bedeutung von Art. 14 Abs. 3 S. 1 GG wesentlich im Ausschluß fiskalischer Überlegungen von der Rechtfertigung einer Enteignung liegt[41], somit also keinerlei spezifische Zweckrichtung aufweisen könne. Sehr wohl läßt sich, wie erwähnt, eine Zweckbestimmung der Enteignung durch die Gemeinwohlklausel in Richtung der schon oben genannten Privatnützigkeits- oder Zweckentfremdungstheorien denken. Entscheidend jedoch ist die Überlegung, daß eine derartige Zweckbestimmung der Enteignung durch das Gemeinwohl keinen Rückschluß darauf erlauben kann, daß dem enteignend wirkenden Zugriff hoher Hand eine Finalität in bezug auf das Objekt innewohnen müsse[42]. Zweckbestimmtheit hoheitlichen Handelns infolge der Gemeinwohlbindung und Zielstrebigkeit der Enteignung liegen auf zwei verschiedenen Ebenen. Die rechtfertigende Wirkung des Gemeinwohls umfaßt die hoheitliche Tätigkeit im Ganzen einschließlich ihrer Nebenfolgen, die möglicherweise im Einzelfalle enteignenden Charakter tragen. Die Gemeinwohlprüfung setzt nicht bei der einzelnen Auswirkung hoheitlichen Handelns an, sondern muß sich der hoheitlichen Tätigkeit zuwenden, die die Ursache für die Wirkung im Einzelfalle gesetzt hat; denn nur von dort her kann sie die notwendigen Kriterien beziehen (z. B. Erfüllung von Aufgaben, die der hohen Hand zugewiesen sind)[43]. Hieraus folgt andererseits jedoch auch, daß aus der Bindung der hoheitlichen Tätigkeit an das Gemeinwohl nichts für eine Zielstrebigkeit hoheitlichen Handelns im Einzelfall herzuleiten ist. Nichtgezielte hoheitliche Einwirkungen auf das Eigentum, bloße Nebenwirkungen, können durchaus vom Gemeinwohl getragen sein, was regelmäßig dann der Fall sein wird, wenn die eine derartige Einwirkung auslösende hoheitliche Handlung im Gesamtinteresse vorgenommen wurde.

Die Bindung der Enteignung an das Gemeinwohl, die Art. 14 Abs. 3 S. 1 GG fordert, kann nach dem Gesagten eine Aufgabe der Zielvorstellung nicht hindern.

---

[41] *Bender*, Staatshaftungsrecht, Rz. 28 (S. 22) m. w. Nachw.; *Burchardi*, jur. Diss., 118 ff.; *Diester*, Enteignung, 130; *Dürig*, JZ 1954, 4/6 (Fn. 13); *W. Weber*, Grundrechte Bd. II, 331/340, 382; BGHZ 6, 270/282; 19, 139/152 f.; vgl. schon früher allgemein zur Enteignung: RGZ 136, 123; *Fleiner*, Institutionen, 310 Fn. 52.

[42] *Barkhau*, Nothilfeleistungen, 66 f.; *Burchardi*, jur. Diss., 118 ff.; *Janssen*, Entschädigung, 16 ff., 169; *Rausch*, jur. Diss., 241; ders., DVBl 1969, 167/173; *Ridder*, VVDStRL 10 (1952), 124/140; *Zinkeisen*, jur. Diss., 92 f.

[43] In diesem Sinne sind auch BGHZ 13, 88/92 f. und die weiteren bei *Kröner*, Eigentumsgarantie, 59 Fn. 227, erwähnten Entscheidungen aufzufassen; vgl. auch *Ossenbühl*, JuS 1970, 276/281; ders., JuS 1971, 575/578 f.

III. Bedenken gegen eine Preisgabe des Finalitätsmerkmals aus der Junktimklausel des Art. 14 Abs. 3 S. 2 GG

1. Die spezielle Problemlage im Bereich der Junktimklausel bei Preisgabe des Finalitätsmerkmals

Für einen Enteignungsbegriff im Sinne zielgerichteten Eingriffs[44] oder doch zumindest eines Eingriffs mit — subjektiv oder objektiv — vorhersehbarer Wirkung[45] streitet nach verbreiteter Auffassung mit aller Kraft die Junktimklausel des Art. 14 Abs. 3 S. 2 GG. Nach dieser Vorschrift darf eine Enteignung nur durch Gesetz oder auf Grund eines Gesetzes erfolgen, das Art und Ausmaß der Entschädigung regelt; d. h. der *Gesetzgeber* muß Enteignung und Entschädigung dergestalt koppeln, daß er in einem Gesetz uno actu für alle dem gesetzlichen Tatbestand zuzurechnenden Fälle enteignender Wirkung Richtlinien aufstellt, in welchem Ausmaß und welcher Art Entschädigung zu gewähren ist[46].

Ein Verstoß gegen die Junktimklausel, die teilweise als Zulässigkeitserfordernis[47], überwiegend als Gültigkeitsbedingung[48] einer Enteignung

---

[44] *Bachof*, DÖV 1954, 592/594; *Burchardi*, jur. Diss., 135; *Barkhau*, Nothilfeleistungen, 66; *Dürig*, JZ 1954, 4/8; ders., JZ 1955, 521/522; ders., Apelt-Festschrift, 13/20 Fn. 22; *Gallwas*, BayVBl 1965, 40/44; ders., Beeinträchtigungen, 122: Junktimklausel ist auf faktische Beeinträchtigungen nicht anwendbar; *Greiner*, DÖV 1954, 583; *Ipsen*, VVDStRL 10 (1952), 74/80; *Janssen*, Entschädigung, 173 ff., 178, 183 ff.; *W. Jellinek*, VVDStRL 10 (1952), 162/165; *Kaiser*, BB 1962, 1208; *Kriele*, DÖV 1967, 531/537; *Kuschmann*, NJW 1969, 574/576; *Peter*, JZ 1969, 549/557; *Reißmüller*, JZ 1959, 360/361; *H. Schneider*, Aufopferung, 30; ders., BB 1969, Beilage 2, 1/17; *R. Schneider*, VerwArch 58 (1967), 301/339; *Söhn*, jur. Diss., 125; *Vogel*, Aufopferung, 32; *Wilke*, Haftung, 52 f.; *Battis*, NJW 1971, 1593; *Papier*, NJW 1971, 2157.

[45] *Hesse*, Grundzüge, 173; *Jaenicke*, VVDStRL 20 (1963), 135/155, 181; *Kreft*, Aufopferung, 34; *Leisner*, VVDStRL 20 (1963), 185/208; *Rausch*, DVBl 1969, 167/169 f., 173: Aus der Junktimklausel folgt nur Zwang zur Voraussehbarkeit nicht Finalität des Eingriffs; *Wolff*, Verwaltungsrecht I, 269: Die Junktimklausel hat nicht den Sinn, gesetzliche Regelungen, die in allen voraussehbaren typischen Fällen niemand beeinträchtigen, daran scheitern zu lassen, daß bei Anwendung des Gesetzes in atypischen Sonderfällen ungleiche Behandlung vorliegt.

[46] BVerfGE 4, 219/230 f.; BadVGH DVBl 1953, 88/94; auch etwa *Burchardi*, jur. Diss., 135; *Dürig*, JZ 1954, 4/8; *Ehlermann*, Wirtschaftslenkung, 76; *Greiner*, DÖV 1954, 583/585; *E. R. Huber*, Wirtschaftsverwaltungsrecht II, 55; *Ipsen*, AöR 78 (1952), 284/325; ders., DVBl 1953, 617; *Körner*, NJW 1961, 797; *Maunz*, Baulandentschädigung, 13; *Merk*, Verwaltungsrecht II, 1532; *Hoffmann*, Währungsparität, 55; *Maury*, MDR 1954, 144/145; *Leisner*, VVDStRL 20 (1963), 185/208.

[47] BadVGH DVBl 1953, 88/94; *Janssen*, Entschädigung, 203 Fn. 534; *Maunz* in Maunz-Dürig-Herzog Art. 14 GG Anm. 125; *v. Mangoldt-Klein*, Art. 14 GG Anm. VII 8 b (449); *Rausch*, jur. Diss., 30; *Rupp*, DÖV 1960, 796; *Söhn*, jur. Diss., 122; *Weber*, Grundrechte Bd. II, 331/384.

[48] BVerfGE 8, 274/330; *Bachof*, Peters-Festschrift, 642/660; *Diester*, Enteignung, 53; *Dürig*, JZ 1954, 4/8; *E. R. Huber*, Wirtschaftsverwaltungsrecht II, 55; *Ipsen*, VVDStRL 10 (1952), 74/78, 97, 121; ders., DVBl 1953, 617/619; ders., AöR 78

bezeichnet wird, hat nach allgemeiner Auffassung die Folge, daß das der Enteignung zugrundeliegende oder gar selbst enteignende Gesetz nicht nur rechtswidrig (und damit anfechtbar)[49], sondern verfassungswidrig und nichtig ist[50].

Die Schwierigkeit, im Vorhinein die enteignende Wirkung eines Gesetzes selbst oder auf ihm beruhender Verwaltungsmaßnahmen zu erkennen auf der einen Seite, und die harte Konsequenz der Nichtigkeit auf der anderen Seite führte dazu, daß der Junktimklausel weithin eine zentrale Stellung im Enteignungsrecht zugebilligt wird[51]. So soll das Erfordernis eines Junktims[52] von Enteignung und Entschädigung, obwohl bloße Zulässigkeitsvoraussetzung einer Enteignung, ganz konkrete Auswirkungen auf den Enteignungsbegriff selbst haben; denn das von Art. 14 Abs. 3 S. 2 GG geforderte Junktim sei, so wird ausgeführt, nur dann praktikabel und vollziehbar, wenn die Enteignung ein ganz bestimmter, jederzeit objektiv und abstrakt vorstellbarer Vorgang ist[53]. Eine andere

---

(1952), 284/325; *ders.*, Verbot, 44; *Kaiser*, Privateigentum, 7; *Luhmann*, Entschädigung, 147; *Maunz*, Baulandentschädigung, 13; *Wulf*, jur. Diss., 71; *Rausch*, jur. Diss., 47; a. A. *Maury*, MDR 1954, 144/145: Zuerkennung Entschädigung nicht Gültigkeitsvoraussetzung, sondern Folge einer Enteignung.

[49] Etwa *Konow*, Eigentumsschutz, 78.

[50] Verfassungswidrig und nichtig: OVG Münster OVGE 14, 81/90; *Bachof*, DÖV 1954, 592; *Bettermann*, Grundrechte Bd. III/2, 779/868 Fn. 506; *Burchardi*, jur. Diss., 121 Fn. 1; *Debelius*, jur. Diss., 24; *Dürig*, JZ 1954, 4/8; *Engler*, Bundesverfassungsgericht, 87/175; *Fuß*, JZ 1959, 741; *Gallwas*, Beeinträchtigungen, 121; *Hamann*, BB 1962, 505/506; *Ipsen*, Verbot, 44, 50; *Janssen*, Entschädigung, 179; *Kaiser*, Privateigentum, 37; *Kimminich*, JuS 1969, 349/355; *Kröner*, Eigentumsgarantie, 84/86; *ders.*, DVBl 1969, 157/165; *Merk*, Verwaltungsrecht II, 1532; *Rausch*, jur. Diss., 89 f.; *Schack*, EvStL, Enteignung, Sp. 415/418; *Scheuner*, Verfassungsschutz, 63/91 Fn. 64, 147; *W. Weber*, HdSW Bd. 3, Enteignung, 227/229; *ders.*, Grundrechte Bd. II, 331/385 f.; *Westermann*, Nipperdey-Festschrift, Bd. I, 765/767 Fn. 4; *Wilhelm*, DÖV 1965, 397/402; *Zinkeisen*, jur. Diss., 99.

Verfassungswidrigkeit: BVerfGE 4, 219; 24, 367/418; *Bender*, NJW 1965, 1297; *Hesse*, Grundzüge, 172; *Jaenicke*, VVDStRL 20 (1963), 135/155; *Martens*, Schack-Festschrift, 85/93 Fn. 64; *Maunz*, Wirtschaftsverwaltungsrecht, 484/492; *Obermayer*, Allgemeines Verwaltungsrecht, 109/207 Fn. 16; *Söhn*, jur. Diss., 122.

[51] *Dürig*, JZ 1955, 521/522: Die Junktimklausel ist der Angelpunkt der Abgrenzungsfrage von Enteignung und Eigentumsbindung; *Haas*, System, 12: Die Junktimklausel ist der Schlüssel zum Verständnis des Art. 14 GG und aller Versuche neue Lösungen zu finden; *Forsthoff*, DÖV 1955, 193/195: Die Junktimklausel hat eine zentrale Bedeutung im Rahmen des Verfassungsschutzes; auch *Luhmann*, Entschädigung, 73: Die zentrale Stellung der Junktimklausel in unserer Entschädigungsordnung ergibt sich daraus, daß sie in primäre Zweckprogramme ein Konditionalprogramm einbaut.

[52] Zum Begriff Entschädigungsjunktim — Junktimklausel zuerst *Ipsen*, VVDStRL 10 (1952), 74/78 f., 93 f.; zum Begriff der Junktimklausel zur Sicherung der Gemeindefinanzen bei Aufgabenübertragung *Goennenwein*, Gemeinderecht, 102.

[53] Vgl. nur etwa *Bender*, Staatshaftungsrecht, Rz. 29 f. (S. 22 ff.); *Dürig*, EvStL, Eigentum V, Sp. 1084 und die oben in Fn. 36/37 berichteten Stimmen. *Ehlermann*, Wirtschaftslenkung, 76: Der Versuch, den überkommenen Enteignungsbegriff einzuengen und zu formalisieren, erklärt sich letztlich aus dem

B. Der Widerstand gegen eine Preisgabe des Finalitätsmerkmals

Auffassung verschließe dem Gesetzgeber die Möglichkeit, selbst festzustellen, in welchen Fällen ein von ihm in Aussicht genommenes Gesetz oder auf diesem Gesetz beruhende Akte enteignende Wirkung entfalten können. Unmögliches aber könne vom Gesetzgeber nicht verlangt werden[54]. Akte, für die man jedoch den Gesetzgeber nicht verantwortlich machen könne, unterlägen — unter dem Blickwinkel der Junktimklausel — weder einem Urteil als rechtswidrig noch der Qualifikation als nichtig.

2. Beseitigung der Bedenken durch restriktive Auslegung der Junktimklausel?

Das Entschädigungsjunktim trug angesichts der fortschreitenden Auflösung des Enteignungsbegriffes, die bald aus dem Dunst des Horizontes heraustrat und immer deutlichere Konturen gewann, den Keim entstehender Schwierigkeiten in sich[55]. Dies, obwohl sich die genannte Auflösung zunächst nicht auf die ursprünglich in den Eingriffsbegriff hineingelegte Zielgerichtetheit bezog. Der Auflösung war allein schon durch die nötige Abgrenzung von Enteignung und Sozialbindung, Begriffen, die infolge der Unterworfenheit von Eigentum und Sozialbindung unter die jeweiligen Auffassungen materiellen Wertungen und Kriterien offenstehen, Vorschub geleistet. Materielle Gesichtspunkte, wie insbesondere schwere wirtschaftliche Betroffenheit, Zumutbarkeit[56] u. a. m., ja überhaupt das Abheben auf die — wie gesagt wird[57] — im Bereich des Enteignungsrechts unerläßliche wirtschaftliche Betrachtungsweise, mußten immer stärkere Beachtung finden.

Mit zunehmender Entfernung von einem formalisierten Enteignungsbegriff im Sinne der Enteignung als Enteignungsverfahren oder sonstiger formaler Begriffsfassung und dem gleichzeitigen Fehlen vorausberechenbarer materieller Kriterien, wuchs für den Gesetzgeber die

---

Bestreben, die Junktimklausel und das verfassungsmäßige Verbot entschädigungsloser Enteignung zu umgehen.

[54] So ausdrücklich OVG Münster OVGE 14, 81/92; hierzu Anm. *Reißmüller*, JZ 1959, 360/361: auch hier gilt „impossibilium nulla est obligatio"; vgl. auch *Bachof*, DÖV 1954, 592/594; *Dürig*, Apelt-Festschrift, 20 Fn. 22; *Janssen*, Entschädigung, 195; *Gallwas*, Beeinträchtigungen, 121 f.; *Jesch*, AöR 82 (1957), 163/242; ders., JZ 1957, 705/706; *Rausch*, jur. Diss., 178; *R. Schneider*, VerwArch 58 (1967), 301/339; abl. *Schick*, DVBl 1962, 774/775; gegen diesen Satz auch *Beinhardt*, BayVBl 1962, 205/206; *Hammer*, BayVBl 1962, 103/106; *Söhn*, jur. Diss., 124; *Wulf*, jur. Diss., 128; *Chr. Böckenförde*, Nichtigkeit, 117: Der Wille des Gesetzgebers entscheidet nicht über den Wirkungsbereich eines Gesetzes.

[55] *Rausch*, jur. Diss., 17.

[56] BGH NJW 1967, 1857; DÖV 1971, 246; *Bender*, Staatshaftungsrecht, Rz. 13 (S. 8); *Kröner*, DVBl 1969, 157/161.

[57] BGHZ 19, 1/4; 30, 241; 48, 58/63; 48, 193 ff.; 50, 93/98; 54, 293/295; BGHZ 55, 261/263; *Bender*, Staatshaftungsrecht, Rz. 33 (S. 25); *Hussla*, Riese-Festschrift, 329/330 ff.; *H. Krüger*, Das neue Wasserrecht, 45.

Schwierigkeit zu erkennen, ob und in welchen Fällen ein zu erlassendes Gesetz ein Enteignungsgesetz sein könnte.

Um der mißlichen Folge eines (ungewollten) Verstoßes gegen die Junktimklausel zu entgehen, wurden schon zu der Zeit, als man am Merkmal des gezielten Eingriffs noch nicht rüttelte, Lösungen angeboten, die der Junktimklausel ihre Schärfe nehmen sollten.

So wollte man unter Gesetz im Sinne des Art. 14 Abs. 3 S. 2 GG auch ungeschriebene Rechtssätze fallen lassen[58]. Eine solche Meinung geht davon aus, daß das Grundgesetz in erster Linie an die sog. klassische Enteignung gedacht habe, also an das förmliche Enteignungsgesetz mit seinen Bestimmungen über Planfeststellung und Höhe der Entschädigung. Schon zur Weimarer Zeit habe sich der ungeschriebene Rechtssatz entwickelt, daß jeder erhebliche Eingriff in die vermögensrechtliche Sphäre als Enteignung aufzufassen sei und zu angemessener Entschädigung verpflichte. Dieser ungeschriebene Rechtssatz gelte, da im Rechtsbewußtsein eingeprägt, auch noch unter dem Grundgesetz und stelle das von Art. 14 Abs. 3 S. 2 GG geforderte Gesetz dar[59]. Andere Auffassungen wollen schließlich bei fehlender oder mangelhafter Entschädigungsregelung auf Art. 14 Abs. 3 S. 2, 3 GG selbst zurückgreifen und dort die Entschädigungsgrundlage sehen.

So hat das Bundesverwaltungsgericht in früheren Entscheidungen[60] — allerdings von prozessualem Standpunkt aus — gemeint, daß auch dann, wenn Art. 14 Abs. 3 S. 2 GG nicht erfüllt sei, das Enteignungsgesetz nicht der Nichtigkeit verfällt, sondern die Entschädigung von den nach Art. 14 Abs. 3 S. 4 GG für diese Frage allein zuständigen Zivilgerichten zu bestimmen ist; denn die Zuständigkeit der Zivilgerichte nach Art. 14 Abs. 3 S. 4 GG umfasse auch den Streit über den Grund des Anspruches. Auf diese Weise wird Art. 14 Abs. 3 S. 2, 3 GG zur Anspruchsgrundlage.

Aber auch ohne diesen prozessualen Aspekt schlug man vor, die Entschädigungspflicht unmittelbar dem Art. 14 Abs. 3 S. 2 GG zu entnehmen, wenn ein Enteignungsgesetz nicht den Anforderungen des Art. 14 Abs. 3 S. 2 GG entspreche[61].

---

[58] W. *Jellinek*, DVBl 1951, 283/284; *ders.*, VVDStRL 10 (1952), 162/164; neuerdings auch *Schulte*, Eigentum, 236 m. Fn. 164.

[59] Vgl. auch W. *Jellinek*, JZ 1955, 147/148.

[60] BVerwGE 1, 42/43 f.; 1, 140/144; anders aber BVerwGE 26, 259/262.

[61] *Ehrenforth*, DVBl 1950, 266/269; *Forsthoff*, Verwaltungsrecht I, 2. Aufl., 260, 3. Aufl., 265; *ders.* einschränkend, Bodenreformgesetz, 29; a. A. *ders.*, Verwaltungsrecht I, 9. Aufl., 322; vgl. auch *Ipsen*, AöR 78 (1952), 284, 325/330: Bei unzureichender Entschädigungsregelung kann die zutreffende Entschädigungsregelung unmittelbar dem Art. 14 Abs. 3 GG entnommen werden, ohne daß der Richter im Prozeß um die Höhe der Entschädigung nach Art. 100 GG verfahren müßte; *Weber*, Grundrechte Bd. II, 331/385 Fn. 94.

B. Der Widerstand gegen eine Preisgabe des Finalitätsmerkmals

Allen diesen Auffassungen steht, wie das Bundesverfassungsgericht schon frühzeitig in einer Entscheidung zur Junktimklausel ausführte, Art. 14 Abs. 3 S. 2 GG entgegen[62].

Einmal ist schon zweifelhaft, ob sich der von Walter Jellinek herangezogene ungeschriebene Rechtssatz überhaupt gebildet hat[63]; aber auch wenn man dies bejahte, würde ein derartiger Satz doch nichts Näheres über Art und Ausmaß der Entschädigung besagen. Aufgabe der Junktimklausel ist aber gerade, die nähere Bestimmung von Art und Ausmaß der Entschädigung durch den Gesetzgeber zu gewährleisten[64].

Gleiche Erwägungen verhindern, bei fehlender oder unzureichender Entschädigungsregelung eine Entschädigung unmittelbar auf Art. 14 Abs. 3 S. 2, 3 GG zu stützen, um das Verdikt der Verfassungswidrigkeit wegen Verstoßes gegen das Entschädigungsjunktim zu umgehen[65]. Bei der Auslegung der Junktimklausel selbst setzen auch diejenigen an, die einem Widerspruch zur Voraussetzung des Entschädigungsjunktims dadadurch zu entkommen suchen, daß sie den Gesetzesbegriff in Art. 14 Abs. 3 S. 2 GG im materiellen Sinne verstehen. Diese Auffassung erlangt praktische Bedeutung vor allem bei der Einführung eines Anschluß- oder Benutzungszwanges. Sollte die Einführung eines Anschluß- oder Benutzungszwanges im Einzelfalle enteignende Wirkung entfalten, so wird eine Entschädigungsregelung in der anordnenden gemeindlichen Satzung für ausreichend, aber auch erforderlich gehalten[66]. Auch eine solche Auslegung der Junktimklausel entspricht nicht dem Art. 14 Abs. 3 S. 2 GG. Zwar ist nach Art. 14 Abs. 3 S. 2 GG eine Legalenteignung — wenn auch im Ausnahmefalle[67] — ausdrücklich zugelassen, doch betrifft dies nur

---

[62] BVerfGE 4, 219/230.
[63] Abl. BVerfGE 4, 219/231; *Rausch*, jur. Diss., 62 ff., insbes. 67.
[64] Abl. gegenüber der Auffassung *W. Jellineks*: BVerfGE 4, 219/230 f.; OVG Münster OVGE 14, 81/91 f.; *Bachof*, DÖV 1954, 592/593; OVG Hamburg DVBl 1952, 246; *Dürig*, JZ 1954, 4/7; *Greiner*, DÖV 1954, 583/585; *Janssen*, Entschädigung, 180; *Maunz*, Baulandentschädigung, 41; *Scheuner*, Verfassungsschutz, 63/147 Fn. 240; *Wulf*, jur. Diss., 43 f.; *Zinkeisen*, jur. Diss., 83 f.
[65] *Bachof*, DÖV 1954, 592/593; *Burchardi*, jur. Diss., 126; *Janssen*, Entschädigung, 182; *Rausch*, jur. Diss., 52; *Söhn*, jur. Diss., 123; *Wolff*, Verwaltungsrecht I, § 62 IV b 1 (S. 433); *Zinkeisen*, jur. Diss., 83 f.; insbes. BVerfGE 4, 219/230; OVG Münster OVGE 14, 81/91 f.; *Wulf*, jur. Diss., 100. Speziell gegen die zitierte Auffassung des Bundesverwaltungsgerichts: *Bachof*, Verfassungsrecht I, 35; *Maunz*, Baulandentschädigung, 41; *Rausch*, jur. Diss., 59 ff.; *Söhn*, jur. Diss., 122 f. m. Fn. 6; *Wulf*, jur. Diss., 94 ff. m. eingehender Begr.; insbes. auch BVerfGE 4, 219/230.
[66] BayVerfGH BayVBl 1964, 94; OVG Münster OVGE 14, 170/173; vgl. auch BVerwG DVBl 1960, 396; BayVGH DÖV 1962, 426; BayVGH 14 I 24/27; a. A. BayVGH 7 I 12/24; *Weber*, Grundrechte Bd. II, 331/380 f.; *Kimminich*, Bonner Kommentar, Art. 14 GG Anm. 112; a. A. *Wernicke*, Bonner Kommentar, Art. 19 Anm. II 1 b; *Kääb-Rösch*, Art. 65 BayLStVG Anm. 33; *Hammer*, BayVBl 1962, 103/106; *Helmreich-Widtmann*, Art. 24 BayGO Anm. 11.
[67] BVerfGE 24, 367/401 ff.

eine Enteignung durch förmliches Gesetz[68]. Demnach kann sich eine Enteignung durch eine Anschluß- oder Benutzungszwang anordnende Satzung nicht als Enteignung durch, sondern allenfalls auf Grund eines (förmlichen) Gesetzes (der Gemeindeordnungen) präsentieren, eine durchaus mögliche Erscheinung. Denn eine Enteignung auf Grund förmlichen Gesetzes kann nicht nur durch Verwaltungsakt — wenn auch üblicherweise —, durch Verordnung, sondern gerade auch durch eine Satzung vorgenommen werden[69]. Nach Art. 14 Abs. 3 S. 2 GG muß aber das Gesetz, auf Grund dessen die Enteignung — wenn auch durch autonomes Ortsrecht — vorgenommen wird, uno actu Art und Ausmaß der Entschädigung regeln; eine Delegierung in die enteignende Satzung ist angesichts des strikten Verfassungsbefehls des Art. 14 Abs. 3 S. 2 GG ausgeschlossen[70].

Über eine weitherzige Auslegung in den beschriebenen Spielformen läßt sich also nichts für die These gewinnen, daß solche Gesetze, die nur ausnahmsweise oder gar unbeabsichtigt enteignend wirken, nicht gegen das Erfordernis gleichzeitiger Entschädigungsregelung verstoßen; denn alle diese Auslegungsbehelfe widersprechen — wie berichtet — dem Art. 14 Abs. 3 S. 2 GG.

Näheren Aufschluß bietet auch nicht ein Zurückgehen auf die Entstehungsgeschichte von Art. 14 Abs. 3 S. 2 GG. Ein Heranziehen der Entstehungsgeschichte könnte zunächst Bedenken hervorrufen, weil das Bundesverfassungsgericht eine Auslegung fordert, die den in der betreffenden Norm zum Ausdruck kommenden objektiven Willen des Gesetzgebers ermittelt[71]. Der objektive Wille sei nach dieser Auslegung dem Wortlaut der Gesetzesbestimmung und dem Sinnzusammenhang, in den die Norm hineingestellt ist, zu entnehmen; die Entstehungsgeschichte habe nur indizielle Wirkung für die Richtigkeit eines nach den beschriebenen

---

[68] *Bachof*, DÖV 1954, 592; *Badura*, Verwaltungsmonopol, 123; ders., DÖV 1964, 539; *Beinhardt*, BayVBl 1964, 205/206; *Haas*, System, 35; *Greiner*, DÖV 1954, 583/585; *Janssen*, Entschädigung, 180; *Jesch*, DÖV 1962, 428/430; *Dürig*, JZ 1954, 4/7; *Köttgen*, Daseinsvorsorge, 48; *Herbert Krüger*, DÖV 1955, 597/599; *v. Mangoldt-Klein*, Art. 14 GG Anm. VII 7 b (446); *Rausch*, jur. Diss., 54 ff.; ders., DVBl 1969, 167/168; *Schick*, DVBl 1962, 774; *Söhn*, jur. Diss., 119 f.; *Wolff*, Verwaltungsrecht I, § 62 IV b (432 f.).

[69] Hierauf machte ausdrücklich *Schick*, DVBl 1962, 774 ff., aufmerksam; ders., DÖV 1962, 931/934; *v. Jacobs*, Benutzungszwang, 106; *Rausch*, DVBl 1969, 167/168; *Söhn*, jur. Diss., 120 Fn. 1; a. A. *Jesch*, DÖV 1962, 428/430.

[70] *Badura*, DÖV 1964, 539; *Jesch*, DÖV 1962, 428/430: Die in der Satzung angeordnete Entschädigung vermag den durch deren Fehlen im förmlichen Gesetz ausgelösten Mangel nicht zu heilen; *Rausch*, jur. Diss., 58; *Schick*, DÖV 1962, 774/776; *Söhn*, jur. Diss., 122; *Wolff*, Verwaltungsrecht I, §62 IV b (432 f.); *Wulf*, jur. Diss., 40 f. Hier kann eine in die Satzung aufgenommene Befreiungsmöglichkeit Hilfe bringen.

[71] Etwa BVerfGE 1, 299/312; 11, 126/130; 13, 261/268; vgl. auch BVerfGE 1, 117/127.

B. Der Widerstand gegen eine Preisgabe des Finalitätsmerkmals

Grundsätzen gewonnenen Auslegungsergebnisses sozusagen im Sinne einer Gegenprobe. Überhaupt keine Rolle dürfe die subjektive Vorstellung der am Gesetzgebungsverfahren beteiligten Organe oder einzelner ihrer Mitglieder über die Bedeutung der Bestimmung spielen[72].

Auch wenn man die grundsätzlichen Bedenken gegen die Heranziehung der Entstehungsgeschichte beiseite läßt, so ergibt sich, was die Entstehung des Art. 14 Abs. 3 S. 2 GG betrifft, nicht einmal jene — oben beschriebene und anerkannte — indizielle Wirkung. Es ist nicht zu klären, ob bei der Fassung des Art. 14 GG die rechtliche Bedeutung des Entschädigungsjunktims wirklich erkannt und gewollt war[73], ob es sich nur um eine redaktionelle Änderung oder Einfügung handelte[74] oder ob die Junktimklausel gar ein Produkt des Zufalls war[75, 76].

3. Aktuelle Bedeutung der Junktimklausel angesichts der Rechtsprechung des Bundesgerichtshofes zum enteignungsgleichen Eingriff?

Auf dem Weg über die Auslegung von Art. 14 Abs. 3 S. 2 GG kann nach allem den Schwierigkeiten nicht entgangen werden, die darin liegen, daß sich der Charakter eines Gesetzes als Enteignungsgesetz erst im Laufe der Zeit erweist, und das Gesetz nun dem harten Urteil der Nichtigkeit verfallen soll, obwohl die Formvorschrift des Art. 14 Abs. 3 S. 2 GG nur ungewollt übergangen wurde. Faßt man aber die Rechtsprechung des Bundesgerichtshofes zum enteignungsgleichen Eingriff ins Auge, so drängt sich die Frage auf, ob die Junktimklausel des Art. 14 Abs. 3 S. 2 GG angesichts dieser Rechtsprechung überhaupt noch aktuelle Bedeutung hat. In der Tat wird vielfach festgestellt, daß der enteignungsgleiche Eingriff die Wirkung der Junktimklausel in vielen Fällen überspielt[77];

---

[72] BVerfGE 11, 126/130; 13, 261/268. *E. Kaufmann* forderte 1950 auf der Staatsrechtslehrertagung in München pointiert, daß erstens kein Mitglied des Parlamentarischen Rates in das Verfassungsgericht kommen dürfe, und zweitens die Materialien des Parlamentarischen Rates, wenn nicht verbrannt, so doch in einem geschlossenen Schrank gehalten und allenfalls zu historischer Arbeit herangezogen würden; denn die Verfassungsgesetzgeber seien — wie nicht zu umgehen — von zeitgebundenen Einsichten bestimmt gewesen und hätten keinesfalls alle Konsequenzen einer Regelung übersehen können. (Autorität und Freiheit I, 500/510 f.)

[73] Verneinend *Dürig*, JZ 1954, 4/7; *Ipsen*, VVDStRL 10 (1952), 74/78; *Rausch*, jur. Diss., 14.

[74] Hiergegen *v. Mangoldt*, VVDStRL 10 (1952), 152.

[75] So *Wulf*, jur. Diss., 12.

[76] Vgl. insgesamt zur Entstehungsgeschichte der Junktimklausel etwa: *Ipsen*, VVDStRL 10 (1952), 74/78 f.; *Matz*, JöR 1 (1951), 144/150 ff.; *Rausch*, jur. Diss., 13 f.; *Söhn*, jur. Diss., 118 f.; *Wulf*, jur. Diss., 4 ff., 8 ff., 45 ff.

[77] *Haas*, System, 12; *Konow*, Eigentumsschutz, 42 Fn. 43; *Kriele*, DÖV 1967, 531/538; *Rüfner*, BB 1968, 881/884; *Wulf*, jur. Diss., 114 ff., 116.

andere Stimmen weisen darauf hin, daß die Junktimklausel noch keine besonderen Schwierigkeiten gemacht habe[78]. Um die Frage des Verhältnisses von Junktimklausel und enteignungsgleichem Eingriff und damit zugleich das Problem des heute von Art. 14 Abs. 3 S. 2 GG vorausgesetzten Eingriffsbegriffes zu klären, muß im folgenden ein wenig weiter ausgeholt werden.

Eine erste Einschränkung der Wirkungskraft von Art. 14 Abs. 3 S. 2 GG führt der enteignungsgleiche Eingriff auf prozessualem Gebiete herbei. Enteignungsgesetze, die keine oder nur unzureichende Entschädigungsregelung enthalten, verstoßen gegen Art. 14 Abs. 3 S. 2 GG und sind, wie schon mehrfach betont, verfassungswidrig[79]. Eine Entscheidung über die Frage der Verfassungswidrigkeit kann aber das im Einzelfalle angegangene Gericht angesichts des Verwerfungsmonopols des Bundesverfassungsgerichts nach Art. 100 Abs. 1 GG nicht selbst treffen. Das Gericht kann zwar den Gesetzgeber über das Vorliegen einer Enteignung im konkreten Einzelfalle aufklären, darf aber das Enteignungsgesetz als seiner Meinung nach verfassungswidrig nicht anwenden, sondern muß das Verfahren aussetzen und nach Art. 100 Abs. 1 GG die Frage der Verfassungswidrigkeit dem Bundesverfassungsgericht zur Entscheidung vorlegen. Insbesondere ist das Gericht nicht befugt, einem Gesetz Enteignungscharakter zuzuschreiben und nun von sich aus eine angemessene Entschädigung festzusetzen, indem es nach den in Art. 14 Abs. 3 S. 2 GG aufgestellten Richtlinien verfährt[80]. Eben diesen Weg eröffnet dem zunächst angegangenen Gericht der von der Rechtsprechung entwickelte Tatbestand des enteignungsgleichen Eingriffs. Erkennt ein Gericht, das über eine Entschädigungsforderung zu befinden hat, einem (nachkonstitutionellen) Gesetze enteignenden Charakter zu und will es der Rechtsprechung des Bundesverfassungsgerichts[81] gemäß das Verfahren aussetzen und nach Art. 100 Abs. 1 GG das Gesetz dem Bundesverfassungsgericht zur Entscheidung über die Verfassungsmäßigkeit vorlegen, kann es nur dann in dieser Art verfahren, wenn das Gesetz entscheidungserheblich ist: Dem vorlegenden Gericht muß es für die Entscheidung des Rechts-

---

[78] Inbesondere *Kreft*, Aufopferung, 34; vgl. auch *R. Schneider*, VerwArch 58 (1967), 301/339; hiergegen *Hesse*, Grundzüge, 184: Der Bundesgerichtshof setzt sich mit der Problematik der Junktimklausel nicht auseinander.

[79] Nur etwa BVerfGE 4, 219/235; 24, 367/418; *Bachof*, DÖV 1954, 592; *Burchardi*, jur. Diss., 121 Fn. 1; *Diester*, Enteignung, 53; *Ehlermann*, Wirtschaftslenkung, 76; *Huber*, Wirtschaftsverwaltungsrecht II, 37, 55; *Ipsen*, VVDStRL 10 (1952), 74/96 f.; *Kimminich*, JuS 1969, 349/355; *Kröner*, Eigentumsgarantie, 86; *Maunz* in Maunz-Dürig-Herzog Art. 14 Anm. 125; *Rausch*, jur. Diss., 80; ders., DVBl 1969, 167/169; *Söhn*, jur. Diss., 122; *W. Weber*, Grundrechte Bd. II, 331/384 f.; *Jaenicke*, VVDStRL 20 (1963), 135/155; *Wulf*, jur. Diss., 103; *Zinkeisen*, jur. Diss., 84, 98; vgl. ferner die oben in Fn. 50 (Teil II) genannten Stimmen.

[80] Hiergegen ausdrücklich BVerfGE 4, 219/235 f.

[81] BVerfGE 4, 219/235; 24, 367/418; vgl. auch *Kröner*, Eigentumsgarantie, 84, 87.

B. Der Widerstand gegen eine Preisgabe des Finalitätsmerkmals

streites auf die Verfassungsmäßigkeit des Gesetzes ankommen[82], das Gericht müßte bei Ungültigkeit der Norm im Ausgangsverfahren anders zu entscheiden haben als bei deren Gültigkeit[83]. Im Entschädigungsprozeß vor dem vorlegenden Gericht kommt es jedoch nach der Judikatur des Bundesgerichtshofes zum enteignungsgleichen Eingriff gerade nicht auf Rechtmäßigkeit oder Rechtswidrigkeit der Enteignung an; denn dieser Tatbestand räumt den von einer Beeinträchtigung enteignender Wirkung Betroffenen auch im Falle der Rechtswidrigkeit[84] und darüber hinaus sogar bei rechtswidrig schuldhaftem Eingriff[85] einen Entschädigungsanspruch nach den Grundsätzen des Art. 14 Abs. 3 S. 2 GG ein[86]. Dies bedeutet, daß die Entschädigung enteignungsgleicher Eingriffe gegenüber der Enteignungsentschädigung keine Sonderstellung einnimmt[87]. In beiden Fällen, Enteignung und enteignungsgleichem Eingriff, wird nach den gleichen enteignungsrechtlichen Grundsätzen Entschädigung gewährt[88].

---

[82] BVerfGE 2, 266/271; 2, 380/389; ähnlich auch BVerfGE 10, 341/344; 18, 305/308.

[83] BVerfGE 7, 171/173 f.; 9, 250/253; 10, 258/261; 11, 294/296 ff.; 22, 175/176 f.; 25, 129/136.

[84] BGHZ 6, 270/290.

[85] BGHZ 7, 296; 13, 88/90; zust. *Bender*, Staatshaftungsrecht, Rz. 27 ff. (insbes. S. 19 Fn. 69); *Bettermann*, Grundrechte Bd. III/2, 779/856; *Janssen*, Entschädigung, 124 ff.; *W. Jellinek*, JZ 1955, 148 f.; *Wilke*, Haftung, 39 f., 46 ff.; kritisch hierzu etwa *Lerche*, JuS 1961, 237 ff.; schon *Schack*, VerwArch 40 (1935), 426/449; *Stödter*, Öffentlichrechtliche Entschädigung, 15 ff., 25 f., 49 ff.; zur Entwicklung *Jaenicke*, Haftung, 77 ff.

[86] *Bauschke-Kloepfer*, NJW 1971, 1233/1234; *Gelzer*, Umfang, 1; *Keßler*, DRiZ 1967, 374 ff.; *Kreft*, Aufopferung, 15 ff.; *Kröner*, Eigentumsgarantie, 12 f.; ders., DVBl 1969, 157/164 ff.; *Maunz* in Maunz-Dürig-Herzog Art. 14 Anm. 94 ff. m. w. Nachw., insbes. in Anm. 100.

[87] BGHZ 23, 157/171 f.; *Kröner*, Eigentumsgarantie, 86; eine andere Konsequenz ergibt sich freilich für diejenigen, die aus rechtswidriger Grundrechtsverletzung einen Schadensersatzanspruch des Betroffenen herleiten wollen, bzw. die Stimmen, die sich für eine allgemeine Restitutionsgrundnorm aussprechen. *Furler* VerwArch 33 (1928), 340/413 f.; *Gallwas*, Beeinträchtigungen, 124; *Haas*, System, 59 ff.; *Konow*, JR 1967, 245/246 f.; *Menger*, Jellinek-Gedächtnisschrift, 347 ff.; ders., VerwArch 56 (1965), 374 f.; vgl. auch *Rüfner*, BB 1968, 881/882; abl. *Bender*, Staatshaftungsrecht, Rz. 122 (S. 85) m. Fn. 322; *Bettermann*, DÖV 1955, 528/536; *Lerche*, Übermaß, 169, 172 ff.; *Luhmann*, Entschädigung, 91 f.; *Rupp*, Grundfragen, 174; *Scheuner*, DÖV 1955, 545/549; *Spanner*, DVBl 1968, 618/625; *Weyreuther*, Gutachten, B 35.

[88] Vgl. auch *Bettermann*, Grundrechte Bd. III/2, 779/868 Fn. 506. Nach einer anderen Sicht verlangen jene Fälle, in denen das Enteignungsgesetz wohl eine Entschädigung dem Grundsatz nach vorsieht, sie aber nicht zureicht. Hier fließt der Frage nach der Verfassungsmäßigkeit des Enteignungsgesetzes Entscheidungserheblichkeit zu; denn wesentlich für die Entscheidung des vorlegenden Gerichtes ist, ob sich das Gericht bei der Entschädigungsbemessung auf die (seiner Meinung nach) unzureichende Entschädigungsregelung des Enteignungsgesetzes oder die Grundsätze des enteignungsgleichen Eingriffs stützen kann, so auch *Bettermann*, Grundrechte Bd. III/2, 779/868 m. Fn. 506. Zu einer Vorlage im Falle unzureichender Entschädigungsregelung BVerfGE 4, 219/228 ff.

So hat der Bundesgerichtshof in der Tat bei Entschädigungsansprüchen, die auf einer rechtswidrigen Anwendung des BLG beruhten, die Frage der Vorlagepflicht nicht erörtert, sondern Art. 14 Abs. 3 GG ohne weiteres unmittelbar für anwendbar gehalten[89].

Der enteignungsgleiche Eingriff beschränkt die Wirkungskraft der Junktimklausel nicht nur im Umkreis der Richtervorlage, sondern ist über den soeben illustrierten Problemkreis hinaus in der Lage, ganz allgemein eine Entwertung des Entschädigungsjunktims als Zulässigkeitsbedingung einer Enteignung herbeizuführen.

Dies erhellt folgende Überlegung. Ziel der in Art. 14 Abs. 3 S. 2 GG normierten Junktimklausel ist es, entschädigungslose Enteignungen zu verhindern. Dieses Ergebnis soll dadurch erreicht werden, daß mit der Qualifizierung des entschädigungslosen Enteignungsgesetzes als verfassungswidrig der Enteignung, die sich auf dieses Gesetz stützt, die Rechtsgrundlage entzogen wird, die Enteignung mithin rechtswidrig, also anfechtbar ist. Die Junktimklausel weist also in zwei Richtungen. Primär will sie die Entschädigung für eine als Enteignung erkannte Beeinträchtigung garantieren. Liegt aber ein entschädigungsloses Enteignungsgesetz vor, so soll dem von der Enteignung Betroffenen die Möglichkeit eröffnet sein, unmittelbar gegen die enteignende Maßnahme vorzugehen, sei es eine Enteignung unmittelbar durch das Gesetz oder auf Grund des Gesetzes. In diesem Sinne führten die Richter des IV. Senats des Bundesverwaltungsgerichts bei der Besprechung mit Richtern des III. Senats des Bundesgerichtshofes vom 13. 10. 1966[90] aus, daß es dem Verwaltungsgericht zunächst darum gehen müsse, den rechtswidrigen Eingriff im Wege des Verwaltungsstreitverfahrens aufzuheben und das betroffene Recht wiederherzustellen[91]. Nur wenn und soweit dies nicht möglich sei, könne eine Entschädigung in Geld in Betracht kommen[92].

Faßt man demgegenüber die Rechtsfigur des enteignungsgleichen Eingriffs ins Auge, so sollen durch sie gerade auch rechtswidrige oder rechts-

---

[89] Etwa BGH WM 1961, 824; *Kröner*, Eigentumsgarantie, 87 m. w. Nachw.

[90] Vgl. den Bericht DRiZ 1967, 163.

[91] *Maunz*, Wirtschaftsverwaltungsrecht, 484/492: Ein Enteignungsgesetz, das über Art und Ausmaß der Entschädigung nichts aussagt oder eine Entschädigung versagt, ist verfassungswidrig, und wenn das Gesetz verfassungswidrig ist, ist der darauf gestützte Akt nichtig. So auch *Debelius*, jur. Diss., 24; vgl. auch *A. Arndt*, NJW 1959, 863/864. Die überwiegende Meinung nimmt Anfechtbarkeit an: OVG Münster OVGE 14, 81/90; *Bachof*, DÖV 1954, 592; *Bender*, Staatshaftungsrecht, Rz. 29 (S. 23); *Ipsen*, VVDStRL 10 (1952), 74/97, 121; *ders.*, AöR 78 (1952), 284/325; *Janssen*, Entschädigung, 179; *Merk*, Verwaltungsrecht II, 1352; *Kaiser*, Privateigentum, 37; *Maisch*, NJW 1959, 227/228; *Ridder*, VVDStRL 10 (1952), 124/140; *Rausch*, jur. Diss., 124, 136; *Söhn*, jur. Diss., 122; *Zinkeisen*, jur. Diss., 95; *Scheuner*, BB 1960, 1253/1254, stellt auf Offensichtlichkeit ab.

[92] So auch BVerwG BBauBl 1961, 497/499; a. A. *Kreft*, Aufopferung, 26; *ders.*, Heusinger-Ehrengabe, 167/179 ff.; *Hussla*, Riese-Festschrift, 329/339 f.; vgl. auch BGH DÖV 1971, 246; *Jaenicke*, Haftung, 118.

B. Der Widerstand gegen eine Preisgabe des Finalitätsmerkmals

widrig schuldhafte Eigentumsbeschneidungen eine Entschädigungspflicht nach den Grundsätzen des Art. 14 Abs. 3 GG begründen, obwohl Art. 14 Abs. 3 S. 2, 3 GG keine Anspruchsgrundlage für Enteignungsentschädigungen enthält.

Grund dieser Rechtsprechung war die Überlegung, daß erst recht rechtswidrige oder gar rechtswidrig schuldhafte Eigentumsbeschneidungen von enteignender Tiefe eine Enteignungsentschädigung legitimieren müßten, wenn schon eine rechtmäßige Enteignung nach Art. 14 Abs. 3 GG i. V. m. dem Enteignungsgesetz eine Entschädigungspflicht begründe[93]. Zieht man nun aber jene weiteren Entscheidungen des Bundesgerichtshofes heran, die als konstituierendes Merkmal des Sonderopfers die Rechtswidrigkeit einer Eigentumsbeeinträchtigung ansahen[94], so drängt sich die Frage auf, ob Gleiches auch bei Verstößen gegen die Zulässigkeitsbedingungen einer Enteignung gelten soll; denn ein solches Ergebnis könnte in der Tat möglicherweise die Wirkungskraft z. B. der Junktimklausel in ganz erheblichem Maße beeinträchtigen.

Hierzu ist vorweg festzustellen, daß die Zulässigkeitsbedingungen einer Enteignung den Tatbestand der Enteignung gerade voraussetzen. Erst dann, wenn eine Enteignung festgestellt ist, können sie ihre Wirkungskraft entfalten, die sich darin erschöpft, das zu beurteilende Enteignungsgesetz als verfassungsmäßig oder verfassungswidrig zu qualifizieren[95]. Weiter bleibt zu bezweifeln, ob die Rechtsprechung des Bundesgerichtshofes, die mit der grundlegenden Entscheidung im 32. Bande[96] ihren Ausgang nahm und die Bedeutung der Rechtswidrigkeit als entscheidendes Kriterium des Sonderopfers und somit einer Entschädigung aus dem Gesichtspunkt des enteignungsgleichen Eingriffs heraushob, überhaupt den durch die Zulässigkeitsbedingungen einer Enteignung vermittelten Rechtsschutz beeinträchtigen kann.

Außer Frage steht, daß der Bundesgerichtshof im Bereich des enteignungsgleichen Eingriffs ausschließlich mit der Feststellung der Rechtswidrigkeit hoheitlichen Handelns das Überschreiten der Opfergrenze und

---

[93] BGHZ 6, 270/290 f. (so schon RGZ 140, 276/283); BGHZ 7, 296/297 f.; 13, 88/93 f.; *Bender*, Staatshaftungsrecht, Rz. 27 m. Fn. 69 (S. 19); *Bettermann*, Grundrechte Bd. III/2, 779/856; *Janssen*, Entschädigung, 124 ff.; *W. Jellinek*, JZ 1955, 148 f.; *Wilke*, Haftung, 39 f., 46 ff.
[94] BGHZ 32, 208/210 ff.; BGHZ 45, 150/153; BGH NJW 1965, 1912; BGH BRS 19 (1969), 26 (Nr. 12); ganz entsprechend auch die Entscheidungen, die bei Verletzung des Verhältnismäßigkeitsgrundsatzes enteignenden Charakter konstatieren: etwa BGH NJW 1965, 1907; BGH LM Nr. 16 zu Art. 14 GG (Ce); BGH NJW 1965, 2101; vgl. auch *Papier*, Forderungsverletzung, 85 f.
[95] *Battis*, Erwerbsschutz, 62 ff., 75 f.; *Bender*, Staatshaftungsrecht, Rz. 38 (S. 28 Fn. 105); *Jaenicke*, VVDStRL 20 (1963), 135/152, 160 ff.; *ders.*, Haftung, 126; *Weyreuther*, Gutachten, 158.
[96] BGHZ 32, 208/211 f.

somit das Sonderopfer konstatiert[97]. Allerdings bemüht sich der Bundesgerichtshof in diesen Entscheidungen in besonderem Maße um die Feststellung, ob in einem (schon bestehenden) von Art. 14 GG geschützten Vermögenswert eingegriffen wurde und versucht von hier aus eine Restriktion herbeizuführen. Entscheidungen des Bundesgerichtshofs wie jene im Saatgutfall[98] illustrieren dies. Hier wies das Gericht die Klage ab, obwohl dem klagenden Gewerbetreibenden die Zulassung eingeführten Saatguts als Importsaatgut rechtswidrig versagt wurde. Die Klage wurde einmal deswegen abgewiesen, weil nach Auffassung des Bundesgerichtshofs durch die rechtswidrige Versagung der Zulassung ein durch Art. 14 Abs. 1 GG geschützter, bereits vorhandener Vermögenswert nicht betroffen worden sei und die Versagung der Zulassung nur die Aussicht oder Chance einer Werterhöhung vereitelt habe. Darüber hinaus gab das Gericht auch aus der Überlegung heraus der Klage nicht statt, daß ein Eingriff in die Substanz des Gewerbebetriebes nicht vorliege; zwar sei die Zulassung rechtswidrig versagt worden, dennoch sei der Betrieb mit der Versagung der Zulassung nicht in seinem Funktionieren gestört, mithin fühlbar getroffen worden.

Das berichtete Vorgehen des Bundesgerichtshofes, das die Qualifikation des Sonderopfers im Umkreis des enteignungsgleichen Eingriffs von der Rechtswidrigkeit her vornimmt, setzt sich allerdings dem Vorwurf aus, daß es sich von der ursprünglichen Begründung des enteignungsgleichen Eingriffs weit entfernt habe. Nicht mehr obwohl, sondern weil die Beeinträchtigung rechtswidrig sei, müsse nun entschädigt werden[99]. So wurden auch allenthalben Bedenken gegen die referierte Entscheidung des Bundesgerichtshofes laut[100]; man wies darauf hin, daß jetzt zwei wesensverschiedene Ströme zusammengeflossen seien und mit gleichen Rechtsfolgen bedacht würden[101]. In der Tat stehen einer Auffassung, die der Rechtswidrigkeit einer Eigentumsbeeinträchtigung grundsätzlich ent-

---

[97] Vgl. oben Fn. 94.

[98] BGH NJW 1967, 1857; ganz entsprechend BGH BRS 19 (1969), 26 (Nr. 12); vgl. auch BGH BRS 19 (1969), 43 (Nr. 20).

[99] *Bettermann*, Grundrechte Bd. III/2, 779/857; ders., 41. DJT, C 82; *Bachof*, Vornahmeklage, 123 Fn. 40.

[100] Abl. *Bender*, 47. DJT, L 1/20; ders., DÖV 1968, 156/160; ders., Staatshaftungsrecht, Rz. 38 (28 f.); *Bettermann*, Grundrechte Bd. III/2, 779/857 f.; *Heidenhain*, Amtshaftung, 117 ff. (gegen ihn *Battis*, Erwerbsschutz, 41 ff., insbes. 43 f.); ders., JZ 1968, 487/491, 493; *Henke*, VVDStRL 28 (1970), 149/177; *Kimminich*, Bonner Kommentar, Art. 14 Anm. 106; *Leisner*, VVDStRL 20 (1963), 185/204 ff., 196 Fn. 44; vgl. auch kritisch *Jaenicke*, VVDStRL 20 (1963), 135/152, 157 f.; ders., Haftung 83; *Lerche*, JuS 1961, 237/240; *Papier*, Forderungsverletzung, 96 f.; *Scheuner*, JuS 1961, 243/245 f.; *Wagner*, NJW 1967, 2333 f.; *Weyreuther*, Gutachten, 152 ff., 158 ff.; *H. J. Wolff*, Verwaltungsrecht I, § 60 I c 2 (414); hierzu auch *Bauschke-Kloepfer*, NJW 1971, 1233/1234.

[101] Vgl. hierzu schon *Lerche*, JuS 1961, 237 ff.; *Scheuner*, JuS 1961, 243/245 ff.; *Hussla*, Riese-Festschrift, 329/338 ff., 340 f.

B. Der Widerstand gegen eine Preisgabe des Finalitätsmerkmals

schädigungsbegründenden Charakter zuweist, gewichtige Bedenken entgegen. Eine solche Auffassung würde auf dem Weg über den enteignungsgleichen Eingriff die in Art. 14 Abs. 3 GG ausnahmsweise zugelassene Eigentumsbeeinträchtigung einschließlich der ihr gemäßen Rechtsfolgen in ein umfassendes System einer Haftung für rechtswidriges Staatsverhalten eingliedern[102]. Folge einer solchen Entwicklung wäre zumindest, was den Tatbestand einer Enteignung betrifft, eine Umstrukturierung seiner konstituierenden Merkmale, insbesondere des Sonderopferkriteriums. Auflösende Tendenzen würden aber auch die Entschädigungsbemessung erfassen, für die — allerdings nur hinsichtlich einer rechtmäßigen Enteignung — Art. 14 Abs. 3 S. 3 GG den äußeren Rahmen bestimmt; denn eine Entschädigungspflicht für rechtswidriges Staatsverhalten ließe hier Überlegungen einfließen, die einer Zubilligung von Schadensersatz das Wort redeten[103]. Man befände sich unversehens auf dem Gebiete einer Folgenbeseitigung[104], obwohl die Entschädigungsverpflichtung des Art. 14 Abs. 3 GG ihrer Herkunft und ihrem Umfang nach in andere Richtung als ein Folgenbeseitigungsanspruch zielt, wobei es hier gleichgültig ist, ob der Folgenbeseitigungsanspruch auch einen Folgenentschädigungsanspruch umschließt, ob neben dem Folgenbeseitigungsanspruch noch ein besonderer Folgenentschädigungsanspruch besteht[105] oder man von einer allgemeinen Restitutionsgrundnorm für Verwaltungsunrecht ausgeht[106].

---

[102] So soll nach *Kreft*, Aufopferung, 26, die rechtswidrige Versagung einer Bauerlaubnis einen Entschädigungsanspruch aus enteignungsrechtlichen Gesichtspunkten auslösen; *ders.*, Heusinger-Ehrengabe, 167/179 f.; vgl. jüngst in diesem Sinne auch BGH DÖV 1971, 246 (Enteignungsgleicher Eingriff bei Versagung der Bauerlaubnis); abl. *Schrödter-Schmaltz*, DVBl 1971, 465/467.

[103] *Konow*, JR 1964, 410 ff.; *ders.*, JR 1967, 245 ff.; *ders.*, Eigentumsschutz, 20 ff., 24 ff.; *ders.*, DVBl. 1971, 454/455 f.; hierzu ferner *Keßler*, DRiZ 1967, 374 f.; hierauf zielt auch die Kritik von *Papier*, Forderungsverletzung, 96 f. Eine „Losbindung" der Haftung für hoheitliches Unrecht fordert auch *Bender*, Staatshaftungsrecht, Rz. 55 ff. (S. 43 ff.), Rz. 346 f. (S. 210 f.).

[104] Grundlegend hierzu *Bachof*, Vornahmeklage; *Bettermann*, DÖV 1955, 528 ff.; *Scheuner*, DÖV 1955, 545 ff.; vgl. insbes. auch *Bender*, 47. DJT, L 1 ff.; *ders.*, DÖV 1968, 156 ff.; *Franke*, VerwArch 57 (1966), 357 ff.; *Heidenhain*, JZ 1968, 487 ff.; *Lerche*, RiA 1954, 9 ff.; *Rösslein*, Folgenbeseitigungsanspruch; *Rüfner*, DVBl 1967, 186 ff.; *Rupp*, DVBl 1958, 113 ff.; *Scheuner*, Jellinek-Gedächtnisschrift, 331 ff.; *Schlegh*, AöR 92 (1967), 58 ff.; *Spanner*, DVBl 1968, 618 ff.; *Weyreuther*, Gutachten; *Haas*, 47. DJT, L 32 ff.

[105] Vgl. hierzu *Franke*, VerwArch 57 (1966), 357 ff.; *Redeker*, DVBl 1963, 509 ff.; *Haas*, 47. DJT, L 32/34: Das Grundgesetz enthält unmittelbar keine klare Antwort auf die Rechtsfolgen rechtswidrigen hoheitlichen Handelns; abl. etwa: *Bender*, 47. DJT, L 25; *ders.*, Staatshaftungsrecht, Rz. 70 (S. 52 f.); *ders.*, DÖV 1968, 156 f.; *Burmeister*, Verwaltung 1969, 21/35; *Maunz* in Maunz-Dürig-Herzog, Art. 14 GG Anm. 124: Folgenbeseitigungsanspruch ist nur Störungsbeseitigungsanspruch; *Lerche*, JuS 1961, 237/238; *ders.*, Übermaß, 168 ff., 172 f.; *Luhmann*, Entschädigung, 92; *Kreft*, 47. DJT, L 77; Abstimmung zum 47. DJT, L 101; vgl. auch *Bettermann*, DÖV 1955, 528 ff.

[106] *Haas*, System, 59 ff.; *Menger*, Jellinek-Gedächtnisschrift, 347 ff.; *ders.*, VerwArch 56 (1965), 374 f.; *Gallwas*, Beeinträchtigungen, 124; *Konow*, Eigen-

Damit aber ist man bei der entscheidenden Frage des Verhältnisses von enteignungsgleichem Eingriff und verwaltungsgerichtlichem Rechtsschutz angelangt. Überspielt der enteignungsgleiche Eingriff den durch die Zulässigkeitsbedingungen des Art. 14 Abs. 3 GG vermittelten verwaltungsgerichtlichen Rechtsschutz?

Lösungsmöglichkeiten bieten sich von zwei Seiten her an. Zunächst ließe sich daran denken, überhaupt das Vorliegen eines die Enteignungsentschädigung begründenden Sonderopfers zu verneinen, wenn der Betroffene es unterläßt, ein Rechtsmittel gegen die rechtswidrige Eigentumsbeeinträchtigung einzulegen[107]. Diesem Lösungsweg steht aber entgegen, daß sich der Betroffene — wie schon nach älterem Recht[108] — auf den Boden der Tatsachen stellen, d. h. „dulden und liquidieren kann"[108a]. Zwar stehen dem Betroffenen im Gegensatz zum Polizeistaat, in dem er die Beeinträchtigung mangels eines Rechtsmittels dulden mußte, heute solche Rechtsmittel zur Verfügung[109], so daß von einer Duldungspflicht nicht die Rede sein kann[110]; doch ist der Betroffene zur Abwehr rechtswidriger Beeinträchtigungen im Verwaltungsrechtswege rechtlich nicht verpflichtet[111]. Das Sonderopfer besteht nun im Enteignungs- wie überhaupt ganz allgemein im Aufopferungsrecht gerade darin, daß der Betroffene den hoheitlichen Eingriff dulden mußte, sich ihm nicht entziehen konnte[112]. Allein die verwaltungsgerichtliche Klagemöglichkeit bedeutet aber noch nicht, daß sich der Betroffene dem hoheitlichen Eingriff entziehen konnte. Ein Eingriff enteignender Qualität muß auch dann möglich sein, wenn der Bürger das ihn betreffende hoheitliche Handeln akzeptiert und nun seinerseits sein Verhalten danach ausrichtet; denn entscheidend für die Feststellung des Sonderopfers kann nicht die Unmöglichkeit verwaltungsgerichtlichen Rechtsschutzes, sozusagen das Duldenmüssen in

---

tumsschutz, 20 ff., 24 ff.; *ders.*, DVBl 1971, 454/455 f.; *ders.*, JR 1964, 410 ff.; *ders.*, JR 1967, 245 ff.

[107] *Battis*, Erwerbsschutz, 67 f.; *Debelius*, jur. Diss., 72; *Heidenhain*, Amtshaftung, 101; *Maetzel*, DÖV 1968, 515; *Rüfner*, BB 1968, 881/884; *Wolff*, Verwaltungsrecht I, § 60 I c 2 (414 f.); abl. ohne Begr. *Bender*, Staatshaftungsrecht, Rz. 87 (S. 125).

[108] W. *Jellinek*, Verwaltungsrecht, 87/330; O. *Mayer*, Deutsches Verwaltungsrecht Bd. I, 53 Fn. 27; *Holstein*, Öffentlich-rechtliche Eigentumsbeschränkung, 78 f.

[108a] *Bettermann*, Grundrechte Bd. III/2, 779/868; *Lerche*, JuS 1961, 237/242.

[109] Vgl. zu speziellen Rechtsschutzfragen neuerdings *Frotscher*, DÖV 1971, 259 m. w. Nachw.; M. *Hoffmann*, Der Abwehranspruch gegen rechtswidrige hoheitliche Realakte.

[110] So auch *Gallwas*, Beeinträchtigungen, 121 Fn. 247; *Heidenhain*, Amtshaftung, 102 Fn. 93; *Weyreuther*, Gutachten, B 162, 174.

[111] So wohl *Haas*, System, 55 f., 62/66.

[112] *Janssen*, Entschädigung, 44 f.; *Schack*, Gutachten, 9 ff., 25.

B. Der Widerstand gegen eine Preisgabe des Finalitätsmerkmals

rechtlicher Hinsicht, allein, sondern muß ebenso die materielle Betroffenheit (gewisse Schwere) des Bürgers sein. Überdies bleibt zu bedenken, daß das Risiko der Feststellung, ob nun das Vorgehen der hohen Hand abschließend als rechtmäßig oder rechtswidrig zu beurteilen ist, nicht den einzelnen, sondern nur die hohe Hand selbst treffen kann[113]. Dieses Risiko müßte der Betroffene aber dann tragen, wenn ihm ausschließlich die Möglichkeit verwaltungsgerichtlicher Anfechtung verbliebe.

Demnach ist der Weg nicht gangbar, der für die Abgrenzung von verwaltungsgerichtlichem Rechtsschutz und möglicher Entschädigung nach oder entsprechend Art. 14 Abs. 3 GG auf den Begriff des Sonderopfers verweist. Somit verbleibt nur die auch von der Rechtsprechung gewählte Möglichkeit, bei der Bemessung der Enteignungsentschädigung den Rechtsgedanken des Mitverschuldens, § 254 BGB, heranzuziehen und eine Entschädigungsminderung dann vorzunehmen, wenn sich der Schaden dadurch vergrößerte, daß der Betroffene kein Rechtsmittel eingelegt hat[114]. Grund hierfür ist die Überlegung, daß die Entschädigung, die nach den Umständen des Falles gerecht zu bemessen ist, nicht stets in einem vollen Ausgleich für das erbrachte Sonderopfer bestehen muß; sie kann gemindert werden oder sogar entfallen, wenn die Geltendmachung des Entschädigungsanspruches nach dem auch hier geltenden § 242 BGB rechtsmißbräuchlich wäre. § 254 Abs. 2 BGB stellt aber nur eine besondere Ausprägung des Grundsatzes von Treu und Glauben (wenn auch im Schadensersatzrecht) dar[115].

Eine Bilanz des Bisherigen läßt erkennen, daß der enteignungsgleiche Eingriff den durch die Zulässigkeitsbedingungen einer Enteignung, insbesondere die Junktimklausel, vermittelten Rechtsschutz möglicherweise zwar einschränkt, nicht aber überspielt. Dies ist selbst dann nicht der Fall, wenn die Frage nach dem entschädigungsnotwendigen Sonderopfer auf dem Gebiet des enteignungsgleichen Eingriffs ausschließlich mit der

---

[113] BGHZ 32, 208/210.
[114] BayObLG DVBl 1960, 819; OLG Celle NJW 1954, 559; OLG Düsseldorf NJW 1968, 555 f.; *Jaenicke*, Haftung, 101 f.; *Kröner*, Eigentumsgarantie, 137; *Luhmann*, Entschädigung, 86; *Mohnhaupt-Reich*, NJW 1967, 758/762; *Wilke*, Haftung, 102 ff. Grundsätzlich bejahend zu einer Anwendung des § 254 BGB im Enteignungsrecht: *Jaenicke*, VVDStRL 20 (1963), 135/160; *ders.*, Haftung, 100 f.; *Keßler*, DRiZ 1967, 374/378; *Konow*, Eigentumsschutz, 107 ff. (mit Bedenken aber, wenn man beim enteignungsgleichen Eingriff von einem Entschädigungs- und nicht von einem Schadensersatzanspruch ausgeht); *ders.*, DVBl 1971, 454/456; *Maunz* in Maunz-Dürig-Herzog Art. 14 GG Anm. 104; R. *Schneider*, VerwArch 58 (1967), 301/331; *Steffen*, DRiZ 1967, 110/114; a. A. *Horst*, Querverbindungen, 21. Für den Aufopferungsanspruch vgl. BGHZ 45, 290/294; positivrechtlich: § 93 Abs. 3 BBauG. Für den enteignungsgleichen Eingriff nun auch BGHZ 56, 57/64 ff. Vgl. ferner auch *Papier*, Forderungsverletzung, 120 ff.
[115] BGHZ 34, 355/363 f.; BGHZ 56, 57/64 ff.

Feststellung rechtswidrigen Vorgehens der hohen Hand beantwortet wird. Wiewohl nicht zu verkennen ist, daß solchem Vorgehen — wie schon angedeutet[116] — erhebliche Bedenken entgegenstehen, rekrutieren sich diese Bedenken doch nicht aus den Zulässigkeitsbedingungen einer Enteignung, bzw. deren Überspielung. Damit aber bleibt die grundsätzliche Frage des Verhältnisses zwischen der Preisgabe des Finalitätsmerkmals und den Erfordernissen der Junktimklausel vorerst weiter offen.

4. Auftrag und Funktion der Junktimklausel

Ausgangspunkt jedes weiteren Vorgehens, das die Spannung zwischen den Anforderungen der Junktimklausel und einer Preisgabe des Finalitätsmerkmals beseitigen will, muß Klarlegung der Funktion der Junktimklausel sein: Erst wenn die Funktion von Art. 14 Abs. 3 S. 2 GG erschlossen ist, kann sich ergeben, ob und inwieweit eine Verabschiedung des Finalitätsmerkmals eben diese Funktion beeinträchtigt und auf welche Weise gegebenenfalls dieser Beeinträchtigung abgeholfen werden kann.

Enthält Art. 14 Abs. 3 S. 3 GG eine allgemeine Leitlinie für die Entschädigungszumessung, spricht Art. 14 Abs. 3 S. 4 GG die Gerichte an, so enthält Art. 14 Abs. 3 S. 2 GG einen ausdrücklichen, an den Gesetzgeber gerichteten Verfassungsauftrag[117]. Mit diesem Auftrag, Art und Ausmaß der Enteignungsentschädigung zu regeln, garantiert Art. 14 Abs. 3 S. 2 GG nicht ein Mindestmaß an Entschädigung, das durch Gesetz erhöht werden kann[118], sondern verlangt, daß der Gesetzgeber, nicht aber die Verwaltung oder insbesondere die Gerichte, für die zur Bemessung einer Entschädigung maßgebliche Grundlage Sorge trägt. Er hat zu entscheiden, ob die Entschädigung in Geld oder in anderen Werten (Rechte, Ersatzland u. a. m.) bestehen soll und welche Bewertungsgrundlagen wie auch Maßstäbe zu berücksichtigen sind[119].

Mag der genannte Auftrag zwar gleichzeitig die grundsätzliche Entschädigungspflicht in den Fällen rechtmäßiger, d. h. den Voraussetzungen, die Art. 14 Abs. 3 GG und das übrige Verfassungsrecht für eine Enteignung aufstellen, entsprechender Enteignung normieren, eine spezielle Wertgarantie ist ihm nicht zu entnehmen. Die Junktimklausel will dem Grundrechtsträger keine über die Grundrechtsverbürgung des Eigentums hinausgehenden Rechte einräumen[120], sie dient mit ihrer Forderung

---

[116] s. o. S. 56 ff.
[117] *Ipsen*, NJW 1963, 1377/1382; *Giese*, Enteignung, 30 f.; *Kreft*, Aufopferung, 24 f.; *Maunz*, Baulandentschädigung, 28; *Sendler*, DÖV 1971, 16/26 f.; insbes. auch BVerfGE 24, 367/419.
[118] So aber *Diester*, Enteignung, 179.
[119] BVerfGE 24, 367/419; vgl. auch *Freudling*, DÖV 1970, 308/312.

B. Der Widerstand gegen eine Preisgabe des Finalitätsmerkmals

gleichzeitiger Entschädigungsregelung vielmehr dem Schutz des in Art. 14 Abs. 1 GG garantierten Eigentums in spezieller Weise: Einmal bei rechtmäßiger Enteignung mit der grundsätzlichen Konsequenz des Eingriffsausgleichs durch die Entschädigung, insoweit enthält Art. 14 Abs. 3 S. 2 GG wie Art. 15 S. 1 GG das Gebot des „dulde und liquidiere"[121], dann aber auch mit der Qualifizierung der Enteignung als rechtswidrig bei fehlender Entschädigungsregelung im Enteignungsgesetz.

Die Auffassung, daß Art. 14 Abs. 3 S. 2 GG — insoweit ganz der Tradition verbunden[122] — die prompte, vorgängige Entschädigung garantiert, damit aber nicht eine materielle Garantie zu erhaltenden Vermögenswertes, eine Eigentumswertgarantie ausspricht[123], sondern nur eine formelle Sicherung der grundrechtlich geschützten Eigentümerposition enthält[124], kann sich unmittelbar auf Art. 14 GG stützen. Art. 14 Abs. 1 GG verheißt dem einzelnen Schutz seiner Eigentümerstellung, Art. 14 Abs. 3 S. 1 - 3 GG enthalten, wie schon festgestellt, nur Rechtmäßigkeitsbedingungen einer Enteignung; Art. 14 Abs. 3 S. 2, 3 GG umreißen gleichzeitig die prinzipielle Rechtsfolge zulässiger Enteignung. Diese Rechtsfolge be-

---

[120] Aus diesem Grunde sind bei fehlender Junktimklausel in den Landesverfassungen auch keine Rechte des Bürgers beschnitten; die landesverfassungsrechtlichen Eigentumsgarantien bestehen insoweit selbständig neben Art. 14 GG weiter. *Leisner*, Bayerische Grundrechte, 84; *Zuleeg*, DVBl 1963, 320 f.; vgl. auch BayVerfGHE nF. 10 II 20/27; 13 II 133/140; BayVerfGH BayVBl 1961, 52/53; dahingestellt bei *Herbert Krüger*, Das neue Wasserrecht, 35.

[121] *Gallwas*, Beeinträchtigungen, 131; *Kloepfer*, Entstehenssicherung, 49: Kompensationspflicht als gesteigerte Eingriffsvoraussetzung; *Scheuner*, Verfassungsschutz, 147.

[122] Vgl. etwa Art. 9 der PVU vom 31. 1. 1850: Das Eigentum ist unverletzlich. Es kann nur aus Gründen des öffentlichen Wohls gegen vorgängige, in dringenden Fällen wenigstens vorläufig festzustellende Entschädigung nach Maßgabe des Gesetzes entzogen oder beschränkt werden. Vgl. zu weiteren Enteignungsbestimmungen der Länderverfassungen im 19. Jahrhundert: *Stier-Somlo*, VerwArch 19 (1911), 43/49 ff. Zum Ganzen auch *Ipsen*, VVDStRL 10 (1952), 74/78: Noch strengere historische Vorbilder. *Janssen*, Entschädigung, 173 ff., 176; *Rausch*, jur. Diss., 10 ff.; *Spanner*, Jellinek-Gedächtnisschrift, 469/483; *W. Weber*, Grundrechte Bd. II, 331/334 f.: Übernahme eines alten Grundsatzes in eine neue Lage.

[123] Nur etwa *Bender*, Staatshaftungsrecht, Rz. 27 (Fn. 68 S. 19); *Dürig*, JZ 1954, 4/7, 10; ders., ZgesStW 109 (1953), 326/335; *Hoffmann*, Währungsparität, 55 f.; *Luhmann*, Entschädigung, 160; *Oldiges*, Grundlagen, 182; *Sendler*, DÖV 1971, 16/22; *Suhr*, Eigentumsinstitut, 26 f.; *W. Weber*, Grundrechte Bd. II, 331/350; *M. Wolff*, Kahl-Festgabe, 13; *H. J. Wolff*, Verwaltungsrecht I, § 62 V b (S. 434); auch unten Fn. 106 (Teil III); gegenüber allen diesen Stimmen aber BVerfGE 24, 367/400 f.

[124] *Burchardi*, jur. Diss., 127; *Dürig*, StL, Eigentum V, Sp. 1062/1084; *Greiner*, DÖV 1954, 583/587; *Haas*, System, 30; *Huber*, Wirtschaftsverwaltungsrecht II, 54; *Ipsen*, VVDStRL 10 (1952), 74/79; *Kaiser*, Privateigentum, 7; *v. Mangoldt-Klein*, Art. 14 GG Anm. II 2 (421); *Leisner*, Bayerische Grundrechte, 84; *Rausch*, jur. Diss., 40 f.; ders., DVBl 1969, 167/172; *Schäfer*, 41. DJT, C 24; *Sellmann*, NJW 1965, 1689/1692.

steht aber gerade nicht in der Zubilligung von Schadensersatz[125] im Sinne der Wahrung individualistischen Eigentumswertes, sondern einer Entschädigung, die auf Grund einer Interessenabwägung festzusetzen ist, wobei nicht nur Einzelinteressen, vielmehr gerade auch die Interessen der Allgemeinheit eine dominierende Rolle spielen[126].

Die so erkannte Bedeutung des in Art. 14 Abs. 3 S. 2 GG angesprochenen Entschädigungsgrundsatzes als Verfassungssicherung, Mittel des Eigentumsschutzes, wird bestätigt, wenn man in Betracht zieht, daß die durch Art. 14 Abs. 3 S. 2 GG gebotene Einschaltung des Gesetzgebers rechtsstaatlichen Erwägungen allgemeinerer Art entspricht. Enthält Art. 20 Abs. 3 GG den Grundsatz der Gesetzmäßigkeit der Verwaltung im Grundsätzlichen, so überträgt Art. 14 Abs. 3 S. 2 GG das Gesetzmäßigkeitsprinzip auf eine bestimmte Art von Eingriffen und präsentiert sich insofern als eine Spezialregelung zu Art. 20 Abs. 3 GG[127]. Eine spezielle

---

[125] BGHZ 6, 270/295; 12, 52/55; 15, 23; 30, 338/351; 37, 269/274; 45, 58/62; BGH LM Nr. 32 zu Art. 14 GG (Ea); *Kimminich*, Bonner Kommentar, Art. 14 GG Anm. 111.

[126] BVerfGE 4, 219/235; BVerfGE 24, 367/421; etwa auch *Kimminich*, Bonner Kommentar, Art. 14 GG, Anm. 135; *ders.*, JuS 1969, 349/355; *Maunz*, Baulandentschädigung, 16: Art. 14 Abs. 3 fordert die Ausbalancierung verschiedener Interessenlagen in gerechter Weise; vgl. zu diesem Sozialbezug auch *Luhmann*, Entschädigung, 8: Entschädigungszahlungen dienen dazu, in einer Sozialordnung mit starker innerer Differenzierung und starker wechselseitiger Wirkungsverflechtung unvermeidbare Spannungen abzubauen und so allen Beteiligten ein höheres Maß an Erwartung, Sicherheit und Zweckrationalität zu erlauben, als es ohne eine solche Einrichtung möglich wäre (vgl. auch S. 74, 77). *Wulf*, jur. Diss., 65. Andererseits aber auch BVerwGE 4, 6/15; 8, 4: Entschädigung ist nicht lediglich nach sozialen Gesichtspunkten festzusetzen.
Das Reichsgericht hatte es seinerzeit abgelehnt, das Allgemeinwohl als Bemessungsfaktor für die Angemessenheit der Entschädigung gelten zu lassen, RGZ 128, 18/33; RGZ 112, 189/192 hatte Art. 153 Abs. 2 WV dahingehend ausgelegt, daß er keinen Schadenersatz, aber doch *volle* Entschädigung verbürge. Vgl. zum Verhältnis von Art. 153 Abs. 2 WV zu Art. 14 Abs. 3 S. 2, 3 GG: *Ehrenforth*, DRiZ 1949, 270; *E. R. Huber*, Wirtschaftsverwaltungsrecht II, 56; *Kimminich*, Bonner Kommentar, Art. 14 GG Anm. 137; *v. Mangoldt-Klein*, Art. 14 GG Anm. VII 9 b (451 f.); *Roth*, Öffentliche Abgaben, 36 f.; *Scheuner*, Verfassungsschutz, 63/130; BGHZ 6, 270/294 läßt die Frage des Verhältnisses zu Art. 14 Abs. 3 GG offen.

[127] Zur rechtsstaatlichen Bedeutung der Junktimklausel: *Badura*, Verwaltungsmonopol, 123 Fn. 50; *Heidenhain*, Amtshaftung, 75 Fn. 76; *Ipsen*, NJW 1963, 1377; *Hoffmann*, DVBl 1969, 202/203; *Herbert Krüger*, DVBl 1955, 450/452; *Ipsen*, AöR 78 (1952), 284/302; vgl. kritisch auch *Luhmann*, Entschädigung, 144 Fn. 1; *v. Mangoldt-Klein*, Art. 14 GG Anm. VII 8 b (449 f.); *Martens*, Schack-Festschrift, 85/91; *Maury*, MDR 1954, 144; *Oldiges*, Grundlagen, 180; *C. Schmitt*, Verfassungsrechtliche Aufsätze, 452/481; *W. Weber*, Grundrechte Bd. II, 331/378 f., 384; *Wulf*, jur. Diss., 39; nach *Jacob*, DÖV 1970, 666/671 liegt der Schwerpunkt der Motivierung der Junktimklausel nicht im Schutze des von der Enteignung Betroffenen, sondern ausschließlich in dem vom Parlament vertretenen Interesse der Allgemeinheit, Schutz vor umfangreichen Entschädigungsforderungen zu bieten. Auf den Aspekt einer Gewaltenteilungsfunktion weisen insbes. hin: *Ipsen*, AöR 78 (1952), 284/302; *ders.*, NJW 1963, 1377/1382; *Wulf*, jur. Diss., 60 ff.

B. Der Widerstand gegen eine Preisgabe des Finalitätsmerkmals

Ausprägung rechtsstaatlicher Grundsätze enthält Art. 14 Abs. 3 S. 2 GG nicht nur dadurch, daß er bei administrativen Eingriffen enteignender Wirkung eine gesetzliche Grundlage erfordert, sondern darüber hinaus ein spezifisches, nämlich die Entschädigungsfrage im Prinzipiellen regelndes Gesetz verlangt. Die grundsätzliche Bestimmung von Art und Ausmaß der Entschädigung, aber auch gerade der Bewertung der kollidierenden Interessen und Rechtsgüter, der Festlegung ihres Rangverhältnisses, wenn auch unter Offenhaltung eines Spielraumes für die Entscheidung im Einzelfall — sozusagen die Normierung des Rahmens, in dem sich die von Art. 14 Abs. 3 GG geforderte Entschädigung zu bewegen hat —, soll in jedem Falle Sache des Gesetzgebers sein[128].

Näheres Eingehen auf die verfassungssichernde Wirkung der Art. 14 Abs. 3 S. 2 GG entdeckt, daß die Junktimklausel in zwei Richtungen zielt. Zunächst will das Junktim zwischen Enteignung und Entschädigung erreichen, daß sich der Gesetzgeber des Enteignungscharakters seines Gesetzes jeweils bewußt und damit gezwungen wird, Erwägungen darüber anzustellen, in welcher Art und Höhe er bei Berücksichtigung der verschiedenen Interessensphären eine Entschädigung gewähren kann und will[129].

Dieser präventiven Funktion, deren Wirkung sich mit der Androhung möglicher Verfassungswidrigkeit bei entschädigungslosem Enteignungsgesetz nicht nur im Psychologischen erschöpft[130], sondern wegen der zu bemessenden Entschädigung auch starke haushaltsrechtliche wie auch haushaltspolitische Akzente hat[131], steht die eigentliche repressive Funktion des Entschädigungsjunktims gegenüber. Stellt sich die präventive Funktion als Vorwirkung des Verdikts der Verfassungswidrigkeit dar, so liegt der eigentliche verfassungssichernde Schutz der Junktimklausel in eben der Beurteilung des entschädigungslosen Gesetzes als verfassungswidrig; sie macht Art. 14 Abs. 3 S. 2 GG zur lex perfecta.

Gleichzeitig bleibt zu berücksichtigen, daß das Entschädigungsjunktim uneingeschränkt für jede Art von Enteignungen Geltung beansprucht. Art. 14 Abs. 3 GG setzt den Begriff der Enteignung voraus, demgemäß bestimmt dieser (vorausgesetzte) Enteignungsbegriff die Reichweite seiner in Art. 14 Abs. 3 GG normierten Zulässigkeitsbedingungen.

---

[128] *Freudling*, DÖV 1970, 308/312; vgl. insbes. *Lerche*, Übermaß, 176 f.; *Rauschning*, Sicherung, 204.

[129] So schon BVerfGE 4, 219/235; vgl. auch etwa *Gallwas*, Beeinträchtigungen, 121; *Kriele*, DÖV 1967, 531/537; *Rausch*, jur. Diss., 31; *Schäfer*, DÖV 1955, 634.

[130] Zum psychologischen Effekt *Rausch*, jur. Diss., 32 ff.; für die ganz ähnliche Lage bei Art. 19 Abs. 1 S. 2 GG etwa *Röhl*, 81 (1956), 195/197.

[131] Dies heben auch *Herbert Krüger*, Das neue Wasserrecht, 36, und *Rausch*, jur. Diss., 31 Fn. 131, hervor.

5. *Eingeschränkte Geltung der Junktimklausel aus dem Gesichtspunkt des „ultra posse nemo obligatur"?*

Von den eben entwickelten Grundsätzen hat auch eine Beurteilung der sogleich zu schildernden Auffassungen auszugehen, die von dem Gesichtspunkt des „ultra posse nemo obligatur"[132] her dem Geltungsbereich des Art. 14 Abs. 3 S. 2 GG Grenzen ziehen wollen.

So soll etwa die Junktimklausel nur für Gesetze, die erkennbar oder eindeutig eine Enteignung vornehmen oder zulassen[133], nicht aber für jene gesetzlichen Regelungen Beachtung finden, die in allen voraussehbaren Fällen und typischerweise niemanden besonders beeinträchtigen, vielmehr nur in atypischen Situationen und Konstellationen eine enteignende Wirkung im Gefolge haben[134].

Der gleiche Ausgangspunkt liegt jener Meinung zugrunde, die eine — nach Art. 14 Abs. 3 S. 2 GG notwendige — Koppelung von Enteignung und Entschädigung in einem Gesetz nur dann als möglich ansieht, wenn der Gesetzgeber klare Vorstellungen mit dem von ihm ins Auge gefaßten Enteignungsvorgang verbindet, wenn er enteignen will[135]. In den gleichen Zusammenhang sind auch diejenigen Stimmen[136] einzuordnen, die darauf verweisen, daß der Gesetzgeber in Kenntnis des Art. 14 Abs. 3 S. 2 GG tätig werde und man deshalb aus einem Fehlen der Entschädigungsregelung im Falle eines enteignend wirkenden Gesetzes zu folgern habe, daß sich der Gesetzgeber von der Absicht hat leiten lassen, Eigentum zu beschränken, nicht aber zu entziehen. Art. 14 Abs. 3 S. 2 GG sei nur praktikabel, wenn der Gesetzgeber aus dem Inhalt der Norm und damit für den gesamten Normvollzug entscheiden könne, ob die Norm enteignet oder Eigentum beschränkt[137].

---

[132] Vgl. die oben in Fn. 54 genannten Stimmen.

[133] Etwa *Bachof*, DÖV 1954, 592/594; *v. Mangoldt-Klein*, Art. 14 GG Anm. VII 8 b (449 f.); hierzu auch *Kreft*, Aufopferung, 24.

[134] *Burchardi*, jur. Diss., 135; *Greiner*, DÖV 1954, 583/585; *Jaenicke*, VVDStRL 20 (1963), 135/150 f., 181; *Kreft*, Aufopferung, 34; *Kuschmann*, NJW 1969, 574/576; *Leisner*, VVDStRL 20 (1963), 185/208 f.; *Rausch*, DVBl 1969, 167/170, 173; *Wagner*, NJW 1967, 2333/2338; *Wolff*, Verwaltungsrecht I, § 62 IV b 2 (433).

[135] Etwa *Greiner*, DÖV 1954, 583/585.

[136] *Forsthoff*, DÖV 1955, 193/195.

[137] In die gleiche Richtung zielt OVG Koblenz, NJW 1961, 426/427: Es braucht hier die Frage, ob das Gesetz nur dann wegen Verstoßes gegen die Junktimklausel verfassungswidrig ist, wenn seine Anwendung durchweg oder überwiegend, also in der Regel eine Enteignung bewirkt oder auch dann, wenn es in der Regel nur eine entschädigungslose Inhaltsbestimmung des Eigentums zum Inhalt hat und nur ausnahmsweise zu einer Enteignung führt, nicht entschieden zu werden, da nach Auffassung des Senats das Anbauverbot, wie sich aus der Amtl. Begründung zu § 9 BFStrG ergibt, nur als Inhaltsbestimmung des Eigentums gewollt ist und darüber hinaus keine Wirkung hat. Würde es wie hier zu einer Enteignung führen, so würde es über den vom Gesetzgeber gewollten Inhalt hinausgehen. Abl. zu dieser Entscheidung *Körner*, NJW 1961,

B. Der Widerstand gegen eine Preisgabe des Finalitätsmerkmals

Allen Auffassungen, die den Geltungsbereich der Junktimklausel auf einen Teil von Enteignungstatbeständen beschränken wollen[138], steht zunächst die schon oben getroffene Feststellung entgegen, daß Art. 14 Abs. 3 GG den Begriff der Enteignung voraussetzt, mithin die Geltungsweite der Junktimklausel nicht auf einen Teil von Enteignungstatbeständen beschränkt werden kann. Ein solches Verfahren würde überdies die Funktion der Junktimklausel als Teil des formellen Grundrechtsschutzes unterlaufen; denn spricht man davon, daß Art. 14 Abs. 3 S. 2 GG nur die Berechenbarkeit des Freiheitsschutzes durch vorhersehbaren Eigentumseingriff im Auge habe[139], und benutzt man dies zur Einschränkung der Geltungsweite der Junktimklausel, so zieht man ausschließlich jene — allerdings nicht zu unterschätzende — oben beschriebene Vorwirkung eines möglichen Urteils der Verfassungswidrigkeit in Betracht. In der Tat will die Junktimklausel zunächst erreichen, daß der Gesetzgeber den Enteignungscharakter eines von ihm zu erlassenden Gesetzes er- und bekennt. Die Schutzrichtung von Art. 14 Abs. 3 S. 2 GG ist jedoch weitgreifender: Das Erfordernis des Entschädigungsjunktims will verhindern, daß die hohe Hand Maßnahmen enteignender Wirkung treffen kann, ohne gleichzeitig die Frage der Entschädigung zu regeln. Die Reaktion der Junktimklausel muß demnach, um ihrem Schutzauftrag gerecht zu werden, bei festgestellter enteignender Wirkung einer hoheitlichen Maßnahme am Fehlen der Entschädigungsregelung und nicht daran anknüpfen, ob der Gesetzgeber, der die enteignende oder die Enteignung stützende Norm erlassen hat, die eingetretene Wirkung kannte, hätte kennen können oder müssen, die enteignende Wirkung gewollt hat. Fehlt die Entschädigungsregelung bei einer derartigen Norm, so ist angesichts von Art. 14 Abs. 3 S. 2 GG das Urteil der Verfassungswidrigkeit nicht zu vermeiden. Art. 14 Abs. 3 S. 2 GG legt demnach das Risiko, den Charakter eines Gesetzes als Enteignungsgesetz er- und bekennen zu können, uneingeschränkt dem Gesetzgeber auf[140]. Eine Beschneidung des Geltungs-

---

797; *Herbert Krüger*, Das neue Wasserrecht, 32, 46 f.; *Leisner*, Verfassungsmäßigkeit, 62 f.; vgl. in diesem Zusammenhang auch die noch später zu erwähnende Entscheidung des Bundesverwaltungsgerichts, BRS 19, 52 ff. (Nr. 23). Zur „Vermutung der Verfassungsmäßigkeit" *Chr. Böckenförde*, Nichtigkeit, 111 ff. (m. w. Nachw.).

[138] So *Gallwas*, Beeinträchtigungen, 122; vgl. auch *Schulte*, Eigentum, 234 ff.

[139] Etwa *Suhr*, Eigentumsinstitut, 29.

[140] *Dürig*, JZ 1954, 4/7; *Engler*, Bundesverfassungsgericht, 87/175; *Hamann*, BB 1962, 505/506; *ders.*, NJW 1952, 401/404 f.; *E. R. Huber*, Wirtschaftsverwaltungsrecht II, 56; *Ipsen*, VVDStRL 10 (1952), 74/97/121; *Körner*, NJW 1961, 797; *Konow*, Eigentumsschutz, 43; *Scheuner*, DÖV 1954, 587/590; *Schick*, DVBl 1962, 774/775; *Söhn*, jur. Diss., 123 f.; *Westermann*, Nipperdey-Festschrift I, 765/767 m. Fn. 4; *Wilke*, Haftung, 78; *Wulf*, jur. Diss., 128; auch *Leisner*, VVDStRL 20 (1963), 185/210; vgl. demgegenüber *Rausch*, DVBl 1969, 167/169; weiter zu unserer Fragestellung, allerdings für die Fehlerhaftigkeit von Verwaltungsakten *Menger-Erichsen*, VerwArch 61 (1970), 168/181 f.

bereichs der Junktimklausel auf nur voraussehbare oder typischerweise eintretende Enteignungen ist nach allem mit Art. 14 Abs. 3 S. 2 GG nicht zu vereinen. Es darf keine hoheitlichen Maßnahmen enteignender Wirkung außerhalb des Anwendungsbereichs von Art. 14 Abs. 3 S. 2 GG geben. Offen geblieben ist jedoch bei der bisherigen Erörterung, ob und inwieweit Art. 14 Abs. 3 S. 2 GG selbst einen Enteignungsbegriff bestimmter formeller Prägung voraussetzt, so z. B. einen Enteignungsbegriff, der sich nur auf zielgerichtete, voraussehbare oder etwa typischerweise eintretende Beeinträchtigungen durch die Tätigkeit hoher Hand bezieht.

6. Verlangt die Junktimklausel nach einem Enteignungsbegriff im Sinne vorhersehbarer eigentumsbeeinträchtigender Maßnahmen?

Da Art. 14 Abs. 3 S. 2 GG dem Gesetzgeber aufträgt, Art und Ausmaß sowie die Bemessungsgrundlagen einer Entschädigung zu regeln, läßt sich möglicherweise von hierher, der spezifischen gesetzgeberischen Tätigkeit, der Rückschluß auf einen bestimmten Enteignungsbegriff ziehen. Die Ausübung legislativer Tätigkeit gibt dem Gesetzgeber auf, zukünftige Entwicklungen, Risiken abzuschätzen[141]; das Gesetz kann sich seiner Struktur nach nur mit solchen Bereichen befassen, in denen typische Sachverhalte in voraussehbarem Ablauf und regelmäßiger Konstellation auftreten[142].

a) Die Möglichkeit vorsorglicher Entschädigungsregelung

Demgegenüber ist darauf zu verweisen, daß Art. 14 Abs. 3 S. 2 GG den Begriff der Enteignung voraussetzt und dem Gesetzgeber nur aufträgt, grundsätzlich für den Fall einer Enteignung eine Entschädigungsregelung bereitzuhalten. Dies stellt aber keine Anforderungen an den Gesetzgeber, die über die beschriebene gesetzgeberische Funktion hinausgehen; denn zur Enteignung selbst braucht der Gesetzgeber in diesem Zusammenhange nichts auszuführen. Sieht man die Dinge so, muß dem Gebot des Art. 14 Abs. 3 S. 2, 3 GG auch dann Genüge getan sein, wenn der Gesetzgeber, sollte der Schaden oder auch nur sein Umfang noch nicht abzusehen sein, die Entschädigungspflicht und die Grundsätze der Ent-

---

[141] P. *Schneider*, Juristentag-Festschrift, 263/281.
[142] Vgl. etwa *Ellwein*, Regierung, 89: Zukunftsantizipation, 93: planende Vorwegnahme der Zukunft; *Heller*, VVDStRL 4 (1928), 98/107: Nur das sich wiederholende, sowie das im voraus Berechenbare kann nach allgemeinen Sätzen normiert werden; *Herbert Krüger*, VVDStRL 19 (1961), 266/267; *Simitis*, Informationskrise, 88 f.: Der Gesetzgeber muß (Effektivität der Rechtsordnung) die für die Rechtsanwendung ausschlaggebenden Fallsituationen bereits vor seiner Entscheidung so genau wie nur möglich überblicken. Nur dann kann den Normen eine Gestalt verliehen werden, die den denkbaren Komplikationen bei der Fallösung Rechnung trägt.

B. Der Widerstand gegen eine Preisgabe des Finalitätsmerkmals

schädigungsbemessung im Gesetz gleichzeitig verbindlich festlegt, ohne weitere Einzelheiten zu regeln[143]. Eine Grenze ist jedoch dahin gezogen, daß es nicht genügt, den Wortlaut des Art. 14 Abs. 3 S. 2, 3 GG zu wiederholen; denn der Gesetzgeber hätte damit — auch im Grundsätzlichen — Art und Ausmaß der Entschädigung nicht geregelt, er hätte indirekt Art. 14 Abs. 3 S. 2, 3 GG (im Gewande eines Gesetzes) zur Anspruchsgrundlage gemacht und könnte so die ihm übertragene Aufgabe auf den Richter abschieben[144].

Ganz entsprechend wird auch im Bereich des Zitiergebots (Art. 19 Abs. 1 S. 2 GG) argumentiert. So soll nach Auffassung von Röhl[145] im Zweifelsfalle vorsorgliche Grundrechtsnennung möglich sein, um die Folge eines Verstoßes gegen die zwingende Formvorschrift des Art. 19 Abs. 1 S. 2 GG zu vermeiden.

Geht man von diesen Grundsätzen aus, so entsprechen beispielsweise § 19 Abs. 1 WassSiG[146], § 20 Abs. 1 WirtschSiG[147], § 26 Abs. 3 VerkehrsSiG[148] und § 17 Abs. 1 ErnSiG[149] noch den Erfordernissen des Art. 14 Abs. 3 S. 2 GG. Gleiches gilt auch für Art. 65 Abs. 2 BayLStVG[150], der wie die Sicherstellungsgesetze zur Enteignung selbst nichts ausführt und für den Fall möglicher Enteignung in S. 1 eine angemessene Entschädigung in Geld vorsieht, wobei S. 2 noch nähere Ausführungen über die zu berücksichtigenden Vermögensnachteile enthält[151].

---

[143] So auch *Scheuner*, Verfassungsschutz, 63/148; *R. Schneider*, VerwArch 58 (1967), 301/339 Fn. 188; vgl. weiter *Leisner*, VVDStRL 20 (1963), 185/208; *Freudling*, DÖV 1970, 308/312 f.

[144] *Röhl*, AöR 81 (1956), 195/214.

[145] Hiergegen auch etwa *Dürig*, StL, Eigentum V, Sp. 1062/1083; *Maunz*, Baulandentschädigung, 32.

[146] Gesetz über die Sicherstellung von Leistungen auf dem Gebiet der Wasserwirtschaft für Zwecke der Verteidigung vom 24. August 1965 (BGBl. I S. 1225, geändert durch Art. 80 EG zum OWiG vom 24. 5. 1968, BGBl. I S. 503).

[147] Gesetz über die Sicherstellung von Leistungen auf dem Gebiet der gewerblichen Wirtschaft sowie des Geld- und Kapitalverkehrs i. d. F. der Bekanntmachung vom 3. 10. 1968 (BGBl. I S. 1069).

[148] Gesetz zur Sicherstellung des Verkehrs i. d. F. der Bekanntmachung vom 8. 10. 1968 (BGBl. I S. 1082).

[149] Gesetz über die Sicherstellung der Versorgung mit Erzeugnissen der Ernährungs- und Landwirtschaft sowie der Forst- und Holzwirtschaft i. d. F. der Bekanntmachung vom 4. 10. 1968 (BGBl. I S. 1075).

[150] Gesetz über das Landesstrafrecht und das Verordnungsrecht auf dem Gebiet der öffentlichen Sicherheit und Ordnung i. d. F. der Bekanntmachung vom 19. 11. 1970 (GVBl. S. 601).

[151] Abl. *Gallwas*, Beeinträchtigungen, 120; *Maunz* in Maunz-Dürig-Herzog Art. 14 GG Anm. 126: „Blankoformeln"; *Reißmüller*, JZ 1959, 360 f.: Allgemein vorbeugende Entschädigungsklauseln würden den Zweck der Junktimklausel (Warnfunktion) vereiteln und diese Klausel zu einer sinnlosen Floskel herabwürdigen. *Rausch*, jur. Diss., 92 ff., 94, 97; *ders.*, DVBl 1969, 167/169; *Schick*, DVBl 1962, 774/776; *Weitnauer*, Aufopferung, 34; zust. *Bengl-Berner-Emmerig*, Art. 65 LStVG Anm. 2; *Kääb-Rösch*, Art. 65 LStVG Anm. 2; *König*, Sicherheitsrecht, Art. 65 LStVG Anm. I 2.

Obwohl eingeräumt werden muß, daß letzte Grenzen im Einzelfall schwer zu ziehen sind, bleibt dennoch festzuhalten, daß die hier vertretene Auffassung in weiten Bereichen des Enteignungsrechts ein Spannungsverhältnis zwischen der Preisgabe des Enteignungs- bzw. Eingriffsbegriffes bestimmter formeller Prägung und der Junktimklausel nicht entstehen läßt. Trotzdem darf die Untersuchung nicht an dieser Stelle abbrechen; denn es bleiben immer noch Fälle, in denen angesichts der Unerwartetheit einer Enteignung an das genannte Verfahren nicht zu denken war. Darüber hinaus muß die Richtigkeit der entwickelten Thesen auch noch von anderer Seite her abgesichert werden.

So ließe sich möglicherweise denken, daß zur Qualifizierung einer Norm als verfassungswidrig nicht nur die Feststellung verfassungswidrigen Effekts entscheidend ist, sondern darüber hinaus auch der verfassungswidrige Wille des Gesetzgebers hinzutreten muß. Auf die Fragestellung eines Verstoßes gegen Art. 14 Abs. 3 S. 2 GG gewendet würde das bedeuten, daß zur Feststellung der Verfassungswidrigkeit eines entschädigungslosen Gesetzes zur Anknüpfung an den Mangel der Entschädigungsregelung der Wille des Gesetzgebers treten muß, ohne Entschädigung zu enteignen oder zu einer entschädigungslosen Enteignung zu ermächtigen. Eine solche Auffassung setzt aber voraus, daß der Gesetzgeber von vornherein Klarheit über die Möglichkeit einer Enteignung hatte oder zumindest in vorwerfbarer Weise hätte haben können.

b) Vorhersehbarkeit der Eigentumsbeeinträchtigung als begriffsnotwendiger Bestandteil eines Eigentumseingriffes?

Die Frage, ob für die Feststellung der Verfassungswidrigkeit neben den objektiven Verfassungsverstoß auch der subjektive Wille des Gesetzgebers treten muß, läßt sich nicht pauschal mit einer Bezugnahme auf das Erfordernis objektiver Auslegung beantworten[152]. Auch die optimistische Argumentation, daß der wahre Wille des Gesetzgebers stets auf die Bewahrung der Verfassung gerichtet sei, so daß er von sich aus die betreffende Norm in keinen Widerspruch zu beispielsweise Art. 14 Abs. 3 S. 2 GG habe setzen wollen[153], sieht die Dinge nicht in richtigem Licht. Bei einer solchen Auffassung muß Art. 14 Abs. 3 S. 2 GG erhebliche Einbußen an verfassungssichernder Kraft hinnehmen. Denn einmal stellt sie in das Belieben des Gesetzgebers, ob er sich den Erfordernissen des Art. 14 Abs. 3 S. 2 GG unterwerfen will oder nicht[154], zum anderen aber verschiebt sie die von Art. 14 Abs. 3 S. 2 GG gesetzten Akzente. Art. 14 Abs. 3

---

[152] Vgl. *Janssen*, Entschädigung, 193; *Lerche*, AöR 90 (1965), 341/350 Fn. 27 (in anderem Zusammenhang).

[153] *Forsthoff*, DÖV 1955, 193/195; OVG Koblenz, NJW 1961, 426/427; hierzu kritisch *Rausch*, DVBl 1969, 167/168.

[154] *Greiner*, DÖV 1954, 583/585; *Janssen*, Entschädigung, 191; *Körner*, NJW 1961, 797; *Wulf*, jur. Diss., 128; *Zinkeisen*, jur. Diss., 73, 85; BGHZ 27, 21; 30,

S. 2 GG will diejenigen Gesetze, die enteignende Wirkung — sei es selbst oder durch einen Vollzugsakt — zeitigen, dem Urteil der Verfassungswidrigkeit unterwerfen. Die referierte Auffassung kommt demgegenüber zu dem Ergebnis, daß das Gesetz aus den genannten Gründen Bestand haben muß, und nur die enteignenden Akte selbst mangels gesetzlicher Grundlage der Verfassung nicht entsprechen. Eine solche Auffassung reduziert das ganze Problem ausschließlich auf die Sicht des Gesetzesvorbehalts. Das Erfordernis gesetzlicher Grundlage für eingreifende Akte ergibt sich grundsätzlich schon aus Art. 20 Abs. 3 GG; Art. 14 Abs. 3 S. 2 GG geht jedoch über eine bloße Wiederholung dieses Vorbehalts für den Bereich in das Eigentum eingreifender Akte hinaus und bindet nicht nur die Exekutive, sondern auch den Gesetzgeber in ganz spezieller Weise. Er darf überhaupt kein Gesetz erlassen, das enteignend wirken kann, es sei denn, er regelt gleichzeitig die Entschädigungsfrage.

Auf diese Weise kann demnach die Frage nach der Bedeutung des gesetzgeberischen Willens bei der Feststellung der Verfassungswidrigkeit im Rahmen der Junktimklausel nicht beantwortet werden. Ist — wie auch immer[155] — der Wille des Gesetzgebers bestimmt, ist vielmehr nach den Kriterien im einzelnen zu fragen, die diesen Willen als verfassungswidrig qualifizieren sollen.

Bezugspunkt jeglicher Beurteilung ist die Grundrechtsnorm, deren Verletzung zur Beurteilung ansteht. Eine Verbindung aber zwischen den in ihr aufgestellten Tatbestandsmerkmalen und dem Willen des Gesetzgebers kann nur über normative Anforderungen gelingen, wobei sich insbesondere das Merkmal der Vorhersehbarkeit anbietet. Ganz entsprechend wird im Rahmen des Enteignungsrechts angesichts Art. 14 Abs. 3 S. 2 GG vielfach gefordert, daß der Enteignungsbegriff eine vorhersehbare Eigentumsbeeinträchtigung enthalten müsse[156].

Der Begriff der Voraussehbarkeit kann zunächst — wie im Falle zivilrechtlicher Schadenszurechnung[157] — so bestimmt werden, daß es allein

---

340; *Scheuner*, Verfassungsschutz, 63/91 Fn. 64; wie hier abl. *Chr. Böckenförde*, Nichtigkeit, 117; *Herbert Krüger*, Das neue Wasserrecht, 32; kritisch in weiterem Zusammenhange *Lerche*, AöR 90 (1965), 341/354; speziell für den Bereich des Art. 2 Abs. 1 GG *Pelka*, DVBl 1970, 887/889.

[155] Schon hier bewegt man sich auf schwankendem Grund. Vgl. auch *Lerche*, JuS 1961, 237/240 Fn. 20.

[156] Etwa *Kriele*, DÖV 1967, 531/537; für den zivilistischen Bereich *Huber*, JZ 1969, 677/679; *Simitis*, 47. DJT, C 70: Wo es an der Voraussehbarkeit fehlt, ist auch die Schadenszurechnung nicht mehr gerechtfertigt. Nach der Auffassung von Simitis muß selbst die Gefährdungshaftung ihre Grenze an der Voraussehbarkeit des Schadens finden.

[157] Vgl. §§ 122 Abs. 2, 123 Abs. 2, 142 Abs. 2, 169, 173, 179 Abs. 3 S. 1, 254 Abs. 2 BGB; auch RGZ 99, 115/116; 106, 233/236 st. Rspr.: Nach Treu und Glauben muß sich der Vertragsschließende die Umstände anrechnen lassen, deren Eintreten er zum Zeitpunkt des Vertragsabschlusses erkennen konnte. Der rechtliche Maßstab hierfür ist § 276 BGB zu entnehmen.

darauf ankommt, ob der Gesetzgeber den Verfassungsverstoß vorhersehen konnte und mußte.

Einer derartigen Auffassung widerspricht insbesondere die Überlegung, daß es sich im Rahmen der Feststellung eines Gesetzes als verfassungswidrig nicht darum handelt, zwei einander ebenbürtige Haftungskreise abzugrenzen. Nicht entscheidend sind subjektive Zurechnung und Haftungsbegrenzung[158], sondern die Bestimmung des Risikobereiches des Gesetzgebers, dessen Produkten der Grundrechtsträger unterworfen ist. Allein diese Erwägung drängt schon zu objektiven Kriterien, will man grundrechtlichen Schutz nicht von subjektiven Anforderungen an den Willen des Gesetzgebers abhängig machen, deren nähere Bestimmung überdies im Dunkeln liegt. Nur eine objektive Betrachtungsweise kann auch diejenigen Fälle einer dem grundrechtlichen Schutz gemäßen Lösung zuführen, in denen sich — wie es vielfach der Fall ist — die enteignende Wirkung erst im Zusammenspiel mit wirtschaftlichen und sozialen Entwicklungen verschiedenster Art einstellt[159]. Das Kriterium subjektiver Voraussehbarkeit erschwert auch die Beurteilung jener nicht seltenen Fälle, in denen der Gesetzgeber rasch handeln will oder muß und vorher infolge des Zeitdrucks nicht alle Möglichkeiten der Information ausschöpfen kann[160]. Soll der Grundrechtsschutz wirklich davon abhängen, inwieweit dem Gesetzgeber das Ausschöpfen aller Informationsmöglichkeiten zuzumuten war, ohne daß im konkreten Falle sein Normierungsauftrag darunter leidet? Nähere Kriterien werden sich schwerlich finden lassen, es läuft alles auf eine Abwägung im Einzelfall hinaus, der Relativierung des Eigentumsschutzes ist das Tor weit geöffnet.

Anbetrachts dieses Befundes bietet es sich auf den ersten Blick an, Zuflucht zu einem objektivierten Begriff der Voraussehbarkeit zu nehmen. Ein derartiger objektiver Begriff hat zunächst den Vorteil für sich, den gesetzgeberischen Willen nicht mehr im einzelnen zu ergründen und subjektiven Erfordernissen unterwerfen zu wollen, sondern diesen Willen in bestimmter Richtung zu fingieren[161]. Wie auch immer der gesetzgebe-

---

[158] Im gleichen Sinne *Leisner*, VVDStRL 20 (1963), 185/206; *Mohnhaupt-Reich*, NJW 1967, 758/760; *Zinkeisen*, jur. Diss., 73; hiergegen im Rahmen von Art. 19 Abs. 1 S. 2 auch *Gallwas*, Beeinträchtigungen, 120: Höchst unpraktikable Relativierung und Subjektivierung verfassungsrechtlicher Rechtsfolgen, wenn zu prüfen ist, ob der Gesetzgeber die Grundrechtsnennung unterlassen hat, obwohl ihm die beeinträchtigende Wirkung seiner Regelung auf Grund tatsächlicher Umstände des konkreten Falles erkennbar gewesen ist.

[159] *Reißmüller*, JZ 1959, 360/361; vgl. zu diesen Fragen auch *Luhmann*, Entschädigung, 134 ff.; *Merton*, Sozialer Wandel, 169, 171.

[160] *Luhmann*, Entschädigung, 135, für die Verwaltungstätigkeit: Da alle Ermittlungen, wie überhaupt alles Bemühen um Vermeidung von Fehlern, Zeit und Geld kosten, kann und wird es zumeist sinnvoll sein, sich mit unteroptimaler Voraussicht zu begnügen. Vgl. auch *Merton*, Sozialer Wandel, 169/180 f.

[161] Vgl. etwa *Neumann*, Wirtschaftslenkende Verwaltung, 52.

B. Der Widerstand gegen eine Preisgabe des Finalitätsmerkmals

rische Wille fingiert werden mag, sei es über eine finale Zweckrichtung des zu beurteilenden Gesetzes[162] oder sei es etwa über die objektive Erkennbarkeit eines möglichen Eingriffs[163], bleiben doch grundsätzliche Bedenken. Das genannte Kriterium objektiver Voraussehbarkeit bewirkt eine Verengung des Eigentumsschutzes; denn dieses Merkmal läßt jene — möglicherweise äußerst tiefgehenden — Tangierungen der Eigentümerposition außer Betracht, die objektiv gerade nicht vorhersehbar waren. Man ist wieder bei einem in bestimmter Weise formalisierten Grundrechtsschutz angekommen, von dem eingangs ausdrücklich aus den dargelegten Gründen Abstand genommen wurde.

Dieser Gefahr entrinnt man auch dann nicht, wenn man objektive Voraussehbarkeit immer annimmt, falls die Eigentumsbeeinträchtigung im Rahmen der Normalsituation liegt, die das Gesetz regeln will: Eigentumsbeschneidungen in einer Ausnahmesituation sollen den Gesetzgeber von der Pflicht der Entschädigungsregelung im enteignenden Gesetz befreien[164]. Neben den genannten Bedenken gegen die Vernachlässigung von Eigentumsbeschneidungen außerhalb der Normalsituation fragt es sich, ob nicht schon hier bei der Abgrenzung der Normal- von der Ausnahmesituation Probleme angeschnitten werden, deren Lösung dem Verfassungsinterpreten nicht hier, sondern an anderer Stelle aufgegeben ist. So läßt sich insbesondere denken, daß das Merkmal der Normal-/Ausnahmesituation im Bereich der Feststellung des Sonderopfers als Begriffsbestandteil einer Enteignung oder Aufopferung, nicht aber beim „Instrument"-Kriterium des Eingriffsbegriffs eine entscheidende Rolle spielt.

Im Rahmen der Abgrenzung von Sonderopfer und Sozialbindung ist jene Rechtsprechung von Bundesgerichtshof und Bundesverwaltungsgericht zur Situationsgebundenheit des Eigentums in Betracht zu ziehen[165]. Hiernach kann einem Gegenstand aus der Situation heraus, in der

---

[162] *Janssen*, Entschädigung, 133 ff., 190 ff., 195; kritisch hierzu *Zinkeisen*, jur. Diss., 87.

[163] *Zinkeisen*, jur. Diss., 73.

[164] Etwa *Leisner*, VVDStRL 20 (1963), 185/210 Fn. 81; *Jaenicke*, VVDStRL 20 (1963), 135/155 (Fn. 48); wobei es in der Sache keinen Unterschied macht, daß Jaenicke den Begriff der Vorhersehbarkeit ausdrücklich verabschiedet; vgl. auch *Bender*, Staatshaftungsrecht, Rz. 22 f. (S. 15 f.).

[165] Zur Situationsgebundenheit etwa: BVerwGE 16, 301/304; 26, 111/119; 29, 357/364; 35, 256/260 f.; BVerwG DVBl 1969, 213/214; VG Hannover DVBl 1969, 216; BGH LM Nr. 60 zu Art. 14 GG (Buchendom); LM Nr. 70 zu Art. 14 GG (Kapellenurteil); LM Nr. 71 zu Art. 14 GG; BGHZ 19, 1; 23, 30/32 f.; 30, 338/342 f.; 48, 193/196; BGH NJW 1964, 202; zur Rspr. des Bundesgerichtshofes *Badura*, Wirtschaftsverfassungsrecht, 108 f. m. w. Nachw.; *Hussla*, Riese-Festschrift, 329/332 ff.; *Kröner*, Eigentumsgarantie, 62 ff. m. w. Nachw. und *Pagendarm*, DRiZ 1960, 314 ff./318; weiter auch *Krüger*, Schack-Festschrift, 71/82; *Schulte*, Eigentum, 138 ff.; *Westermann*, Nipperdey-Festschrift, Bd. 1, 765/775; kritisch *Dagtoglou*, Staat 6 (1966), 123.

er sich befindet, von Natur aus eine Pflichtigkeit anhaften, die sich im Einzelfalle möglicherweise zu einer Pflicht verdichtet, ohne daß damit der Betroffene ungleich behandelt, eine Ausnahmesituation geschaffen, ihm somit ein Sonderopfer aufgebürdet worden wäre[166]. Ganz deutlich wird die Verwendung der Kriterien von Normal- und Ausnahmesituation für die Feststellung des zu entschädigenden Sonderopfers im Bereich des Aufopferungsrechts. Hier führte der Bundesgerichtshof[167] hinsichtlich der Haftungsbegrenzung bei schweren Schädigungen aus Turnunfällen den Topos des „allgemeinen Lebensrisikos" ein. Nach diesem Haftungsbegrenzungstopos hat der Betroffene alle Schäden, die dem allgemeinen vorgegebenen Lebensrisiko entspringen, selbst zu tragen. Konkretisiert der Staat dieses allgemeine „naturgegebene" Lebensrisiko nur in anderer Art und Weise, so schafft er keinen neuen Gefahrenbereich und hat auch nicht für dessen Risiken einzustehen.

Ein Blick auf die soeben skizzierte Rechtsprechung von Bundesgerichtshof und Bundesverwaltungsgericht zeigt, daß das Merkmal der Normal-/Ausnahmesituation auf dem Gebiet der Abgrenzung von Sonderopfer und Sozialbindung anderer Art und Zielrichtung ist als das zur Gewinnung eines spezifischen Eingriffsbegriffs verwendete. Bei der Bestimmung des Sonderopfers soll die Qualifizierung einer Beeinträchtigung als innerhalb der Normallage liegend eine Entschädigung ausschließen, die Einstufung als Ausnahmesituation die Entschädigungspflicht begründen. Demgegenüber dient das Merkmal der Normal-/Ausnahmesituation bei der Bestimmung des Eingriffsbegriffs einer Haftungsbegrenzung dergestalt, daß exzeptionelle Beeinträchtigungen gar nicht in den Gesichtskreis der Enteignung rücken sollen. Sieht man aber näher zu, so wird hierbei der an sich schwer faßbare Begriff der Normal-/Ausnahmesituation in ganz spezifischem Sinn gefaßt und mit dem Inhalt des Typischen, Adäquaten aufgeladen. Damit befindet man sich aber nicht mehr im Bereich der Gewinnung eines bestimmten Eingriffs- bzw. Enteignungsbegriffes, sondern auf dem Gebiete der Feststellung entschädigungsnotwendiger Kausalbeziehung zwischen hoheitlichem Handeln und eingetretener Beeinträchtigung sowie der hier erforderlichen Haftungsbegrenzung. In diesem Zusammenhang ist insbesondere an die nähere inhaltliche

---

[166] BGHZ 23, 30/33 f.; 30, 338/342 f.; 40, 355/360 f.; 48, 193/195 ff.; BGH LM Nr. 71 zu Art. 14 GG; LM Nr. 5 zu § 839 BGB (C); BGH DVBl 1971, 456; vgl. auch BVerfGE 20, 352; *Evers*, DVBl 1970, 12/13; *Hussla*, Riese-Festschrift, 329/332; kritisch *Bender*, NJW 1965, 1297/1300; R. *Schneider*, VerwArch 58 (1967), 197/220 f.

[167] Insbes. BGHZ 46, 327; anders OLG Celle DVBl 1966, 43; OLG Nürnberg, BayJMBl 1964, 89; OLG Frankfurt NJW 1967, 632; Anm. zu BGHZ 46, 327: *Becker*, Unsere Jugend 1967, 535 ff.; *Forkel*, JZ 1969, 7 ff.; *Franz*, JZ 1967, 573 ff.; *Kötz*, JZ 1968, 285; *Mohnhaupt-Reich*, NJW 1967, 758 ff.; *Rohwer-Kahlmann*, SozSich 1967, 134 ff.; *Ossenbühl*, JuS 1970, 276 ff.

B. Der Widerstand gegen eine Preisgabe des Finalitätsmerkmals

Auffüllung des Erfordernisses unmittelbarer Eigentumsverletzung zu denken. Damit sind aber Fragen angeschnitten, auf die an anderer Stelle[168] noch näher einzugehen sein wird; für die hiesige Problematik genügt es festzuhalten, daß nach allem die Feststellung eines Verstoßes gegen die Formvorschrift des Art. 14 Abs. 3 S. 2 GG und die damit verbundene Qualifikation eines entschädigungslosen Gesetzes als verfassungswidrig kein Hinzutreten eines — wie auch immer festgestellten — verfassungswidrigen Willens des Gesetzgebers zum objektiven Verfassungsverstoß erfordert. Damit ist aber auch die Frage nach dem Kriterium der Vorhersehbarkeit von dieser Seite her gegenstandslos.

Kein anderes Ergebnis ist die Folge, nimmt man den Faden der Voraussehbarkeit von einem anderen Ende her auf. Das Erfordernis der Vorhersehbarkeit spielt eine entscheidende Rolle im Rahmen des Rechtsstaatsprinzips. Das Rechtsstaatsprinzip will zur Sicherung individueller Freiheit beitragen, indem es staatlichem Handeln auferlegt, von vornherein begrenzt und in gewissem Maße berechenbar zu sein[169]. Positiven Ausdruck findet dies in Art. 80 Abs. 1 S. 2 GG. So darf nach der Rechtsprechung des Bundesverfassungsgerichts[170] eine Verordnungsermächtigung nicht so unbestimmt sein, daß nicht mehr vorausgesehen werden kann, in welchen Fällen und mit welcher Tendenz von ihr Gebrauch gemacht wird, und welchen Inhalt die auf Grund der Ermächtigung zu erlassenden Rechtsverordnungen haben können. Diese Grundsätze gelten ganz allgemein; ein Gesetz entspricht demnach rechtsstaatlichen Anforderungen nicht, solange ihm nicht hinreichend zu entnehmen ist, mit welchen Folgen der einzelne bei seinem Verhalten zu rechnen hat[171]. Richtig gesehen zielt der Bestimmtheitsgrundsatz damit in zwei Richtungen: Zunächst will er Eindeutigkeit und Sicherheit der Rechtslage als Schutz der Individualrechtsposition erreichen; rechtsstaatlich gewährleistete Rechtssicherheit fordert insoweit, daß der Bürger disponieren und

---

[168] s. u. Teil III.

[169] *Badura*, Verwaltungsmonopol, 315: Die Grundrechte sind aus dem Rechtsstaatsprinzip ableitbare geschriebene Anforderungen an den Gesetzgeber; ungeschriebene Bindungen sind etwa Meßbarkeit und Vorausrechenbarkeit staatlicher Machtäußerung. *Forsthoff*, VVDStRL 12 (1954), 8/14 ff.; *ders.*, Jellinek-Gedächtnisschrift, 221/224; *Lerche*, Ermächtigungsvorschriften, 2.

[170] Nur etwa BVerfGE 1, 14/60; 4, 7/22; 5, 71/77; 8, 274/307; 16, 87/91; hierzu auch *Hasskarl*, AöR 94 (1969), 85 ff.

[171] BVerfGE 5, 25/31; BVerwGE 2, 114/116 f.; 2, 172/175 f.; BVerwG DVBl 1962, 754; *Bullinger*, Vertrag, 28; *Janssen*, NJW 1962, 939; *Jäckel*, Grundrechtsgeltung, 71: Durch die Einbettung des Ermessens in einen normativen Rahmen wird nicht der Effekt eines möglichen Eingriffs abgemildert, sondern dieser Eingriff gesetzmäßig, vorhersehbar und das Ermessen nachprüfbar gemacht. All diese Momente sind aber keine Kriterien des Art. 19 Abs. 2 GG, sondern selbstverständlich Gebote des Rechtsstaates. *Herbert Krüger*, Staatslehre, 290 ff.; *Lerche*, Grundrechte Bd. IV/2, 447/463; *ders.*, Übermaß, 69 ff.; *Kopp*, Verfassungsrecht, 133; *Obermayer*, BayVBl 1971, 209/210.

planen, also vor einer Maßnahme wissen kann, welche Auswirkungen sie aller Voraussicht nach haben wird[172]. Daneben jedoch verlangt der Bestimmtheitsgrundsatz die Einhaltung der allein dem Gesetzgeber vorbehaltenen Kompetenz, die zur Ordnung eines Lebensbereiches maßgeblichen Entscheidungen selbst zu treffen, insbesondere über Eingriffe oder deren Grundlagen selbst zu befinden[173]. Müssen nach diesen Grundsätzen mögliche Schadensrisiken in die Planung eingestellt werden[174], bietet es sich an, einen Enteignungsbegriff zu fordern, der den Gesetzgeber in die Lage versetzt, den Eintritt möglicher Eigentumsbeschneidungen in Rechnung zu stellen[175].

Grundsätzlich ist der Verwendung eines in entsprechender Weise formalisierten Begriffes entgegenzuhalten, daß auch er zumindest eine Planung auf längere Zeit in diesem Zusammenhang nicht wesentlich zu erleichtern vermag[176]. Hinzukommt, daß das dem Rechtsstaatsgrundsatz entfließende Erfordernis der Bestimmtheit=Meßbarkeit=Vorhersehbarkeit staatlichen Handelns ebenso wie die Junktimklausel in das System allgemeiner Sicherung verfassungsrechtlich geschützter Positionen des Bürgers eingebettet ist[177].

---

[172] *Haas,* System, 11; *Janssen,* Entschädigung, 193; *Kopp,* Verfassungsrecht, 134; *Lerche,* Übermaß, 340 ff.; *ders.,* Dreivierteldeckung, 27; zur Voraussehbarkeit etwa: BVerfGE 1, 264/280; 2, 237/266; 7, 89/92; 8, 274/304 f.; BVerwGE 3, 45/46 f.; 5, 99/101 f.; 5, 122/125; 7, 54/65 BayVerfGHE nF. 3 II 129/136 f.; 5 II 1/12 f.; 5 II 243/264 f.; 6 II 78/100 f.; 7 II 113/119 f.; 12 II 48/62 f. *Leisner,* Grundrechte, 169: Rechtsstaat bedeutet die Legalitätsbindung der staatlichen Macht, i. w. S. der Macht überhaupt, an derartig feststehende Regeln, daß ihre Ausübung für den Rechtsgenossen überschaubar und vorhersehbar wird.

[173] BVerfGE 2, 282/301; 6, 32/42; 8, 274/325; BVerwGE 2, 114/116; zum Gewaltenteilungseffekt BVerfGE 1, 14/60; 18, 52/59; 23, 62/73; eingehend zu diesem doppelten Zweck VG München DVBl 1970, 936/938; auch *Lerche,* Ermächtigungsvorschriften, 2 f. m. w. Nachw.

[174] *Janssen,* Ermächtigung, 11; *ders.,* NJW 1962, 939.

[175] *Janssen,* Entschädigung, 37; so insbes. auch *Zinkeisen,* jur. Diss., 73 ff., der auf die objektive, dem betreffenden Gesetz in objektiver Auslegung zu entnehmende Erkennbarkeit abstellt.

[176] Vgl. zu diesen Problemen, wenn auch in anderem Zusammenhange, *Scherpf,* Verwaltung 1971, 18 ff. Weitere Komplikationen stellen sich ein, wenn man es mit *Bachof,* Verfassungsrecht I, A 10 (Nr. 5), gegen BVerwGE 3, 45/48 bei der Voraussehbarkeit nicht nur auf das „Ob", sondern auch auf das „Wie" der Regelung ankommen lassen will. Wie in der strafrechtlichen Rechtsprechung zu § 226 StGB — etwa RGSt 56, 343/350; 73, 370/372; BGHSt 3, 62; 12, 75; BGH MDR 1971, 15/17 — wird es nur auf die Voraussehbarkeit des Erfolgs, nicht aber auf den konkreten Geschehensablauf ankommen können. Wie hier *Stree,* Deliktsfolgen, 147; vgl. auch *Hoppe,* Rechtsschutz, Rz. 170 ff. (S. 63 f.); *v. Mangoldt-Klein,* Art. 80 Anm. VI 3 (1944 ff.).

[177] Vgl. zum Vertrauensschutz auch die Rechtsprechung des Bundesverfassungsgerichts: Kein Vertrauensschutz, wenn der Bürger mit der Regelung rechnen mußte — BVerfGE 22, 330/347; 23, 12/32; 25, 371/403; BVerfGE 30, 250/267; so bei unklarer und verworrener Rechtslage — BVerfGE 11, 64/73; 13, 261/272; 18, 429/439; 24, 100 f.; bei Rechtsschein, der durch eine ungültige Norm erzeugt

B. Der Widerstand gegen eine Preisgabe des Finalitätsmerkmals

Von hier aus, nicht vom gesetzgeberischen Vermögen her, hat die Geltungsweite dieser verfassungssichernden Grundsätze ihren Ausgang zu nehmen. In der Tat hat auch das Bundesverfassungsgericht bei seinen Entscheidungen zu Art. 80 Abs. 1 S. 2 GG nicht auf eine dem Gesetzgeber mögliche Voraussicht abgestellt, sondern es genügen lassen, wenn sich Sinn und Zweck der Ermächtigung aus dem Gesetz als Ganzem ermitteln lassen, wobei der in der Norm zum Ausdruck gekommene Wille des Gesetzgebers entscheidend sein soll[178].

---

wurde — BVerfGE 7, 89/93; 13, 261/272; 18, 429/439; 22, 330/348; wenn zwingende Gründe des Gemeinwohls, die dem Gebot der Rechtssicherheit übergeordnet sind, eine Rückwirkung rechtfertigen — BVerfGE 1, 264/280; 2, 237/266; 2, 380/405; 8, 274/304; 13, 261/272; 13, 274/278; 13, 279/283; 14, 288/297; 18, 429/439; 22, 330/349; 24, 220/233; BVerfGE 14, 76/104; 15, 313/324; 18, 135/144 f.; 21, 117/131 f.; 25, 269/290; BVerfGE 19, 119/127: Kein Vertrauen auf Erhaltung steuerlicher Vorteile (so jetzt auch BVerfGE 30, 250/269). Aus der Literatur etwa: *Badura*, AöR 92 (1967), 382/398; *Dürig*, JZ 1958, 22 f.; *Bachof*, Peters-Festschrift, 663/665; *Klußmann*, Zulässigkeit, 102; *Ossenbühl*, Rückwirkung, 71 ff. m. vielen Nachw.; *Peters*, Verfassungsmäßigkeit, 14 f.; *Rüfner*, Formen, 233 f.; *Scheuner*, BB 1960, 1253/1255; *R. Schneider*, VerwArch 58 (1967), 197/201, 205; Eigentumsschutz und Plangewährleistung (Gewährleistung eines speziellen Vertrauenstatbestandes): *Badura*, Besonders Verwaltungsrecht, 235/263; *ders.*, AöR 92 (1967), 382/398 f.; *Burmeister*, Verwaltung 1969, 21/32; *Forsthoff*, Planung III, 21/37; *Friauf*, Besonders Verwaltungsrecht, 365/404; *Haas*, System, 47 f., 51; *Hoffmann*, DVBl 1969, 202/203; *Ipsen*, VVDStRL 11 (1954), 129; *ders.*, Planung I, 35/60 f.; *ders.*, Planung II, 63, 66, 106 ff.; *ders.*, Grundrechte Bd. 2, 111/196; *Kriele*, DÖV 1967, 531 ff.; *Kaiser*, Planung II, 11/14; *Menger*, VerwArch 59 (1968), 366/381; *Sendler*, DÖV 1971, 16/23 ff.; *Zacher*, VVDStRL 25 (1967), 308/367: Die Erwartung und selbst der Anspruch auf Subvention ist von vornherein nicht Eigentum. Aber um des Eigentums willen kann sein Schutz nicht unbegrenzt entzogen werden. Rechtssicherheit und Eigentum sind hier oft zwei Seiten eines Problems. *Ossenbühl*, AöR 92 (1967), 478, 484: Konkretisierungsreihe Rechtsstaatsprinzip — Rechtssicherheit — Vertrauensschutz; speziell hierzu auch *Burmeister*, Verwaltung 1969, 21/34; vgl. weiter auch *Nicolaysen*, Schack-Festschrift, 107/122; *H. Schneider*, BB 1969, Beilage 2, 1/16: Enteignung bei Verletzung des Vertrauensschutzes möglich; auch *Götz*, Wirtschaftssubventionen, 279 f.; *Luhmann*, Entschädigung, 238 f.; *Redeker*, DVBl 1968, 7 f.; *ders.*, JZ 1968, 541; abl. gegen Vertrauensschutz als konstitutives Merkmal des Eigentumsschutzes neuestens *Oldiges*, Grundlagen, 179 ff., 183, 187. Vgl. hier auch zu den — dem Vertrauensschutz entspringenden — Grundsätzen einer Strukturgerechtigkeit und Kontinuitätsschonung: *Lerche*, Grundrechte Bd. IV/1, 447/508; insbes. *ders.*, DÖV 1961, 486/488: Das Vertrauen des wirtschaftenden Bürgers auf eine gewisse Kontinuität, auf eine Strukturgerechtigkeit muß heute verfassungsrechtlich honoriert werden; *ders.*, Dreivierteldeckung, 25 ff.; *ders.*, Absicherungsgesetz, 39 ff. Zum Grundsatz der Systemgerechtigkeit in der Rechtsprechung des Bundesverfassungsgerichts BVerfGE 6, 55/69; 19, 101/111; 20, 374/377 ff.; 21, 54/65.

[178] Etwa BVerfGE 5, 71/77; 8, 274/307; *Leibholz-Rinck*, Art. 80 GG Anm. 7 m. w. Nachw. Auf die Struktur des Gesetzes hebt auch *Lerche*, Dreivierteldeckung, 27, ab; zur Kritik *Jesch*, Gesetz, 215: Wenn es nach Ansicht des Bundesverfassungsgerichts genügt, daß der Wortlaut einen Anhaltspunkt ergibt, welches Programm verwirklicht werden soll, dann bedeutet das den Verzicht auf das Erfordernis der Voraussehbarkeit. 216: An die Stelle der Prüfung durch das Parlament tritt die Interpretation der vollziehenden Gewalt und schließlich der Gerichte, vgl. auch *Conrad*, BayVBl 1970, 384/387.

Die verfassungsrechtliche Garantie der Bestimmtheit staatlichen Handelns hat den Schutz des Bürgers dergestalt im Auge, daß dieser hoheitliche Beeinträchtigungen voraussehen, erkennen und sich beizeiten darauf einstellen kann (präventive Wirkung)[179]. Dementsprechend sind in die Gewährleistung der Bestimmtheit die Grundsätze der Kontinuitätssicherung[180] und der Struktur-[181], Systemgerechtigkeit[182] als Ausfluß des Prinzips des Vertrauensschutzes eingebunden. Diese Grundsätze verlangen nach Ausgleichsmechanismen gerade für die Fälle unerwünschter, aber auch unbeabsichtigter, nicht vorhergesehener Eingriffe. In diesem Zusammenhang ist an ein Instrumentarium von Härteausgleich, Härtemilderungen, Übergangsregelungen u. ä. m. zu denken[183], auch ein Plangewährleistungsanspruch möchte hier seinen Platz und seine innere Rechtfertigung finden[184]. In jedem Falle gehört zu diesen Mitteln einer Kontinuitätssicherung auch die Enteignungsentschädigung nach Art. 14 Abs. 3 GG, wenn auch ihr Anwendungsbereich auf das Gebiet des Eigentumsrechtes begrenzt ist. Nur in diesem Sinne macht das Entschädigungsgebot des Art. 14 Abs. 3 S. 2 GG den Eigentumsschutz berechenbar. Rechtsstaatlich geforderte Voraussehbarkeit kann hier nichts anderes bedeuten, als daß der Betroffene im Falle einer enteignend wirkenden Eigentumsbeeinträchtigung mit einer Entschädigung prinzipiell soll rechnen können.

Auch von hier aus fühlt sich jene oben[185] entwickelte Auffassung bestätigt, die dann keinen Verstoß gegen Art. 14 Abs. 3 S. 2 GG in einer selbst enteignenden oder zu einer Enteignung ermächtigenden Norm entdecken kann, wenn der Gesetzgeber nur die grundsätzliche Entschädigungspflicht und die Grundsätze der Entschädigungsbemessung im Ent-

---

[179] *Lerche*, Dreivierteldeckung, 27.

[180] *Lerche*, Dreivierteldeckung, 27; *ders.*, Absicherungsgesetz, 39 f.

[181] *Lerche*, ZZP 78 (1965), 1/20 f.; *ders.*, Dreivierteldeckung, 27; *ders.*, Absicherungsgesetz, 39 f.

[182] Vgl. die Rechtsprechung des Bundesverfassungsgerichts zu Art. 3 GG: BVerfGE 13, 331/340; 15, 318; 18, 315/334; 18, 372 f.; BVerfGE 30, 250/270; w. Nachw. *Leibholz-Rinck*, Art. 3 GG, Anm. 11.

[183] Insbes. unter Betonung des Zusammenspiels mit den Grundsätzen der Erforderlichkeit und Verhältnismäßigkeit: *Lerche*, DÖV 1961, 486/489; *ders.*, Übermaß, 193 ff., 213, 271 ff.; *ders.*, Buchbesprechung, ZHR 134 (1970), 363/366.

[184] Hierzu jüngst *Egerer*, Der Plangewährleistungsanspruch; *Oldiges*, Grundlagen, 188 ff., 199 ff., 220 ff.; vgl. auch *Badura*, Wirtschaftsverfassungsrecht, 109 ff.; *Bender*, Staatshaftungsrecht, Rz. 33 (S. 25) m. Fn. 91; *Häberle*, Öffentliches Interesse, 384; *Lerche*, Übermaß, 268 f.; *Menger-Erichsen*, VerwArch 59 (1968), 374/381; *Redeker*, DVBl 1968, 7 ff.; *ders.*, JZ 1968, 537 ff.; *Sendler*, DÖV 1971, 16/23 ff.; abl. zum Plangewährleistungsanspruch BVerwG DVBl 1970, 61 (Badenweiler); *Eyermann-Fröhler*, § 42 VwGO Anm. 98.

[185] s. o. S. 66 ff.

B. Der Widerstand gegen eine Preisgabe des Finalitätsmerkmals

eignungsgesetz gleichzeitig verbindlich festlegt, ohne weitere Einzelheiten zu regeln[185a].

7. Das Zitiergebot des Art. 19 Abs. 1 S. 2 GG und die Preisgabe des Finalitätsmerkmals im Enteignungsrecht

a) Das Verhältnis von Art. 19 Abs. 1 S. 2 GG zu Art. 14 Abs. 3 S. 2 GG

Ein entsprechendes Bild wie zu Art. 14 Abs. 3 S. 2 GG bietet sich, richtet man den Blick auf das in Art. 19 Abs. 1 S. 2 GG enthaltene Zitiergebot. Gleich dem Entschädigungsjunktim zielt das Zitiergebot auf den Effekt verfassungsrechtlicher Sicherung durch formelle Gültigkeitsbedingung, hier der Nennung des eingeschränkten Grundrechts im einschränkenden Gesetz[186]. Adressat des Verfassungsbefehls[187] ist wie bei Art. 14 Abs. 3 S. 2 GG ausschließlich der Gesetzgeber[188]. Wie beim Entschädigungsjunktim zeigen sich auch beim Zitiergebot zwei Funktionen. Einmal die repressive im Sinne des Verfassungswidrigkeitsurteils bei Nichtnennung des eingeschränkten Grundrechts, dann aber auch der präventive Effekt, der Zwang, sich über den Charakter des zu erlassenden Gesetzes Klarheit zu verschaffen[189].

[185a] Die Bedeutung des Vertrauensgedankens im Enteignungsrecht läßt auch eine Reihe — in neuerer Zeit zunehmender — Entscheidungen des Bundesgerichtshofes erkennen (nur etwa BGH NJW 1956, 468/469; WM 1958, 847; NJW 1964, 769; MDR 1964, 656/657; NJW 1966, 877; NJW 1968, 130; NJW 1968, 293; MDR 1969, 912; VersR 1967, 602; BB 1968, 13 ff.; BGHZ 40, 355/366 f.; 45, 83/86 ff.; 45, 150/154 ff.; 48, 46/49 f.; 48, 58/60 ff.; 48, 65/66; BGHZ 55, 261/263 ff.; BGH LM Nr. 22 zu Art. 14 (Cf) GG, DVBl 1971, 456). Diese Rechtsprechung geht davon aus, daß die einer günstigen tatsächlichen oder rechtlichen Lage entfließenden Vorteile keine eigentumskräftig verfestigten Positionen darstellen; solchen Vorteilen fehle grundsätzlich der konkrete Bezug zum geschützten Eigentum. Der Eigentümer könne zwar die tatsächliche und rechtliche Lage nützen, er schaffe und gestalte sie aber nicht. Eigentumsrechtliche Relevanz sollen diese (bis dahin nur faktischen) Vorteile hingegen dann entwickeln, wenn besondere Umstände, wie z. B. behördliche Hinweise, Auskünfte, Zusagen u. ä. m. einen schützenswerten Vertrauenstatbestand begründen. Doch ist die Judikatur des Bundesgerichtshofes in der Zubilligung derart verfassungskräftig geschützter Vertrauenspositionen im Ergebnis äußerst zurückhaltend, sichtlich beeindruckt von der ihrer Meinung nach nicht zu vermeidenden Entschädigungsfolge.

[186] *Dürig*, AöR 79 (1953/54), 57/61, 85; *Gallwas*, Beeinträchtigungen, 116; *Haas*, System, 30; *Herbert Krüger*, DVBl 1950, 625/626 f.; *Lerche*, Grundrechte Bd. IV/1, 447/478; *Müller*, Positivität, 73 f.; *Peters*, Geschichtliche Entwicklung, 273 f.; *Rauschning*, Sicherung, 204; *Röhl*, AöR 81 (1956), 195/206; *Stree*, Deliktsfolgen, 229; *Wulf*, jur. Diss., 75; BVerfGE 2, 266/283; 28, 282/289.

[187] Entgegen *v. Mangoldt-Klein*, Art. 19 Anm. IV (S. 547 f.) keine Soll-, sondern zwingende Vorschrift; so auch *Gallwas*, Beeinträchtigungen, 116; *Peters*, Geschichtliche Entwicklung, 273 f.; *Schwark*, Allgemeine Gesetze, 137; vgl. auch *Rauschning*, Sicherung, 205 Fn. 33.

[188] BVerfGE 28, 36/46; *Jäckel*, Grundrechtsgeltung, 44.

[189] *Burchardi*, jur. Diss., 146; *Peters*, Geschichtliche Entwicklung, 273 f.; *Rausch*, jur. Diss., 33; *Schwark*, Allgemeine Gesetze, 137; vgl. auch BVerfGE 5, 13/16; BVerwG NJW 1970, 908/909.

Diese Gründe führen dazu, daß die Anwendbarkeit des Art. 19 Abs. 1 S. 2 GG im Bereich des Enteignungsrechts überwiegend verneint wird. Art. 14 Abs. 3 S. 2 GG sei lex specialis zu Art. 19 Abs. 1 S. 2 GG, da er dessen Aufgaben speziell im Enteignungsrecht wahrnehme[190]. Die Geltung von Art. 19 Abs. 1 S. 2 GG im Enteignungsrecht verneinen auch jene Auffassungen, die sich nicht ausdrücklich auf ein zwischen Art. 19 Abs. 1 S. 2 GG und Art. 14 Abs. 3 S. 2 GG bestehendes Spezialitätsverhältnis berufen, sondern vielmehr darauf verweisen, daß Art. 14 Abs. 3 S. 2 GG dem Gesetzgeber keinen Vorbehalt zur Grundrechtseinschränkung einräume, Art. 19 Abs. 1 S. 2 GG einen solchen jedoch verlange[191].

Gleichgültig welchen Weg man hier wählen mag, ist in unserem Zusammenhange nur von Bedeutung, daß bei nämlicher — oben berichteter — Ausgangsposition und Zielrichtung von Zitiergebot und Entschädigungsjunktim Vergleiche hinsichtlich Wirkung und Anwendungsbereich beider verfassungssichernder Formvorschriften auf der Hand liegen. So versucht man beim Zitiergebot auf ganz die gleiche Weise, den mißlichen Folgen nicht erkannter oder gewollter Grundrechtseinschränkung für das einschränkende Gesetz wie im Bereich des Art. 14 Abs. 3 S. 2 GG zu entkommen. Man bestreitet beispielsweise eine Anwendbarkeit des Zitiergebots auf die sogenannten faktischen Beeinträchtigungen[192], da sie für den Gesetzgeber bei der Beratung der Norm noch nicht erkennbar seien: Würde man hier die strikte Anwendung des Art. 19 Abs. 1 S. 2 GG fordern, drängte man die Legislative in das Gebiet des Unmöglichen[193]. Keinesfalls sei es Ziel des Grundgesetzes, so wird wie bei der Junktimklausel hervorgehoben, die vielen Gesetze der Rechtsfolge eines Verstoßes gegen Art. 19 Abs. 1 S. 2 GG auszusetzen, bei denen die Einschränkung eines Grundrechts zunächst nicht sichtbar ist und erst nachträglich zutage tritt. Sinn von Art. 19 Abs. 1 S. 2 GG sei vielmehr, nur dort, wo

---

[190] OVG Münster OVGE 14, 81/93; *Haas*, System, 30; *Jäckel*, Grundrechtsgeltung, 46; *v. Mangoldt-Klein*, Art. 144 Anm. VII 7 e (448); *Obermayer*, Allgemeines Verwaltungsrecht, 109/208; *Weber*, Grundrechte Bd. II, 331/369; *Wulf*, jur. Diss., 75; a. A. *Bachof*, DÖV 1954, 592/595 Fn. 24; *Dürig*, JZ 1954, 4/7, 11 Fn. 39; *ders.*, Eigentum V, Sp. 1079/1083; *Janssen*, Entschädigung, 162 ff.; *ders.*, NJW 1962, 939/942; *Kuschmann*, NJW 1969, 574/576; dahingestellt: *Forsthoff*, DÖV 1956, 513/514.

[191] *Gallwas*, Beeinträchtigungen, 116 ff.; *Hamann-Lenz*, Art. 19 Anm. B 5 (S. 323 f.); *Maunz*, Staatsrecht, 135; *Röhl*, AöR 81 (1956), 195/206; *Schwark*, Allgemeine Gesetze, 137; *Wernicke*, Bonner Kommentar, Art. 19 GG Anm. II 1 a; *Ipsen*, AöR 78 (1952), 284/325: als Enteignung ist das Investitionshilfegesetz nicht Grundrechtseinschränkung, sondern Substanzeingriff und (in der Notwendigkeit der Entschädigung) Grundrechtsbestätigung, mithin ebenfalls ohne Formalisierung nach Art. 19 Abs. 1 S. 2 GG zulässig. Auf der gleichen Linie bewegt sich BVerfGE 24, 367/397 f. Zum Verhältnis von Art. 14 Abs. 3 S. 2 GG zu Art. 19 Abs. 1 S. 2 GG auch *Lerche*, Übermaß, 208 f.

[192] *Gallwas*, Beeinträchtigungen, 120.

[193] *Gallwas*, Beeinträchtigungen, 120.

B. Der Widerstand gegen eine Preisgabe des Finalitätsmerkmals

der Gesetzgeber den Eingriff erkennt oder bei genügender Sorgfalt erkennen muß, das einschränkende Gesetz, das aber das betreffende Grundrecht nicht nennt, als verfassungswidrig zu betrachten[194]. Anderer Meinung nach kann das Zitiergebot nur für beabsichtigte Grundrechtseinschränkungen Geltung beanspruchen[195]. Schließlich soll nur ein Gesetz gegen Art. 19 Abs. 1 S. 2 GG verstoßen und verfassungswidrig sein, das sich zwar subjektiv-intentional nicht gegen den grundrechtlichen Normbereich richtet, in diesen Bezirk gleichwohl sachlich einschneidet, wenn nur die Intention des objektiven Willens des Gesetzgebers im Sinne der Rechtsprechung des Bundesverfassungsgerichts[196] auf diese Normverkürzung zielte[197]. Diesen Meinungen ist Gleiches entgegenzuhalten wie den referierten Theorien zur Eingrenzung des Geltungsbereichs von Art. 14 Abs. 3 S. 2 GG[198].

b) Übernahme der verfassungsrechtlichen Rechtsprechung zum Zitiergebot auf das Enteignungsrecht?

Das Bundesverfassungsgericht, das sich — soweit ersichtlich — zum Geltungsbereich der Junktimklausel nur in einer Entscheidung[199] geäußert hat und dort von einer umfassenden Geltung dieser Vorschrift ausgeht, hatte demgegenüber — gerade auch in jüngster Zeit — mehrfach Gelegenheit, sich mit Fragen der Geltungsweite von Art. 19 Abs. 1 S. 2 GG auseinanderzusetzen[200]. In diesen Entscheidungen geht das Ge-

---

[194] So *Peters*, Geschichtliche Entwicklung, 273 f., 275; vgl. auch *Rauschning*, 204 f.: Wenn ein Gesetz im Rahmen des Art. 19 Abs. 1 S. 1 GG ein Grundrecht einschränkt, ohne daß das Grundrecht und sein Verfassungsartikel entgegen Art. 19 Abs. 1 S. 2 GG genannt sind, dann ist das Gesetz insoweit verfassungswidrig, als ihm dieses Zitat fehlt. Doch gibt es keinen logischen und keinen im positiven Recht ausdrücklich enthaltenen Grund dafür, daß das Fehlen einer verfassungsrechtlich gebotenen Gesetzesbestimmung die in dem Gesetz enthaltenen Bestimmungen ungültig werden läßt. Vgl. aber auch *Röhl*, AöR 81 (1956), 195/213. Für den Bereich der Junktimklausel kann diese Auffassung nicht auf Gefolgschaft des Bundesverfassungsgerichts hoffen — BVerfGE 4, 219/235. Bei Fehlen einer Entschädigungsregelung dürfen die Gerichte das Enteignungsgesetz — da verfassungswidrig — nicht anwenden und müssen eine Entscheidung des Bundesverfassungsgerichts über die Gültigkeit des Gesetzes herbeiführen; ausdrücklich auch BVerfGE 24, 367/418. Aus Gründen der Effizienz des Sicherungszweckes von Art. 19 Abs. 1 S. 2 GG wird der Auffassung Rauschnings aber auch nicht für den Bereich des Zitiergebotes zu folgen sein.
[195] *Kilian*, Zitiergebot, 39 f.
[196] s. o. Fn. 71, 72 (Teil II); BVerfGE 1, 299/312: Die Intention des Gesetzes selbst, wie sie durch Auslegung zu ermitteln ist.
[197] *Müller*, Positivität, 73 f., 81.
[198] Für strenge Handhabung auch: *Schmidt-Bleibtreu* in Schmidt-Bleibtreu/Klein, Art. 19 GG Anm. 6; *Wernicke*, Bonner Kommentar, Art. 19 Anm. II e; mit der Möglichkeit vorsorglicher Grundrechtsnennung: *Rauschning*, Sicherung, 193, 204 f.; *Röhl*, AöR 81 (1965), 195/214; *Stree*, Deliktsfolgen, 229.
[199] BVerfGE 4, 219.
[200] Etwa BVerfGE 28, 36 ff.; 28, 55 ff.; 28, 282/9.

richt davon aus, daß Art. 19 Abs. 1 S. 2 GG als Formvorschrift enger Auslegung bedürfe, wolle man ihn nicht zu einer leeren Förmlichkeit erstarren lassen und den die verfassungsmäßige Ordnung konkretisierenden Gesetzgeber nicht unnötig in seiner Arbeit behindern[201]. Unter diesem Aspekt hat das Bundesverfassungsgericht im Laufe seiner Rechtsprechung verschiedene typische Gruppen gebildet, auf die das Zitiergebot überhaupt nicht anwendbar sei. So soll sich Art. 19 Abs. 1 S. 2 GG nicht auf die allgemeine Handlungsfreiheit beziehen, die ja von vornherein unter dem Vorbehalt verfassungsmäßiger Ordnung stehe[202], ferner nicht auf Regelungen, die das Grundrecht der Berufsfreiheit konkretisieren[203]. Endlich gelte Art. 19 Abs. 1 S. 2 GG nicht in jenen Fällen, in denen vorkonstitutionell gegebene Grundrechtseinschränkungen lediglich gesetzlich wiederholt werden[204].

Art. 19 Abs. 1 S. 2 GG bleibt dieser Rechtsprechung zufolge in allen den Fällen unanwendbar, in denen die Gesetze nur die Grenzen des einzelnen Grundrechts nachzeichnen[205]. Das Zitiergebot soll lediglich verhindern, daß neue dem bisherigen Recht fremde Eingriffsmöglichkeiten in die Grundrechte geschaffen werden, ohne daß der Gesetzgeber sich hierüber Rechenschaft ablegt und dies ausdrücklich erkennen läßt[206]. Aus diesen Gründen soll die Vorschrift des Art. 19 Abs. 1 S. 2 GG nur für Gesetze gelten, die darauf abzielen, ein Grundrecht über die in ihm selbst angelegten Grenzen hinaus einzuschränken[207].

Der berichteten Judikatur[208] mag insoweit zu folgen sein, als sie den Geltungsbereich des Zitiergebots vom Tatbestandsmerkmal der Grundrechtseinschränkung her bestimmt und diese von der Regelung grundrechtlichen Gehalts, der verfassungsmäßigen Ordnung wie auch der allgemeinen Gesetze des Art. 5 Abs. 2 GG abgrenzt. Gleiches gilt auch insoweit, als diese Rechtsprechung davon ausgeht, daß Art. 19 Abs. 1 S. 2 GG nur Schutz gegenüber dem bisherigen Recht fremden Eingriffsmöglichkeiten bieten will. Diese Argumentation bewegt sich in ganz parallelen Bahnen zum Enteignungsrecht und der Anwendungsbreite des Gebots für Enteignungsgesetze, selbst eine Entschädigungsregelung zu treffen. Ein derartiges Gebot kann keine Geltung für solche Gesetze beanspruchen, deren

---

[201] BVerfGE 28, 36/46.
[202] BVerfGE 10, 89/99; 28, 36/46.
[203] BVerfGE 13, 97/122; 28, 36/46.
[204] Etwa BVerfGE 16, 194/199 f.
[205] BVerfGE 28, 36/46; 28, 55/62; BVerfGE 28, 282/289; BVerwG NJW 1970, 908/909; deswegen auch keine Geltung bei den allgemeinen Gesetzen des Art. 5 Abs. 2 GG: BVerfGE 28, 282/289; hierzu auch *Schwark*, Allgemeine Gesetze, 138.
[206] BVerfGE 2, 121/122; 5, 13/16; BVerwG NJW 1970, 908/909.
[207] BVerfGE 28, 36/46; 28, 55/62.
[208] Zu dieser Rechtsprechung auch *Gallwas*, Beeinträchtigungen, 116 ff.

B. Der Widerstand gegen eine Preisgabe des Finalitätsmerkmals

Aufgabe in der Eigentumsprägung liegt oder die dem einzelnen eine ungleich wirkende Pflicht auferlegen, diese Pflicht jedoch eine allgemeine Pflichtigkeit im Sinne jener — oben referierten — Rechtsprechung des Bundesgerichtshofs konkretisiert.

Bedenken bestehen aber, ob der Judikatur des Bundesverfassungsgerichts zu Art. 19 Abs. 1 S. 2 GG auch noch gefolgt werden kann, wenn sie dessen Geltungsgebiet dadurch abstecken will, daß sie auf die Zielrichtung des zu beurteilenden Gesetzes abhebt. So wenig die Absicht des Bundesverfassungsgerichts gering geschätzt werden soll, die mit dieser Rechtsprechung eine unnötige Behinderung des Gesetzgebers sowie die Gefahr bloßer Förmlichkeit umgehen will, bleibt doch offen, ob der beschrittene Weg schließlich auch zum angestrebten Ziele führt. Eine subjektive Ermittlung der Zielgerichtetheit bringt — wie dargelegt — eine Relativierung grundrechtlichen Schutzes mit sich; soll aber die Zielrichtung mit Hilfe von objektiven Kriterien erschlossen werden, so ist damit notwendig eine Formalisierung verbunden, der schon mit Rücksicht auf einen effektiven Grundrechtsschutz nicht das Wort geredet werden kann. Die Ineffizienz formaler Schutzvorschriften wird nicht nur durch das Erstarren zu leeren Förmlichkeiten bewirkt, sondern kann gleichwohl — wenn auch allmählich und unmerklicher — dadurch eintreten, daß sich der Anwendungsbereich der Schutznorm bei Festhalten an gewissen formellen Voraussetzungen immer mehr verengt. In der Tat ist die praktische Bedeutung des Art. 19 Abs. 1 S. 2 GG zur Zeit nicht sehr groß; das Bundesverfassungsgericht hat — soweit ersichtlich — bislang keine Gesetzesvorschrift wegen Verstoßes gegen das Zitiergebot für verfassungswidrig erklärt.

Für den Bereich des Entschädigungsjunktims ist die bundesverfassungsgerichtliche Rechtsprechung zu Art. 19 Abs. 1 S. 2 GG, soweit sie auf die Zielgerichtetheit der grundrechtlichen Einschränkung abstellt, aus den genannten Gründen nicht zu übernehmen. Eine solche Auffassung findet auch Unterstützung in der schon zitierten Entscheidung des Bundesverfassungsgerichts zur Junktimklausel[209]. Diese Entscheidung verweist ausdrücklich auf den Wortlaut des Art. 14 Abs. 3 S. 2 GG, nach dem jedes nach Inkrafttreten des Grundgesetzes erlassene Enteignungsgesetz ohne Rücksicht darauf, ob sein Enteignungscharakter ohne weiteres erkennbar war oder nicht, eine Regelung über Art und Ausmaß der Entschädigung enthalten muß.

---

[209] BVerfGE 4, 219/230: Bereits der Wortlaut des Art. 14 Abs. 3 S. 2 GG ergibt, daß jedes nach Inkrafttreten des Grundgesetzes erlassene Enteignungsgesetz ohne Rücksicht darauf, ob sein Enteignungscharakter ohne weiteres erkennbar ist oder nicht, eine Regelung über Art und Ausmaß der Entschädigung enthalten muß.

IV. Verbleibende Wege zur Lösung des Spannungsverhältnisses zwischen Junktimklausel und Preisgabe des Finalitätserfordernisses

1. Zwischenbilanz

Hält man einen Augenblick inne und resümiert das bisherige Ergebnis der Untersuchung zu Art. 14 Abs. 3 S. 2 GG im Sinne einer Zwischenbilanz, so ergibt sich, daß Art. 14 Abs. 3 S. 2 GG keinen in bestimmter Weise, etwa im Sinne einer Finalität oder voraussehbaren Beeinträchtigung, formalisierten Begriff des Eigentumseingriffs voraussetzt. Einen derartigen Begriff fordert weder die Sicherungsfunktion des Art. 14 Abs. 3 S. 2 GG noch sonstige Gesichtspunkte, so z. B. rechtsstaatlicher Art. Insbesondere bleibt an jenes Verfahren zu erinnern, das — wie sich zeigte[210] mit Art. 14 Abs. 3 S. 2 GG vereinbar — den Gesetzgeber in die Lage versetzte, durch vorsorgliche Normierung der Entschädigungspflicht und den Grundsätzen einer etwaigen Entschädigungsbemessung dem Enteignungsfalle vorzubeugen. Die Möglichkeit eines derartigen Vorgehens deckt einen weiten Bereich denkbaren Spannungsverhältnisses zwischen der in Art. 14 Abs. 3 S. 2 GG beschriebenen gesetzgeberischen Aufgabe und dem zunächst unerwarteten oder auch unbeabsichtigten Eintritt einer Enteignung ab. Trotzdem lassen sich aber durchaus Fallkonstellationen denken, in denen der Gesetzgeber nicht im entferntesten mit einer enteignend wirkenden Beeinträchtigung rechnen konnte und deshalb auch nicht daran dachte, nach dem gerade beschriebenen Verfahren vorzugehen. Stellt sich von hierher also doch wieder die Frage nach dem zielgerichteten oder wenigstens vorhersehbaren Eingriffsbegriff?

2. Die verfassungskonforme Auslegung als Mittel zur Vermeidung eines Verstoßes gegen Art. 14 Abs. 3 S. 2 GG?

Sieht man sich zunächst in der Judikatur nach Lösungsmöglichkeiten um, so entdeckt man, daß die Rechtsprechung des Bundesgerichtshofes immer mehr von dem Bestreben gekennzeichnet ist, Bestimmungen, die zwar auf den ersten Blick mit den Erfordernissen des Art. 14 Abs. 3 GG nicht vereinbar erscheinen, daraufhin zu überprüfen, ob sie bei verfassungskonformer Auslegung mit dem Grundgesetz übereinstimmen[211]. Hierbei wird der Grundsatz von der Ausgleichsfunktion der Entschädigung als Instrument für die Auslegung von Entschädigungsvorschriften herangezogen und auf dieser Grundlage Entschädigung selbst in solchen

---

[210] s. o. S. 66 ff.
[211] *Kröner*, Eigentumsgarantie, 83 ff.; *Pagendarm*, Riese-Festschrift, 355 ff.; ders., Sonderbeilage Nr. 5 zu WM 1965; zur Rechtsprechung des BVerfG vgl. unten Fn. 240 ff.

B. Der Widerstand gegen eine Preisgabe des Finalitätsmerkmals

Fällen zugebilligt, in denen der Wortlaut der im einzelnen angewendeten Entschädigungsnorm dies nicht mehr deckt[212].

In der Tat zielt der von der verfassungsgerichtlichen Rechtsprechung ständig herangezogene Grundsatz verfassungskonformer Auslegung[213] darauf ab, die mißlichen Folgen des Verdikts einer Norm als verfassungswidrig und damit — wie man meint — als nichtig[214] zu vermeiden[215]. Näheres Zusehen entdeckt aber, daß sich der Bundesgerichtshof mit der referierten Rechtsprechung überhaupt nicht mehr im Rahmen verfassungskonformer Auslegung bewegt[216]. Diese Auslegung, die Bestandteil jenes noch zu berichtenden Arsenals von Instrumenten ist, mit dem das Bundesverfassungsgericht der unerwünschten Nichtigkeitsfolge eines verfassungswidrigen Gesetzes zu entkommen sucht[217], geht von dem allgemeinen Grundsatz aus, daß ein Gesetz nicht für verfassungswidrig und nichtig zu erklären ist, wenn es im Einklang mit der Verfassung ausgelegt werden kann[218]; hierbei soll allerdings eine Vermutung für die Vereinbarkeit des Gesetzes mit dem Grundgesetz sprechen[219]. Grenze dieser Auslegung sind Sinn und Wortlaut des Gesetzes[220]; Motive und Absichten des Gesetzgebers können nur insoweit gegen einen hypothetischen Willen, den der Gesetzgeber nie gehabt hat, ausgewechselt werden[221], als

---

[212] BGHZ 31, 244; 38, 342; 41, 385; 42, 300; BGH NJW 1963, 1916; WM 1965, 503; NJW 1967, 1324.

[213] Vgl. etwa BVerfGE 2, 266/282; 7, 120/126; 8, 28/32 ff.; 8, 38/41; 8, 210/221; 9, 194/200; 18, 97/111 f.; 19, 1/5; 19, 76/84; 25, 167/191; 26, 206/210. Aus der Literatur: *Bogs*, Verfassungskonforme Auslegung; *Burmeister*, Verfassungskonforme Auslegung; *Göldner*, Verfassungsprinzip, 43 ff.; *Haak*, Normenkontrolle; *Spanner*, AöR 91 (1966), 503 ff.; BayVerfGHE n. F. 5 II 19/20, 29.

[214] *Bachof*, DÖV 1954, 592; *Bettermann*, Grundrechte Bd. III/2, 779/868 Fn. 506; *Burchardi*, jur. Diss., 121 Fn. 1; *Debelius*, jur. Diss., 24; *Dürig*, JZ 1954, 4/8; *Engler*, Bundesverfassungsgericht, 87/175; *Fuß*, JZ 1959, 741; *ders.*; *Gallwas*, Beeinträchtigungen, 121; *Hamann*, BB 1962, 505/506; *Janssen*, Entschädigung, 179; *Kaiser*, Privateigentum, 37; *Kimminich*, JuS 1969, 349/355; *H. H. Klein*, BB 1967, 297/301; *Kröner*, Eigentumsgarantie, 84, 86; *ders.*, DVBl 1969, 157/165; *Ipsen*, VVDStRL 10 (1952), 74/96 f.; *Merk*, Verwaltungsrecht II, 1532; *Rausch*, jur. Diss., 89 f.; *Schack*, EvStL, Enteignung, Sp. 415/418; *Scheuner*, Verfassungsschutz, 63/91 Fn. 64; *W. Weber*, Grundrechte Bd. II, 331/385 f.; *ders.*, HdSW III, Enteignung, 227/229; *Weitnauer*, Aufopferung, 34; *Westermann*, Nipperdey-Festschrift I, 765/767 Fn. 4; *Wilhelm*, DÖV 1965, 397/402; *Wulf*, jur. Diss., 103; *Zinkeisen*, jur. Diss., 99.

[215] So ausdrücklich *Karl Heck* auf dem Heidelberger Kolloquium über Fragen der Verfassungsgerichtsbarkeit im Juli 1961, Länderberichte, 873.

[216] So auch *Bogs*, Verfassungskonforme Auslegung, 54 f.

[217] *Burmeister*, Verfassungskonforme Auslegung, 8 f.; *Eckardt*, Verfassungkonforme Auslegung, 13.

[218] BVerfGE 2, 266/282; 7, 120/126; 8, 28/33 f.; 8, 274/324.

[219] BVerfGE 8, 71/77 ff.; 8, 274/324 m. w. Nachw.; 16, 246/253; 18, 18/33 f.; *Chr. Böckenförde*, Nichtigkeit, 111 ff.

[220] BVerfGE 8, 28/32 ff.; 8, 71/78 f.; 9, 109/118; 18, 97/111.

[221] Vgl. hierzu *v. Pestalozza*, AöR 96 (1971), 27/52 f.; vgl. auch BVerfGE 8, 28/34; 9, 194/200.

die — durch objektive Auslegung zu ermittelnde — Zweckrichtung des Gesetzes dies zuläßt. Diese Grenze hat das Bundesverfassungsgericht einzuhalten, will es nicht seine auch an anderer Stelle, in seiner Rechtsprechung zum gesetzgeberischen Unterlassen[222] und insbesondere zum Gleichheitssatz[223], herausgestellte Respektierung gesetzgeberischer Gestaltungsfreiheit auf diesem Wege unterlaufen.

Das Bundesverfassungsgericht kann nach dieser Judikatur nicht den Weg zu einer richterlichen Ergänzung des gesetzgeberischen Willens freimachen, selbst wenn nur eine bestimmte Auslegung verfassungsgemäß wäre[224].

So versagt es sich das Bundesverfassungsgericht auch, eine Norm für nichtig zu erklären, wenn eine verfassungsmäßige Regelung auf verschiedenen Wegen herbeigeführt werden kann[225]; beispielsweise in den Fällen, in denen die Benachteiligung bestimmter Personengruppen nicht auf einer ausdrücklichen Ausschlußvorschrift, die für verfassungswidrig erklärt werden könnte, sondern darauf beruhte, daß der Gesetzgeber die betreffende Gruppe nicht in eine Vergünstigung mit einbezog, also eine gesetzgeberischer Regelung offenstehende Gesetzeslücke vorhanden war[226].

Die verfassungskonforme Auslegung kann demnach nicht dazu dienen, den interpretatorischen Spielraum des Gesetzanwendenden über den eindeutigen Wortlaut und Sinn der auszulegenden Vorschrift hinaus zu erweitern[227]. Das bedeutet aber die Beschränkung des Gerichts, vor dem auf

---

[222] Vgl. BVerfGE 1, 97/100 f. (kein Anspruch auf Ergänzung einer bestimmten Regelung), aber auch 105 (Anspruch bei willkürlicher Verletzung einer Regelungspflicht); eindeutiger: BVerfGE 6, 257/265 f. (moralische Wirkung); 8, 1/9 f., 19 f.; 8, 28/35; 8, 38/41; 9, 338/342; 11, 255/261; 12, 139/142; 13, 248/260 gegen 2, 287/291; vgl. weiter auch BVerfGE 10, 302; 13, 287; 15, 349; 18, 332; BVerfGE 30, 292/333; BayVerfGH 9 II 123/126; aus der Literatur zu dieser Rechtsprechung: *Lerche*, AöR 90 (1965), 341/350 ff.; *E. Schumann*, AöR 88 (1963), 331 ff.; *Zacher*, AöR 93 (1968), 341/346 ff.

[223] Etwa BVerfGE 22, 349/359 ff.; 23, 1/10 ff.; 23, 242/254 f.; 27, 220/230 f.; 27, 391/399; 28, 36 f.; 28, 242/243; 28, 324/361; vgl. aber auch BVerfGE 29, 1/10 f.

[224] Etwa BVerfGE 2, 336/340 f.; 8, 28/34 f.; 15, 46/76.

[225] BVerfGE 22, 349/361 ff.; 23, 1/11 f.; 23, 74/78; 24, 220/224; 28, 242/243; 29, 57/70 ff.; 29, 71/83.

[226] Vgl. aber auch die Rechtsprechung des 2. Senats: BVerfGE 17, 122 f./134 f.; wieder aufgegeben in BVerfGE 18, 288/301; jüngst BVerfGE 29, 1/10 ff. Hierzu auch *Bosch*, FamRZ 1970, 479 f./482 f.; *Maiwald*, BayVBl 1971, 90/91; *v. Pestalozza*, AöR 96 (1971), 27/47 Fn. 59; *Wittig*, Staat 8 (1969), 137/145 f.: Die Notwendigkeit des judicial self-restraint folgt aus der Gewaltenteilung: Die Rechtsprechung muß die Gestaltungsfreiheit des Gesetzgebers und die Ermessensfreiheit der vollziehenden Gewalt grundsätzlich respektieren, damit nicht das Kontrollorgan selbst die Funktion der Kontrollierten übernimmt; vgl. entsprechend für den Bereich des Art. 100 Abs. 1 GG *Maurer*, FamRZ 1971, 12/13.

[227] Etwa BVerfGE 2, 380/398; 21, 292/305; 25, 295/305; 17, 306/318 f.; 18, 97/111; 19, 242/247; *Bachof*, Verfassungsrecht II, 18; BVerwGE 18, 293/297.

B. Der Widerstand gegen eine Preisgabe des Finalitätsmerkmals

Enteignungsentschädigung geklagt wird, auf die Reichweite der Entschädigungszubilligung durch das anzuwendende Enteignungsgesetz. Will das Gericht Entschädigung auch in solchen Fällen zusprechen, in denen der Wortlaut der im einzelnen angewendeten Entschädigungsnorm dies nicht mehr deckt, so bewegt sich das Gericht nicht mehr auf dem Gebiete verfassungskonformer Auslegung, auch wenn es sich auf die Ausgleichsfunktion der Entschädigung für die Auslegung von Entschädigungsvorschriften beruft. Nachdem das Gesetz selbst für derartige Fälle keine Entschädigung vorsieht, würde der Versuch einer verfassungskonformen Auslegung, wenn er nun neue gemäß der betreffenden Norm zu entschädigende Fälle entwickelt, den normativen Gehalt der schon vorhandenen Entschädigungsregelung selbst erst bestimmen. Dies muß jedoch der Entscheidung des Gesetzgebers vorbehalten bleiben[228].

Auch in der verwaltungsgerichtlichen Judikatur[229] ist dem Grundsatz der verfassungskonformen Auslegung, wenn auch unter anderem Blickwinkel, Bedeutung zugeflossen, als es um die Vereinbarkeit gesetzlicher Regelungen mit der Junktimklausel ging. So führte z. B. das Bundesverwaltungsgericht[230] in einer neueren Entscheidung zum Waldschutzgesetz Nordrhein-Westfalen aus, daß zwar eine uneingeschränkte wörtliche Anwendung dieses Gesetzes in besonderen Einzelfällen enteignend im Sinne des Art. 14 Abs. 3 GG wirken könne. Eine solche Wirkung fände jedoch im Waldschutzgesetz keine rechtliche Deckung, da dieses Gesetz keine Entschädigungsregelung enthalte (Art. 14 Abs. 3 S. 2 GG). Die Folge hiervon dürfe aber nicht Verfassungswidrigkeit oder Nichtigkeit des Waldschutzgesetzes oder einzelner seiner Vorschriften sein, sondern nur die Notwendigkeit verfassungskonformer Auslegung derart, daß die Grenze zwischen Enteignung und Bestimmung von Inhalt und Schranken des Eigentums gewahrt bleibe. Ein enteignend wirkender Einzelakt, der vorgibt, sich auf das Waldschutzgesetz zu stützen, sei in Wahrheit mangels gesetzlicher Grundlage rechtswidrig, verletze als enteignungsgleicher Eingriff die Rechte des Betroffenen und müsse demnach im Verwaltungsstreitverfahren aufgehoben werden. Dieses Ergebnis bewegt sich nach Auffassung des Bundesverwaltungsgerichts im Rahmen verfassungskonformer Auslegung; eine solche Auslegung müsse hier ergeben, daß das Waldschutzgesetz überhaupt nicht zu enteignenden Akten ermächtigen könne. Damit aber handele es sich nicht um die Fest-

---

[228] BVerfGE 8, 71/78 f.; 9, 83/87; 16, 306/329; 20, 150/160 f.; *Eckardt*, Verfassungskonforme Auslegung, 34.
[229] Vgl. etwa OVG Koblenz NJW 1961, 426.
[230] BVerwG BRS 19 (1969), 52 (Nr. 23); so auch *Luhmann*, Entschädigung, 155; zur „Vermutung der Verfassungsmäßigkeit" *Chr. Böckenförde*, Nichtigkeit, 111 ff.; kritisch *Jaenicke*, VVDStRL 20 (1963), 135/155; abl. *Herbert Krüger*, Das neue Wasserrecht, 32, 46 f.; *Leisner*, Verfassungsmäßigkeit, 62 f.

stellung der Grundgesetzwidrigkeit eines Gesetzes, die ja nach Art. 100 Abs. 1 GG dem Bundesverfassungsgericht vorbehalten sei.

Diese Entscheidung scheint allerdings die mit der Junktimklausel und der Aufgabe des Finalitätserfordernisses verbundenen Probleme einer bestechend einfachen Lösung zuzuführen. Genaueres Zusehen weckt jedoch Zweifel, ob der eingeschlagene Weg auch wirklich zum Ziel führen kann. So erstaunt zunächst, daß sich das Bundesverwaltungsgericht in der referierten Entscheidung sogleich der Frage verfassungskonformer Auslegung zuwendet, obwohl doch der erste Schritt der Interpretation in die Richtung der Ermittlung des „wohlverstandenen" Sinns der Norm selbst — ohne sofortige Messung an der Elle der Verfassung — gehen muß; denn Ausgangspunkt wie auch Grenze einer verfassungskonformen Auslegung ist nach der oben berichteten Rechtsprechung des Bundesverfassungsgerichts Wortlaut und Sinn der auszulegenden Vorschrift[231]. Sieht man die Entscheidung des Bundesverwaltungsgerichts in diesem Lichte, so hätte durchaus die Feststellung des Gerichts genügt, daß dem Kläger die beantragte Genehmigung auf Umwandlung seines Waldes in landwirtschaftliche Nutzfläche deswegen nicht versagt werden durfte, weil das von § 3 des Waldschutzgesetzes NRW eingeräumte Ermessen fehlerhaft ausgeübt worden ist; denn eine Versagung der Genehmigung würde für den Antragsteller enteignende Wirkung zeitigen. Das Bundesverwaltungsgericht steuert demgegenüber sogleich die Frage des speziellen Gesetzesvorbehalts des Art. 14 Abs. 3 S. 2 GG an. Im Rahmen der Gesetzesauslegung beschränkt sich das Gericht auf die lapidare Feststellung, Akte enteignender Wirkung könne das Waldschutzgesetz keinesfalls decken, weil es keine dem Art. 14 Abs. 3 S. 2 GG entsprechende Entschädigungsregelung enthielte; damit wolle das Gesetz nur als Rechtsgrundlage für Akte, die innerhalb der Eigentumsbindung liegen, dienen. Eine derartige Auffassung hat aber nichts mehr mit dem Grundsatz verfassungskonformer Auslegung zu tun; sie richtet nicht die Gesetzesauslegung an den Verfassungsgrundsätzen aus, sondern sie versucht die Gültigkeit von Normen über eine restriktive Interpretation von Verfassungsvorschriften zu retten. Der Schluß von der fehlenden Entschädigungsregelung auf eine — also gewollte — Eigentumsbindung kann jedoch nicht gezogen werden, will man die Schutzrichtung des Art. 14 Abs. 3 S. 2 GG, was die Exekutiventeignung betrifft, nicht auf bloße Fragen des allgemeinen Gesetzesvorbehalts verengen; dieses Ergebnis wäre mit der kompromißlosen Formulierung von Art. 14 Abs. 3 S. 2 GG nicht zu vereinen. Die Frage des allgemeinen Gesetzesvorbehalts kann nur dort eine Rolle spielen, wo sich die Verwaltung nicht mehr im Bereich des Gesetzes bewegt, das grundsätzlich die Ermächtigung ihres Handelns enthält. Sollte dieses Handeln

---

[231] Vgl. hierzu auch *Bachof*, Verfassungsrecht II, Nr. 400; *ders.*, Verfassungsrecht I, Nr. A 2; *v. Pestalozza*, BB 1971, 1415/1417.

B. Der Widerstand gegen eine Preisgabe des Finalitätsmerkmals

eine Enteignung enthalten, so ändert dies nichts an der jetzt gebotenen Messung an Art. 20 Abs. 3 GG, Art. 14 Abs. 3 S. 2 GG kommt überhaupt nicht ins Spiel. Anders gestaltet sich das Bild, greift man diejenigen Fälle auf, in denen das Gesetz zu eigentumsbindenden Maßnahmen ermächtigt, die Exekutivmaßnahme sich auch zunächst in diesem Rahmen bewegt, dann aber — möglicherweise durch ungebührliche Verzögerung — Schwere und Tragweite einer Enteignung erreicht. Eine derartige Entwicklung, deren Ursache allein im Bereich der Exekutive liegt, über Art. 14 Abs. 3 S. 2 GG dem Gesetzgeber anzulasten, der möglicherweise im gleichen Gesetz für derartige Fälle ein förmliches Enteignungsverfahren vorgesehen hat, vernachlässigt den Schutzzweck des Art. 14 Abs. 3 S. 2 GG. Hier muß angesichts der Junktimklausel eine verfassungsgerechte Auslegung eingreifen, die allein den enteignenden Akt aus dem Gesichtspunkt mangelnder gesetzlicher Grundlage als rechtswidrig ansieht, den Bestand des ursprünglich zugrundeliegenden Gesetzes aber unangetastet läßt[232].

Wieder eine andere Gruppe bilden die Fälle, in denen zwar eine gesetzliche Grundlage für das Handeln hoher Hand besteht, mit diesem Handeln aber unbeabsichtigte oder unerwartete Nebenfolgen enteignender Wirkung verbunden sind und eine Entschädigungsregelung gemäß Art. 14 Abs. 3 S. 2 GG fehlt. Sofern kein Anhaltspunkt für die Zurechnung der enteignenden Wirkung zum eigenen Entscheidungskreis der Exekutive ersichtlich ist — und davon soll hier ausgegangen werden —, können die oben genannten Grundsätze verfassungsgerechter Auslegung keine Geltung beanspruchen; denn der Zweck des Art. 14 Abs. 3 S. 2 GG zielt gerade auf den Schutz vor Gesetzen, die eine vom Gesetzgeber zu vermeidende oder zumindest zu entschädigende Enteignung enthalten. Unbeabsichtigte oder unerwartete Enteignungen, für die eine Entschädigung nicht vorgesehen ist, gehen hierbei nach der Zielrichtung des Art. 14 Abs. 3 S. 2 GG, der ausdrücklich den Gesetzgeber anspricht, zu dessen Lasten.

Auch eine verfassungskonforme Auslegung kann demnach nicht in allen Fällen unbeabsichtigter oder unerwarteter, nicht finaler Enteignungen Erleichterung für den Gesetzgeber bringen, wenn es um die Erfüllung des Verfassungsgebots von Art. 14 Abs. 3 S. 2 GG geht.

3. Die Möglichkeit einer Differenzierung zwischen Verfassungswidrigkeit und Nichtigkeit eines entschädigungslosen Enteignungsgesetzes

Die Untersuchung ergab bisher, daß außer der Möglichkeit vorsorglicher Entschädigungsregelung, die allerdings einen weiten Bereich der

---

[232] Beispielsweise BVerwGE 7, 297/300; 8, 288/292 f.

fraglichen Fälle abdeckt, kein Verfahren zur Verfügung steht, das die Last mindert, die Art. 14 Abs. 3 S. 2 GG dem Gesetzgeber durch die Preisgabe des Merkmals der Finalität beim Eigentumseingriff enteignender Wirkung aufbürdet. Insbesondere ist der Weg über eine Beschneidung des Geltungsbereichs der Formvorschrift des Art. 14 Abs. 3 S. 2 GG angesichts effektiven Grundrechtsschutzes, zu dem in gleichem Maße inhaltliche wie auch formelle Anforderungen[233] beitragen, nicht gangbar. Trotzdem scheint die Konsequenz des Verfassungswidrigkeits- im Sinne des Nichtigkeitsurteils bei Verstoß gegen Art. 14 Abs. 3 S. 2 GG hart, faßt man ins Auge, daß es sich nicht um einen inhaltlichen Verstoß gegen die den Bezirk personaler Freiheit sichernden Grundrechtsnorm handelt, sondern ein — in der Regel ungewolltes — Übergehen einer Formvorschrift vorliegt. Einen Ausweg aus dem Dilemma könnte möglicherweise die Differenzierung der verfassungsrechtlichen Reaktion auf einen Verstoß gegen die Junktimklausel[234] sein, wenn dies ohne Einbußen an der verfassungssichernden Kraft der Junktimklausel möglich wäre. So könnte man daran denken, ein Enteignungsgesetz, das keine Entschädigungsregelung enthält, für verfassungswidrig, nicht aber für nichtig zu erklären und den Gesetzgeber auf diese Weise zu verpflichten, in einer Novelle die Entschädigungsregelung im Wege rückwirkender Heilung nachzuholen. Der Feststellung eines Verstoßes gegen die Junktimklausel wäre dann die Wirkung eines Appells des Bundesverfassungsgerichts an den Gesetzgeber zuzumessen, den verfassungswidrigen Zustand alsbald zu beheben, anderenfalls die mangelhafte Vorschrift dem Urteil der Nichtigkeit verfällt. Diese Vorstellung gewollter Appellwirkung ist der Recht-

---

[233] Vgl. schon *Anschütz*, Kommentar zur WV, Grundrechte und Grundpflichten 5 b (S. 511): Die Grundrechte sind auf der einen Seite eine kasuistisch gefaßte Darlegung jenes allgemeinen formalen Prinzips, wonach die Verwaltungsorgane, dem Leitgedanken des Rechtsstaates entsprechend in Freiheit und Eigentum des Einzelnen nur auf Grund und innerhalb der Schranken des Gesetzes eingreifen dürfen (Prinzip der Gesetzmäßigkeit der Verwaltung); andererseits enthalten sie materiellrechtliche Grundsätze, welche als Richtlinien spezialgesetzlicher Ausgestaltung gedacht sind; auch *Smend*, Staatsrechtliche Abhandlungen, 309/318; *A. Arndt*, JZ 1965, 341; *Ehmke*, VVDStRL 20 (1963), 53/89, 92 ff. — unlösbarer Zusammenhang von Grundrecht und Kompetenz; *ders.*, Wirtschaft, 11 Fn. 24, 23 ff., 29 ff.; *Häberle*, DÖV 1966, 660/661; *Lerche*, VVDStRL 21 (1964), 66/77 f.; *Maiwald*, NJW 1969, 1424/1425 f.; *H. H. Rupp*, NJW 1966, 2037/2038 f.; vgl. in diesem Zusammenhange auch *Wintrich*, Laforet-Festschrift, 227/244; BVerwG DÖV 1968, 322. Vgl. zum Zusammensehen formeller und materieller Seiten die Grundrechtsschutzes aus der Rechtsprechung des Bundesverfassungsgerichts: Für Art. 2 Abs. 1 GG: BVerfGE 6, 32/38, 41; 6, 389/433; 7, 111/119; 9, 3/11; 9, 83/88; 10, 89/99; 10, 354/360; 11, 234/236 f.; 12, 296/308; 17, 306/313; 19, 206/215; 20, 150/154; 21, 54/69; 23, 288/300; BVerwGE 19, 339/341 f.; 30, 191/197 f. Für Art. 12 Abs. 1 GG: BVerfGE 9, 83/88; 13, 181/190; 14, 105/116; 15, 226/231. Für Art. 14 GG: 14, 263/278; 18, 121/132; 21, 73/76 f.; insbes. aber BVerfGE 24, 367/384 ff.

[234] Entsprechend auch für das Zitiergebot.

sprechung des Bundesverfassungsgerichts, wie sich gleich zeigen wird, durchaus nicht fremd.

a) Die Appellwirkung bundesverfassungsgerichtlicher Entscheidungen

Hier seien zunächst jene schon erwähnten Fälle angeführt, in denen es sich das Bundesverfassungsgericht versagte, eine Norm für nichtig zu erklären, mit der Begründung, daß eine verfassungsgemäße Regelung auf verschiedenen Wegen herbeigeführt werden könne[235].

Aufhorchen läßt in unserem Zusammenhang, daß das Bundesverfassungsgericht trotz § 78 BVerfGG, der im Falle festgestellten Verstoßes der Norm gegen das Grundgesetz dem Bundesverfassungsgericht die Nichtigkeitserklärung aufgibt, ausdrücklich darauf verweist, sich in derartigen Fällen auf die Feststellung des Verfassungsverstoßes beschränken zu müssen. Mögen auch die geschilderten Fälle schon allein deshalb aus dem Bereich des § 78 BVerfGG fallen, weil der Gesetzgeber überhaupt nicht tätig geworden ist, bleibt doch anzumerken, daß das Bundesverfassungsgericht nicht von einer vorgegebenen Gleichsetzung von Verfassungswidrigkeit und Nichtigkeit ausgeht, auch nicht ausgehen kann, sondern hier das Mittel einer Etikettierung als verfassungswidrig dazu benutzt, einen Appell an den Gesetzgeber zu richten, ihn zu verfassungsgemäßer Tätigkeit anzuregen[236].

Gleicher Appellwirkung dienen auch jene Entscheidungen des Bundesverfassungsgerichts, die besatzungsrechtliche Vorschriften für noch verfassungsgemäß halten. Eine Begründung hierfür sieht das Gericht darin, daß dieser Normenkomplex nur allmählich, nicht aber sofort und in toto ersetzt werden könne; der Gesetzgeber befinde sich auf dem Wege zum Grundgesetz hin[237]. Hier zielt der Appell auf weitere Anpassung.

Auf gleicher Linie bewegen sich die Entscheidungen des Bundesverfassungsgerichts zum Unehelichenrecht, nach denen erst dann die Nichtigkeitsfolge eintreten soll, wenn eine äußerste Frist für den Gesetzgeber verstrichen ist, innerhalb der eine verfassungsgemäße Regelung erreicht werden muß[238]. Hier sind auch die Erkenntnisse im Besoldungsrecht anzuführen, die sich trotz erkannter Verfassungswidrigkeit unzureichender Besoldungsvorschriften zu einer Nichtigkeitserklärung dieser Vorschriften nicht bereitfinden, da das Ergebnis einer solchen Erklärung dem Art. 33 Abs. 5 GG noch weniger entspräche[239].

---

[235] Vgl. oben Fn. 225, 226.
[236] Hierzu etwa *Frowein*, DÖV 1963, 857/860; *Rupp - v. Brünneck*, Müller-Festschrift, 355/369; vgl. weiter auch BVerfGE 18, 257/293; 21, 173/182 ff.; 25, 101/110 f.; 25, 236/256; 26, 100/112 f.
[237] BVerfGE 9, 63/71 f.; 12, 281/290; 15, 337/349 ff.; 18, 353/365 f.; 27, 253/282.
[238] Vgl. nur BVerfGE 25, 167/179 f., 184 ff.
[239] BVerfGE 8, 1/19 f.; 8, 210/216; 12, 326/336 ff.; 26, 44/62 f.; 26, 206/209 f.

Besondere Aufmerksamkeit verdienen gerade im Hinblick auf Verstöße gegen die Junktimklausel durch Gesetze, deren enteignende Wirkung sich erst im Laufe ihrer Geltungszeit herausschält, diejenigen Entscheidungen des Bundesverfassungsgerichts, die ein Gesetz auch dann als noch verfassungsgemäß ansehen, wenn diese Regelung den gewünschten Zweck nicht erreicht; sei es, weil sich die Lebensverhältnisse unvorhergesehenerweise nachträglich verändert haben und ihre weitere Entwicklung nicht abzusehen ist[240], oder sei es, weil der Gesetzgeber die Lebensverhältnisse von Anfang an falsch eingeschätzt und deshalb ungeeignete Regelungen getroffen hat. Das Bundesverfassungsgericht[241] wendet sich ausdrücklich dagegen, dem Gesetzgeber angesichts des von ihm geforderten raschen Handelns bei wirtschaftslenkenden Maßnahmen schon dann Willkür vorzuwerfen, wenn seine Prognose durch die Entwicklung nachträglich widerlegt wird. Ein gewisses zeitliches Nachhinken der Gesetzgebung müsse in Kauf genommen werden, da sich Veränderungen der wirtschaftlichen Lage nicht sofort in Rechtsvorschriften niederschlagen könnten[242].

b) Die „Kooperation" von Bundesverfassungsgericht und Gesetzgeber als Alternative zur „ipso iure" Nichtigkeit

Mag man auch die Entscheidungen des Bundesverfassungsgerichts in gewisse Gruppen systematisieren können, allgemeine Kriterien zur Feststellung des noch Verfassungsmäßigen ergeben sich aus einer derartigen Einteilung nicht. Bei der Entscheidung über das noch Verfassungsmäßige geht das Bundesverfassungsgericht pragmatisch vor[243], wobei es danach fragt, ob die besondere Situation es gebiete, die Regelung der erkannten Mängel noch für eine gewisse Zeit hinzunehmen. Die besondere Situation kann sich einmal aus der zeitlichen Entwicklung, aber auch aus den katastrophalen Folgen einer etwaigen Nichtigerklärung der angegriffenen gesetzlichen Regelung für das Staatsganze ergeben[244].

Diese Rechtsprechung läßt sich nur von der Funktion des verfassungsgerichtlichen Verfahrens her begreifen und billigen. Erkennt man an, daß sich die Aufgabe des Bundesverfassungsgerichts nicht nur darin er-

---

[240] BVerfGE 8, 1/9 f.; 12, 326/335 ff.; 12, 341/353 f.; 16, 130/142 f.; 16, 147/187 f.; 23, 242/254, 257 f.; 26, 100/112 f.; 26, 163/171.

[241] Insbes. BVerfGE 18, 315/332.

[242] Zu dem Problemkreis der Fehlprognose auch BVerfGE 16, 147/160, 187 ff.; 25, 1/12 f., 23 f.; 27, 375/390; jüngst auch BVerfGE 29, 402/410 f.; 30, 250/262 ff.; ferner: *Badura*, AöR 92 (1967), 382/386 f.; *Hoppe*, DÖV 1965, 546 ff. m. w. Nachw.; *Scholz*, Wirtschaftsaufsicht, 109 ff.; *Spanner*, StuW 1970, Sp. 377/382 f.; *Zacher*, AöR 93 (1968), 341/380 ff.; *v. Pestalozza*, AöR 96 (1971), 27/48 ff.

[243] *Maiwald*, BayVBl 1971, 90/91; *Rupp - v. Brünneck*, Müller-Festschrift, 355/372.

[244] Etwa BVerfGE 16, 130 ff./143 f. (Wahlkreiseinteilung); insbes. auch BVerfGE 21, 12/39 (UStG).

B. Der Widerstand gegen eine Preisgabe des Finalitätsmerkmals

schöpft, wirksamen Schutz der verfassungsrechtlichen Garantien durch sofortige Verwirklichung des Verfassungsrechtes zu erstreben, sondern es auch zu den Pflichten des Verfassungsgerichts gehört, die politischen Folgen seiner Entscheidung in seine Überlegungen mit einzustellen[245], so wandelt sich die verfassungsgerichtliche isolierte Nachprüfung gerügter Normen in eine loyale Zusammenarbeit von Verfassungsgericht und Gesetzgeber[246]. Eine derartige Sicht der Dinge läßt jedoch das Dogma einer „ipso iure" Nichtigkeit[247] hinter sich zurück[248] und versucht, die entstandenen Kollisionslagen durch Zusammenspiel von Verfassungsgericht und Gesetzgeber zu lösen, ohne daß deshalb die Verfassungssicherung Schaden nehmen müßte. Schon das BVerfGG enthält neben § 78, auf den sich die Anhänger der Nichtigkeitslehre berufen[249], in § 79 eine derartige Kollisionsregel; eine Vorschrift, deren Verfassungsmäßigkeit das Bundesverfassungsgericht schon mehrmals bestätigte[250]. Diese Norm ist ein

---

[245] *Chr. Böckenförde*, Nichtigkeit, 80 ff.: Situationsbedingte Verfassungswidrigkeit; *H. H. Klein*, Staatsraison, 32; *Leibholz*, Bundesverfassungsgericht, 61/70 f.; *Rupp*, JuS 1963, 469/472; *Rupp - v. Brünneck*, Müller-Festschrift, 355/365; *Wittig*, Staat 8 (1969), 137/149: Rechtsfälle müssen an Hand einzelner Erkenntnisgesichtspunkte (Topoi) sachgerecht gelöst werden. Im Rahmen dieser topischen Auslegungsmethode hat die Berücksichtigung evidenter politischer Folgen einen durchaus legitimen Platz; jüngst auch *Herbert Krüger*, DÖV 1971, 289/294; vgl. ferner *Häberle*, DÖV 1966, 660/661 f.; *Müller*, Normbereich, 12.

[246] Vgl. BVerfGE 6, 257/266; *Rupp - v. Brünneck*, Müller-Festschrift, 355/364 ff.; hierauf weist auch *v. Pestalozza*, AöR 96 (1971), 27/55 hin; *Hoffmann-Riehm*, DVBl 1971, 842/843.

[247] *A. Arndt*, NJW 1957, 361/367; DÖV 1959, 81 ff.; BB 1960, 1351; *Bachof*, AöR 87 (1962), 1/31 ff., 33; *Bettermann*, ZZP 72 (1959), 32/36; ders., AöR 86 (1961), 129/158; *Brinckmann*, Gesetz, 23; *Dagtoglou*, Ersatzpflicht, 8 ff.; *Forsthoff*, DÖV 1959, 41/42; *Frowein*, DÖV 1970, 591/592; *Geiger*, § 78 BVerfGG Anm. 4; *Jaenicke*, Haftung, 124; *Lechner*, § 78 BVerfGG Anm. 2; *Maunz* in Maunz-Sigloch, § 31 BVerfGG Anm. 18 f.; *Maurer*, DÖV 1963, 683; *v. Mohl*, 66 ff., 80 ff.; *Scheuner*, BB 1960, 1255; *Schwerdtfeger*, JuS 1970, 76; *Schmidt-Bleibtreu* in Maunz-Sigloch, § 80 BVerfGG Anm. 19; *Sigloch*, JZ 1958, 80 f.; hierzu auch *Weißauer-Hesselberger*, DÖV 1970, 325 m. w. Nachw. sub Fn. 5; vgl. auch BVerfGE 1, 14/37: Aus der Feststellung der Nichtigkeit des Gesetzes ergibt sich, daß es wegen Widerspruches mit dem Grundgesetz von Anfang an rechtsunwirksam war. Auch BVerfGE 7, 377/387; 8, 51/77; 14, 174/190; 21, 292/305; BGHZ 39, 48 f.

[248] Gegen dieses Dogma: *Chr. Böckenförde*, Nichtigkeit, passim; ders., DÖV 1967, 157 ff.; *Götz*, NJW 1960, 1177 ff.; *Haak*, Normenkontrolle, 157 ff.; *Hoffmann*, JZ 1961, 193 ff.; *Hoffmann-Riehm*, DVBl 1971, 842 ff.; ders., Betrieb 1971, 1734/1736; *Klein*, BVerfG und Staatsraison, 11 ff.; *D. Lorenz*, DVBl 1971, 165/168; *Maiwald*, BayVBl 1971, 90 ff.; *v. Pestalozza*, AöR 96 (1971), 27/53 ff.; *Puppe*, DVBl 1970, 317 ff.; *Wittig*, Staat 1969, 149; vgl. auch *v. Olshausen*, JZ 1967, 116/117, 119; *Rupp*, JuS 1963, 469; *Maunz* in Maunz-Dürig-Herzog, Art. 20 GG Anm. 62 - 64; *Lüke-Zawar*, JuS 1970, 205/210; *Rauschning*, Sicherung, 204 ff.; w. Nachw. bei *Weißauer-Hesselberger*, DÖV 1970, 325/326 Fn. 6.

[249] Vgl. hierzu *Chr. Böckenförde*, Nichtigkeit, 44 ff. (m. w. Nachw.), 50 ff., 127; *Maiwald*, BayVBl 1971, 90/91.

[250] BVerfGE 2, 380/404 f.; 7, 194/195 f.; 11, 263/265; 20, 230/235.

Indiz dafür, daß auch eine „ipso iure" Nichtigkeit mit ex-tunc Wirkung[251] nicht die Probleme aus dem Weg räumen kann, die eine — wenn auch verfassungswidrige Norm — allein durch ihr Vorhandensein und ihre Wirkungskraft hervorbringt[252]; denn auch die verfassungswidrige Norm ist kein Nichtakt, sie existiert, an ihr Bestehen knüpfen sich Wirkungen, und zwar nicht nur faktischer, sondern auch rechtlicher Art[253]. Hinzukommt, daß der juristische Zweckbegriff der Nichtigkeit mit der zunehmenden Entwicklung des heutigen Instrumentariums von Rechtsschutzmitteln seine frühere Rechtsschutzfunktion im Verwaltungsrecht immer mehr ablegte und heute überhaupt nur noch in ganz engen Grenzen verwendet oder gar vollständig verabschiedet werden sollte[254]. Auch im verfassungsrechtlichen Bereich kann angesichts der grundgesetzlichen Verfassungslage das Fehlen von Rechtsschutz gegenüber verfassungswidrigen Normen nicht geltend gemacht werden[255]. Überdies würde eine konsequente Nichtigkeitslehre hier alles über einen Kamm scheren[256]. Verfassungswidrige Normen und die Beseitigung ihrer Wirkungen verlangen jedoch nach differenzierterem Vorgehen. Auf die Problematik eines Verstoßes gegen Art. 14 Abs. 3 S. 2 GG gewendet bedeutet dies, daß ein Enteignungsgesetz, das keine den Art. 14 Abs. 3 S. 2, 3 GG entsprechende Entschädigungsregelung enthält, zwar verfassungswidrig ist, nicht aber gleichzeitig schlechthin nichtig sein muß[257].

---

[251] Im Sinne einer Nichtigkeit ab Kollisionsfall zu verstehen; *v. Pestalozza*, AöR 96 (1971), 27/49 Fn. 66; *Weißauer-Hesselberger*, DÖV 1970, 325; vgl. auch *Jaenicke*, Haftung, 124: Nichtigkeit ab initio, m. w. Nachw.

[252] Etwa *Chr. Böckenförde*, Nichtigkeit, 121; *Maiwald*, BayVBl 1971, 90/91; hierzu auch *Rupp*, JuS 1963, 469/472 f.

[253] *A. Arndt*, NJW 1959, 863/864: Ein verfassungswidriges Gesetz ist zu keinem Zeitpunkt in Geltung, es bewirkt allenfalls einen Rechtsschein, der mit der verfassungsgerichtlichen Nichtigkeitserklärung beseitigt wird; *Geiger*, § 78 BVerfGG Anm. 4; vgl. auch *Lüke-Zawar*, JuS 1970, 205/210; *Maisch*, NJW 1959, 1476; vgl. weiter zum Rechtsschein einer verfassungswidrigen Norm *Chr. Böckenförde*, Nichtigkeit, 101 ff.; *Scheuner*, BB 1960, 1253/1255.

[254] Zu diesen Fragen *D. Lorenz*, DVBl 1971, 165/167 m. w. Nachw.; *Lerche*, Ordentlicher Rechtsweg, 47 ff.; *Forsthoff*, Verwaltungsrecht I, 219; *Wolff*, Verwaltungsrecht I, § 51 I b 3 (S. 336).

[255] Vgl. hierzu BVerfGE 24, 33/48 f.: Art. 19 Abs. 4 GG gewährleistet keinen Rechtsschutz des einzelnen gegen ein ihn unmittelbar belastendes Gesetz, da öffentliche Gewalt im Sinne des Art. 19 Abs. 4 GG nicht die gesetzgeberische Tätigkeit umfaßt. Inzwischen ist jedoch die Verfassungsbeschwerde (auch gegen Normen) verfassungsrechtlich garantiert — Art. 93 Abs. 1 Ziff. 4 lit. a GG; vgl. zum Aspekt der Verfassungssicherung *Chr. Böckenförde*, Nichtigkeit, 109.

[256] Einem Nichtigkeitsurteil der Norm schließt sich ferner die Frage nach der rechtlichen Qualifizierung der auf ihr beruhenden Akte an: *Arndt*, NJW 1959, 863/864: Mit verfassungsgerichtlicher Nichtigkeitserklärung ist die Nichtigkeit der Norm evident und auch der auf ihr beruhende Verwaltungsakt nichtig; ebenso *Dagtoglou*, Ersatzpflicht, 8 ff.; *Maunz*, Wirtschaftsverwaltungsrecht, 484/492; *Debelius*, jur. Diss., 24; die überwiegende Meinung geht demgegenüber von Anfechtbarkeit aus. Vgl. die Nachw. in Fn. 91 (Teil II).

[257] So aber die oben Fn. 50 (Teil II) referierte Literatur.

B. Der Widerstand gegen eine Preisgabe des Finalitätsmerkmals

Nichtigkeitsfolge durch verfassungsgerichtlichen Spruch aber dann, wenn dem Gesetzgeber der Mangel einer Entschädigungsregelung vorzuwerfen ist[258]? Damit hätte der verfassungswidrige Wille des Gesetzgebers, dessen Maßgeblichkeit für die Feststellung eines Verstoßes gegen Art. 14 Abs. 3 S. 2 GG schon abgelehnt wurde[259], in ganz spezieller Weise doch noch Bedeutung gewonnen. Kriterium des verfassungswidrigen Willens des Gesetzgebers als Voraussetzung einer Nichtigerklärung des gegen Art. 14 Abs. 3 S. 2 GG verstoßenden Gesetzes sollen Erkennbarkeit und Behebbarkeit der Verfassungswidrigkeit sein. Entscheidend für die Erkennbarkeit sei Evidenz, für die Behebbarkeit des Mangels die Gelegenheit für den Gesetzgeber, in Kenntnis des Mangels der Verfassung gemäß zu verfahren[260].

Die Evidenz spielt in der Rechtsprechung des Bundesverwaltungsgerichts — wenn auch in anderem Zusammenhange — eine besondere Rolle[261]. Nach der dort vertretenen Evidenztheorie führt ein besonders schwerer Form- oder Inhaltsfehler, der mit der Rechtsordnung unter keinen Umständen vereinbar ist und überdies — für einen urteilsfähigen Bürger — offenbar sein muß, zur Nichtigkeit des Verwaltungsaktes[262]. Wann aber ist für den Gesetzgeber die enteignende Wirkung seiner Norm evident? Ist dies der Fall, wenn der Gesetzgeber unbedingt mit Enteignungswirkung rechnen mußte, wobei man hier entweder auf das subjektive Vermögen des Gesetzgebers oder die objektive Zielrichtung des Gesetzes abstellen könnte, oder ist maßgeblich das gerichtliche Erkenntnis über die Enteignungswirkung seiner Norm? Mit dem Kriterium der Evidenz würden diejenigen Unwägbarkeiten, deren man sich bei der Feststellung der Verfassungswidrigkeit so weit wie möglich entledigt hatte, bei der Entscheidung über die Nichtigkeit wieder eingekehrt sein. Für die Lösung der Schwierigkeiten, die um die Junktimklausel lagern, muß man hier von einer einheitlichen Betrachtungsweise ausgehen und darf sich nicht auf den schwankenden Boden einer Bestimmung von evidentem und nicht offensichtlichem Verfassungsverstoß begeben.

---

[258] *v. Pestalozza*, AöR 96 (1971), 27/53.
[259] Vgl. oben S. 68 ff.
[260] *v. Pestalozza*, AöR 96 (1971), 27/55; abl. *Chr. Böckenförde*, Nichtigkeit, 28 (Fn. 24).
[261] BVerwGE 19, 284/287; 23, 237/238; 27, 295/299; BVerwG BayVBl 1971, 21 ff.; insbes. BVerwG NJW 1971, 578; *Chr. Böckenförde*, Nichtigkeit, 24; BVerfG DÖV 1971, 741.
[262] Ganz allgemein zur Evidenztheorie: *Achterberg*, DÖV 1963, 331 ff.; *Forsthoff*, Verwaltungsrecht I, 219 m. w. Nachw.; *Heike*, DÖV 1962, 416 f.; abl. *Quidde* und *Thieme*, DÖV 1963, 339 ff.; *Wolff*, Verwaltungsrecht I, § 51 I b 3 (S. 336).

c) Die Feststellung eines entschädigungslosen Enteignungsgesetzes und die Möglichkeit rückwirkender Heilung durch nachträgliche gesetzliche Entschädigungsregelung

Geht man nun von den entwickelten Grundsätzen aus, so ist jeder Verstoß gegen das Erfordernis gleichzeitiger Entschädigungsregelung bei einem enteignend wirkenden Gesetz zunächst mit dem Urteil der Verfassungswidrigkeit zu belegen, nicht aber ist das Gesetz sogleich für nichtig zu erklären. Mit dem Urteil der Verfassungswidrigkeit ist dem Gesetzgeber gleichwohl entsprechend der referierten Rechtsprechung eine gewisse Frist einzuräumen[263], innerhalb derer der Gesetzgeber die ihm gebotene Möglichkeit der Kooperation, d. h. der Gesetzesverbesserung, wahrnehmen kann, will er die Folge der Nichtigerklärung abwehren[264].

Wird die Verfassungswidrigkeit einer Enteignungsnorm wegen Verstoßes gegen Art. 14 Abs. 3 S. 2 GG festgestellt, so kommt diese Feststellung einer ex-nunc-Vernichtung nahe, hebt sich in den maßgebenden Punkten deutlich genug von dieser ab. So wächst dem Urteil des Bundesverfassungsgerichts über die Verfassungswidrigkeit nach § 31 Abs. 2 BVerfGG n. F.[265] wie im Falle einer Nichtigerklärung Gesetzeskraft zu[266], Gerichte und Verwaltungsbehörden sind also durch die Entscheidung gebunden; trotzdem hat die Enteignungsnorm mit dem Urteil der Verfassungswidrigkeit im Gegensatz zu einer Nichtigerklärung ihre alte Wirkungskraft noch nicht endgültig eingebüßt. Bis zur Neuregelung oder dem Ablauf der Regelungsfrist und dem dann nicht mehr zu vermeidenden Nichtigkeitsurteil besteht die Enteignungsnorm weiter[267]. Hieraus kann aber nicht gefolgert werden, daß die Entscheidung des Bundesverfassungsgerichts ausschließlich Bedeutung für den Gesetzgeber habe, demnach Gerichte und Verwaltung das verfassungswidrige Gesetz bis zu einer neuen gesetzlichen Regelung oder endgültigen Nichtigerklärung weiter anwenden müssen[268]. Die Feststellung, daß das „nur" für verfassungswidrig erklärte Gesetz nicht vernichtet wurde, bedeutet nicht, daß

---

[263] Ist keine Frist ausdrücklich gesetzt, so gilt eine „angemessene" Frist; BVerfGE 15, 337/349 f.; vgl. ferner BVerfGE 6, 257/265 f.
[264] Eingehend zu diesen Fragen v. *Pestalozza*, AöR 96 (1971), 27/67 ff.; *Chr. Böckenförde*, Nichtigkeit, 127 ff.; *Rupp*, JuS 1963, 469/471, 473.
[265] Änderungsgesetz vom 21. 12. 1970, BGBl I 1765.
[266] Zur Begründung der Änderung des § 31 Abs. 2 BVerfGG vgl. den schriftlichen Bericht des Rechtsausschusses vom 26. 11. 1970, BT-Drucks. VI/1471 S. 5; ferner *Hoffmann-Riehm*, DVBl 1971, 842; vgl. für die Rechtslage nach § 31 BVerfGG a. F.: *Maiwald*, BayVBl 1971, 90/93 gegen *Runge*, Betrieb 1970, 1661 und *Schmidt-Bleibtreu*, BB 1970, 1172; vgl. *Leibholz-Rinck*, Art. 31 GG Anm. 3.
[267] *Chr. Böckenförde*, Nichtigkeit, 77, 137; *Flume*, Betrieb 1970, 1507; *Hoffmann-Riehm*, DVBl 1971, 842/843; *Kleeberg*, BB 1970, 964/965.
[268] *Flume*, Betrieb 1970, 1507; *Kleeberg*, BB 1970, 964/965; *Spanner*, StRK, Anm. zu BVerfG 1 BvL 17/67 Beschl. v. 11. 5. 1970, EinkStG § 4 GewVerwR 22.

B. Der Widerstand gegen eine Preisgabe des Finalitätsmerkmals

nun die Staatsorgane angesichts ihrer Gesetzesverpflichtetheit gehindert wären, von einer Anwendung der betreffenden Norm Abstand zu nehmen. So hat auch das Bundesverfassungsgericht für den Anlaßfall bei der Verfassungsbeschwerde gegen eine gerichtliche Entscheidung mehrfach entschieden, daß das Gericht, an das gemäß § 95 Abs. 2 BVerfGG zurückzuverweisen ist, das Verfahren solange auszusetzen hat, bis der Gesetzgeber tätig geworden ist[269]. Gleicher Auffassung war das Bundesverfassungsgericht im Bereich der konkreten Normenkontrolle nach Art. 100 Abs. 1 GG[270]. Obwohl Art. 100 Abs. 1 GG eine Aussetzung nur bis zum Zeitpunkt der Entscheidung des Bundesverfassungsgerichts zuläßt, ordnete das Gericht in den genannten Entscheidungen gleichwohl die Fortdauer der Aussetzung bis zur gesetzlichen Neuregelung an. Zu einer Aussetzungsbefugnis der Exekutive in derartigen Fällen äußerte sich das Bundesverfassungsgericht bis auf eine — ebenfalls bejahende — Pressemitteilung[271] bisher nicht. Faßt man ins Auge, daß das Grundgesetz verfassungswidrige Hoheitsakte verhindern will, wie sich aus den Art. 1 Abs. 3, 19 Abs. 4, 20 Abs. 3 GG ergibt, muß eine Gesetzesbindung der Verwaltung im Falle eines als verfassungswidrig festgestellten Gesetzes versagen; denn ein weiterer Vollzug dieses Gesetzes würde auch die auf ihm beruhenden Hoheitsakte dem Urteil der Verfassungs- und Rechtswidrigkeit unterwerfen. Somit bleibt als einzige Alternative, die weder dem Spruch des Bundesverfassungsgerichts die Achtung versagt noch zukünftiger gesetzlicher Regelung vorgreift, die Aussetzungspflicht auch im Bereich der Exekutive[272]. Ein solches Verfahren verhindert darüber hinaus die Entstehung zuzüglicher Schwierigkeiten bei späterer rückwirkender Verbesserung des verfassungswidrigen Gesetzes durch den Gesetzgeber.

Wie im Zivilrecht[273] und im Verwaltungsrecht[274] ist auch im Staatsrecht[275] eine Heilung nichtiger Akte grundsätzlich nicht möglich. Hat man sich aber aus den genannten Gründen von der Gleichsetzung der Verfassungswidrigkeit mit der Nichtigkeit einer Norm getrennt, muß die prinzipielle Möglichkeit einer Heilung verfassungswidriger Normen ins Auge gefaßt werden. Insbesondere, wenn der Verfassungsverstoß in der Nichtbeachtung von Zulässigkeitsbedingungen besteht, wie z. B. der Nicht-

---

[269] Vgl. BVerfGE 22, 234/362 f.; 23, 1/11 f.; 29, 101/111; 29, 57/71.
[270] BVerfGE 28, 324/363.
[271] Abgedruckt in JZ 1970, Umschlagseite 184.
[272] So auch *Maiwald*, BayVBl 1971, 90/93 m. w. Nachw. Fn. 35; *v. Pestalozza*, AöR 96 (1971), 27/35 Fn. 25; *Hoffmann*, JZ 1961, 193/201 f.; *Arndt*, NJW 1957, 361/363; vgl. auch das differenzierende Vorgehen von *Hoffmann-Riehm*, DVBl 1971, 842/845 ff.; ders., Betrieb 1970, 1734/1736.
[273] Ausnahme: Nichtigkeit wegen Formfehler, hier ist Heilung durch Erfüllung möglich; §§ 313 S. 2; 518 Abs. 2, 766 S. 2, 2301 Abs. 2 BGB.
[274] Etwa *Lüke-Zawar*, JuS 1970, 205/212.
[275] *Lüke-Zawar*, JuS 1970, 205/211.

befolgung des Art. 14 Abs. 3 S. 2 GG, sollte der Gesetzgeber — gerade auch unter dem Gesichtspunkt der immer wieder betonten Kooperation mit dem Verfassungsgericht — die Chance besitzen, seinen Fehler zu reparieren, das Enteignungsgesetz mit der neu eingefügten Entschädigungsregelung auf den der Verfassung entsprechenden Stand zu bringen. Hierunter leidet weder die von Art. 14 Abs. 3 S. 2 GG bezweckte Verfassungssicherung noch unterscheidet sich das Ergebnis von dem Neuerlaß der infolge der Entschädigungsregelung nun verfassungsgemäßen Norm, die sich gleichzeitig Rückwirkung beimißt. Einer derartigen Rückwirkung eines Ersatzgesetzes, das ausschließlich Formmängel behebt, stehen auch seitens der verfassungsgerichtlichen Rechtsprechung[276] keine Bedenken entgegen: Das Vertrauen des Bürgers auf Aufhebung seiner Verpflichtung ist dann nicht geschützt, wenn das verpflichtende Gesetz deshalb verfassungswidrig ist, weil es an Formmängeln leidet. Der Bürger muß damit rechnen, daß die Formmängel beseitigt und die alte Verpflichtung rückwirkend wieder eingeführt wird[277].

Kann demnach der Gesetzgeber einen Verstoß gegen Art. 14 Abs. 3 S. 2 GG dadurch heilen, daß er dem Enteignungsgesetz eine Entschädigungsregelung einfügt, so erwächst dieser — rückbezogenen — Heilung auch kein Widerstand aus dem prozessualen Grundsatz, daß ausschlaggebend in Anfechtungssachen die Sach- und Rechtslage zur Zeit der letzten Verwaltungsentscheidung sei[278]. Dieser Auffassung hat sich auch die neuere verwaltungsgerichtliche Rechtsprechung angeschlossen, die Verwaltungsakte selbst dann als rechtmäßig ansieht, wenn sie durch eine

---

[276] BVerfGE 7, 89/94: Der Gesetzgeber kann u. U. eine nichtige Bestimmung rückwirkend durch eine nicht zu beanstandende Norm ersetzen; BVerfGE 13, 261/272; 20, 230/235; insbes. auch BVerfGE 15, 306 ff.; 16, 213; hierzu *Chr. Böckenförde*, Nichtigkeit, 142 ff.

[277] Etwa BVerfGE 13, 215/224 f.; 22, 330/348; zum Verhältnis von formellen zu inhaltlichen Mängeln eines Gesetzes: *Battis*, Erwerbsschutz, 62 ff.; *Bender*, Staatshaftungsrecht, Rz. 107 (S. 73) m. w. Nachw. in Fn. 272; *Häberle*, DÖV 1966, 660/661; *Chr. Böckenförde*, Nichtigkeit, 30; *Jaenicke*, VVDStRL 20 (1963), 135/152, 161; *Luhmann*, Entschädigung, 119; *Rauschning*, Sicherung, 204 ff.

[278] Vgl. BVerwGE 1, 35/36; 2, 55/57; 2, 259; 15, 278; 20, 316; BVerwG MDR 1965, 603; auch BVerwGE 34, 155; 35, 249/250 f.; OVG Berlin GewArch 1962, 130; auch *Bähr*, Rechtslage, 26 ff. m. w. Nachw.; *Köhler*, DVBl 1959, 650; *Ule*, § 108 VwGO Anm. III 1; *Schweiger*, DVBl 1964, 205; a. A. für die sog. Dauerverwaltungsakte: BVerwG NJW 1961, 1834; BVerwGE 22, 16; BVerwG DVBl 1968, 150; auch BSGE 7, 129; *Bähr*, Rechtslage, 139 ff.; *Bachof*, JZ 1954, 416; *ders.*, JZ 1958, 301; *Badura*, Wirtschaftsverfassungsrecht, 151 ff., 157 ff.; *Menger-Erichsen*, VerwArch 56 (1965), 374/389; *Czermak*, NJW 1967, 1263; *Martens*, DÖV 1964, 367; *Rupp*, Grundfragen, 173 ff.; kritisch *Ule-Sellmann*, JuS 1967, 308; *Schweiger*, DVBl 1966, 387; *ders.*, NJW 1966, 1899. Weiterhin war das Bundesverwaltungsgericht bei Anfechtungsklagen in Bausachen schon immer der Ansicht, daß hier im Rahmen der Beurteilung der Rechtmäßigkeit des angefochtenen Verwaltungsaktes auch die erst im Laufe des Prozesses wirksam gewordenen Rechtsänderungen zu berücksichtigen sind: BVerwGE 5, 351; 6, 321.

nach ihrem Erlaß verkündete Ortssatzung gedeckt werden, und sich die Satzung rechtmäßig rückwirkende Kraft auf den Zeitpunkt des Erlasses jener Verwaltungsakte beimißt[279].

C. Das Resultat

Vergegenwärtigt man sich im Rückblick noch einmal die Aufgabenstellung der Junktimklausel, so ergibt sich, daß Art. 14 Abs. 3 S. 2 GG keinen formalisierten Enteignungsbegriff im Sinne zielgerichteten Eingriffs voraussetzt; denn angesichts der Möglichkeiten vorsorglicher Bestimmung von Entschädigungspflicht und Grundsätzen der Entschädigungsbemessung sowie rückwirkender Heilung des verfassungswidrigen, weil entschädigungslosen, Enteignungsgesetzes durch nachträgliche Entschädigungsregelung kann nicht davon gesprochen werden, daß die Junktimklausel dem Gesetzgeber bei Preisgabe des Finalitätserfordernisses Unmögliches auferlege. Art. 14 Abs. 3 S. 2 GG paßt sich mit der hier gegebenen Auslegung zwanglos in jene eingangs berichtete Entwicklung grundrechtlichen Schutzes ein, die sich von der Voraussetzung formalisierter Beeinträchtigungen weg und zu einer materiellen Betrachtung hin bewegt.

---

[279] Ausdrücklich BVerwG BayVBl 1971, 189; OVG Münster DVBl 1970, 427/430 (2. Senat) gegen seine frühere Ansicht (OVGE 23, 214) und gegen den 3. Senat desselben Gerichts (OVGE 23, 63); OVG Lüneburg DVBl 1970, 288/289.

Dritter Teil

Die Unmittelbarkeit des Eigentumseingriffes als Ersatz für das verabschiedete Finalitätsmerkmal

A. Tragweite und Bedeutung des Begriffes der Unmittelbarkeit

Hält man sich die Entwicklung des Eingriffsbegriffes vor Augen, so gewinnt man den Eindruck, daß angesichts der Preisgabe des Finalitätsmerkmals, d. h. des Erfordernisses zielgerichteten, willentlich und wissentlich erfolgenden hoheitlichen Eingriffs, der Handlungsbestandteil des Eingriffsbegriffes nunmehr bedeutungslos geworden ist, und alles Gewicht auf der Komponente des Effekts liegt. Konsequenz einer solchen Auffassung wäre die erhebliche Ausweitung staatlicher Entschädigungsverpflichtung; denn das Finalitätsmerkmal übte eine entscheidende haftungsbegrenzende Funktion aus. Ziel der Preisgabe der Finalitätsvorstellung war allerdings nicht eine uneingeschränkte Ausweitung der Entschädigungsverpflichtung, sondern vielmehr die Gleichstellung von Beeinträchtigungen nachhaltiger, schwerwiegender Wirkung mit gleichwertigen, aber zielgerichteten Eigentumsbeschneidungen. Das Eingrenzungsproblem bleibt also bestehen, nur ist das bisher haftungsbegrenzende Kriterium entfallen; die notwendige Eingrenzung ist neu — dem Schutzzweck des Art. 14 GG besser entsprechend — vorzunehmen. Allein die Feststellung, daß der von Art. 14 GG geschützte Bereich berührt wurde, kann noch nicht grundrechtlichen Schutz aktualisieren. Neben die Beschneidung eigentumskräftig verfestigter und somit von Art. 14 GG gewährleisteter Positionen muß die Zurechenbarkeit dieser Beeinträchtigungen zur hohen Hand treten[1]. Unzuträglichkeiten, die ein formalisierter Begriff im Sinne des überkommenen Eingriffsbegriffs mit sich gebracht hat, dürfen jedoch nicht dazu führen, das Instrumentkriterium des Eingriffsbegriffes beim grundrechtlichen Eigentumsschutz völlig über Bord zu werfen und alles Heil in einer Bestimmung des Schutzumfanges der Norm zu suchen[2]. Wollte man aber auch auf diesem Wege einer Ausufe-

---

[1] *Luhmann*, Entschädigung, 168; *R. Schneider*, VerwArch 58 (1967), 301/306; *Wagner*, NJW 1966, 569; ders., Jahrreiß-Festschrift, 441/449; *Ossenbühl*, JuS 1971, 575/578 ff.

[2] Vgl. oben Fn. 31 (Teil II).

A. Tragweite und Bedeutung der Unmittelbarkeit

rung der Entschädigungsverpflichtung entgegenwirken, droht die Gefahr, Eingrenzungsüberlegungen, die nicht unmittelbar der Feststellung des geschützten Eigentumsbereiches dienen, doch dort zu treffen, obwohl sie ihren eigentlichen Platz woanders, nämlich im Bereich der geforderten eigenständigen Zurechenbarkeitsbestimmung haben. Ein derartiges Verfahren führte neben einer bloßen Problemverschiebung in der Sache selbst nur zu terminologischer Verwirrung.

Der Bundesgerichtshof versuchte nach Wegfall des Finalitätserfordernisses mit Hilfe des Kriteriums unmittelbaren Zugriffes auf den Schutzbereich des Art. 14 GG eine Eingrenzung herbeizuführen. Für den Tatbestand eines Eingriffs enteignender Wirkung ist nach dieser Rechtsprechung erforderlich, aber auch genügend, daß die hoheitliche Maßnahme *unmittelbar* und nicht nur mittelbar eine Beeinträchtigung des Eigentums bewirkt[3]. Tragweite und Bedeutung des von der Rechtsprechung als Korrektiv verwendeten Begriffs der Unmittelbarkeit sind allerdings unklar[4]. So wurden vielfach Stimmen laut[5], die eine Verwendung des Unmittelbarkeitsmerkmals rundweg ablehnten, weil es als unscharfes, rechtlich problematisches und keineswegs eindeutiges Abgrenzungskriterium einer im Bereich der Grundrechtsdogmatik brauchbaren und überzeugenden Verfeinerung nicht zugänglich sei[6].

Dem Begriff der Unmittelbarkeit haftet in der Tat inhaltliche Unschärfe an. So lassen sich insbesondere der rein sprachlichen Unterscheidung zwischen „mittelbar" und „unmittelbar" keine Merkmale einer Begriffsabgrenzung abgewinnen. In der Sache selbst ist jedoch kein Fortschritt erzielt, verzichtet man anbetrachts dieser Schwierigkeiten auf den

---

[3] Auch etwa *Bender*, Staatshaftungsrecht, Rz. 39 (S. 29); *Bull*, DÖV 1971, 305/306; *Jaenicke*, Haftung, 84, 89; *Keßler*, DRiZ 1967, 374/375; *Kreft*, Aufopferung, 25; *Kröner*, Eigentumsgarantie, 20 ff.; *Merk*, Verwaltungsrecht II, 1535, 1708.

[4] BGHZ 29, 65/71; *Bender*, DÖV 1968, 156/160; ders., Staatshaftungsrecht, Rz. 39 (S. 29 f.); *Koppensteiner*, BB 1967, 217/221; *Peter*, JZ 1968, 226/227; *Rüfner*, BB 1968, 881/883; *Schack*, DÖV 1965, 616/619.

[5] *Bender*, Staatshaftungsrecht, Rz. 39 (S. 30); *Bull*, Verwaltung, 163; ders., DÖV 1971, 305/306; *Gallwas*, BayVBl 1965, 40/42; ders., Beeinträchtigungen, 125; *Friauf*, VVDStRL 27 (1969), 1/15; *Janssen*, NJW 1962, 939/943; *Konow*, Eigentumsschutz, 64; *Maunz* in Maunz-Dürig-Herzog, Art. 14 GG Anm. 86: Unmittelbarkeit reiner Wertungsmaßstab; *Nipperdey*, NJW 1967, 1985/1990; *E. Schneider*, NJW 1967, 1750/1754: Unmittelbarer Eingriff leere Worthülse; *E. Wolf*, Festschrift für Fritz v. Hippel, 665/681; *Zinkeisen*, jur. Diss., 93; zu den Abgrenzungsschwierigkeiten auch *Baumbach-Hefermehl*, Wettbewerbsrecht I, Allgemein Rz. 118 f. (S. 72 f.); abl. auch *Fikentscher*, Kronstein-Festgabe, 261/288 ff.

[6] *Battis*, Erwerbsschutz, 29 f.; *Gallwas*, Beeinträchtigungen, 24 f. (Fn. 41); *Nipperdey*, NJW 1967, 1985/1990: Unter dem Deckmantel des Begriffs der Unmittelbarkeit müssen erst konkrete Fallgruppen herausgearbeitet werden, bis einigermaßen vorhersehbar ist, welches Verhalten in dem jeweiligen rechtlichen Zusammenhang erfaßt werden soll.

Begriff der Unmittelbarkeit[7]; das Problem notwendiger Abgrenzung von entschädigungspflichtigen zu entschädigungsfreien (im Sinne der hohen Hand nicht zuzurechnenden) Eigentumsbeschneidungen bleibt bestehen.

Immerhin beansprucht der Unmittelbarkeitsbegriff, indem er auf eine gewisse enge Beziehung zwischen eingetretener Beeinträchtigung und diese auslösender Maßnahme hinweist, Geltung als erster Orientierungspunkt; denn er trägt hiermit der Überlegung Rechnung, daß entfernt liegende Rechtsbeschneidungen aus der grundrechtlichen Wirkungssphäre herausgehalten werden sollen[8]. Rechtfertigung fände ein eingrenzendes Vorgehen über das Unmittelbarkeitsmerkmal darüber hinaus dann, wenn sich unter der Begriffshülle der Unmittelbarkeit Begrenzungskriterien finden lassen, die speziell hier, nämlich der näheren Aufhellung notwendiger Zurechnung zum Handeln hoher Hand, beheimatet sind, und der eigentliche Standort der gefundenen Eingrenzung nicht bei der Feststellung des verletzten Eigentumsrechts, der Sozialbindung oder etwa bei der Entschädigungsbemessung ist[9].

Die Unmittelbarkeit einer Rechtsbeschneidung durch das Handeln hoher Hand, die die Rechtsprechung des Bundesgerichtshofs als Merkmal notwendiger Zurechnung im Enteignungsrecht fordert, spielt nicht nur hier eine maßgebliche Rolle als Haftungsbegrenzungskriterium. Ein Blick auf das Gebiet zivilrechtlicher Schadensersatzrechtsprechung zeigt, daß auch dort der Begriff der Unmittelbarkeit vielfach zur Bestimmung noch zu entschädigender Rechtsbeeinträchtigungen sowie deren Auswirkungen herangezogen wird.

So sollte beispielsweise nach der Rechtsprechung des Reichsgerichts[10] der eingerichtete und ausgeübte Gewerbebetrieb nur dann verletzt sein, wenn sich der Eingriff unmittelbar gegen den Bestand des Gewerbe-

---

[7] *Scholz*, WRP 1968, 315/317; ders., Wirtschaftsaufsicht, 44; *Gallwas*, Beeinträchtigungen, 124 f.

[8] *Bettermann*, MDR 1957, 672/673; *Bender*, NJW 1965, 1297/1300; *Hamann*, BB 1962, 505/506; *Kind*, jur. Diss., 15, 88 f.; *Kröner*, Eigentumsgarantie, 25; *Reißmüller*, JZ 1960, 121/122 f.; *Salzwedel*, AöR 87 (1962), 82/102; *Schack*, JZ 1960, 625/627; ders., JZ 1961, 373; *E. Schneider*, DRiZ 1968, 190/191; *Wagner*, NJW 1966, 569 ff.; ders., Jahrreiß-Festschrift, 441/467 ff.

[9] Vgl. aber *Battis*, Erwerbsschutz, 30: Die Ausuferung der Entschädigung kann, wie die Rechtsprechung der Sache nach zeigt, anläßlich der Bewertung der Opferlage vermieden werden. Eines Rückgriffs auf die Gezieltheit oder Unmittelbarkeit des Eingriffs bedarf es dann ebensowenig wie der Beschränkung auf positives Tun; vgl. auch *Gallwas*, Beeinträchtigungen, 123 ff.

[10] RGZ 79, 224 (Überlandzentrale); RGZ 100, 213 (städtischer Friedhof); RG Recht 1924, 537; RG GRUR 35, 577/583 (Bandmotiv); RG GRUR 40, 375/378 (Naturessig); RG GRUR 42, 54 (Abtrennmesser): Jede Beeinträchtigung genügt, es ist nicht erforderlich, daß sie unmittelbar gegen den Bestand gerichtet; RGZ 126, 96: Der Eingriff muß das Recht unmittelbar verletzen und darf nicht nur wirtschaftliche Gefahren bringen; vgl. auch RGZ 158, 377; 163, 21/32 (Taxi).

A. Tragweite und Bedeutung der Unmittelbarkeit

betriebes gerichtet habe. Dies sei aber nicht der Fall, wenn nur eine nachteilige Einwirkung auf den Ertrag des Geschäftes vorliege. Ähnliches findet sich in der Rechtsprechung des Bundesgerichtshofes[11]. Unmittelbarkeit des Eingriffs in den eingerichteten und ausgeübten Gewerbebetrieb soll hiernach dann zu bejahen sein, wenn der Eingriff betriebsbezogen ist und nicht vom Gewerbebetrieb ohne weiteres ablösbare Rechte oder Rechtsgüter betrifft.

In diese Richtung können unsere Untersuchungen allerdings nicht gehen; denn ein Begriff der Unmittelbarkeit, der es zu seiner tatbestandsmäßigen Erfüllung als entscheidend ansieht, ob der Zugriff hoher Hand auf Positionen trifft, die ohne weiteres vom Eigentum ablösbar sind, illustriert allenfalls den — auf anderer Stufe zu prüfenden — von Art. 14 GG geschützten Rechtsumfang, nicht aber erlaubt er näheren Aufschluß über die zu klärende Zurechnung von Rechtsbeschneidungen und deren Auswirkungen zum Vorgehen hoher Hand. Sähe man die Dinge dennoch in der gerade beschriebenen Weise, so erschienen jene Stimmen[12] durchaus plausibel, die darauf hinweisen, daß vermögenswerte Rechtsposition und Unmittelbarkeit des Eingriffs derart miteinander vertauschbar seien, daß jede Erweiterung des einen Kriteriums eine Erweiterung des anderen gestatte. Unmittelbarkeit der Beeinträchtigung und Umfang des Schutzobjekts seien aufeinander bezogen.

Eine weitere Möglichkeit, über den Unmittelbarkeitsbegriff das Verhältnis von hoheitlichem Zugriff und Rechtsbeschneidung zu konkretisieren, bietet sich, wenn man das Unmittelbarkeitsmerkmal teleologisch im Sinne einer Zweckbezogenheit der eingreifenden Handlung auffaßt.

Doch auch dies kann nicht weiter führen; denn sieht man jeden Eingriff in das Eigentum als „unmittelbar" an, der dessen Beschneidung entweder zum Zweck hatte oder mindestens zum Zweck haben konnte, so hat man zwar für bewußte und gewollte, möglicherweise auch für typische Schädigungen einen Maßstab gewonnen. Nicht aber sind diejenigen Rechtsbeeinträchtigungen versorgt, die Nachteile gleicher Bedeutung und Schwere wie die oben genannten im Gefolge haben, aber im einzelnen nicht bewußt oder gewollt von der hohen Hand herbeigeführt werden.

---

[11] BGHZ 29, 65/74; BGHZ 55, 153/161.
[12] *Badura*, Verwaltungsmonopol, 123; *Battis*, Erwerbsschutz, 30; *Bender*, Staatshaftungsrecht, Rz. 39 (S. 29 f.); *Fuß*, JZ 1959, 741/747; *Jesch*, DÖV 1962, 428/429; *Keßler*, DRiZ 1967, 374/375; *Kröner*, DVBl 1969, 157/158; *Riedel*, jur. Diss., 73; *E. Schneider*, GewArch 1969, 269/272; *Scholz*, Wirtschaftsaufsicht, 77; *Wagner*, Jahrreiß-Festschrift, 441/456 f.; vgl. aus der Rechtsprechung etwa: BGH NJW 1962, 1439; NJW 1964, 104; NJW 1967, 857; BGH DVBl 1968, 212; BGHZ 48, 58/65; BGH DÖV 1965, 203; BGH DVBl 1964, 397; BVerwG DVBl 1968, 342.

102   3. Teil: Unmittelbarkeit des Eingriffes als Ersatz für Finalität

Kurz, man wäre beim gezielten Eingriff alter Prägung angelangt, der — wie ausgeführt[13] — eigentumsrechtlichem Schutzziel nicht gerecht wird[14].

Ganz entsprechend ist auch dem Merkmal einer „Betriebsbezogenheit"[15] höchstens indizielle Bedeutung für den geforderten engen Zusammenhang zwischen Hoheitsakt und Beeinträchtigung zuzumessen. Soweit der Begriff der Betriebsbezogenheit bedeuten soll, daß der Eingriff gegen den Betrieb gerichtet sein müsse, kann er nur Wirkung für einen Teil eigentumsrechtlich relevanter Beschneidungen, nämlich die gezielten Maßnahmen, beanspruchen. Damit läßt er aber die gleichen Beeinträchtigungen unberücksichtigt wie die Kriterien einer Ziel- und Zweckgerichtetheit. Soweit das Erfordernis der Betriebsbezogenheit jenen Eingriffen eigentumsrechtlichen Schutz versagen will, die auf ohne weiteres vom geschützten Eigentum ablösbare Positionen treffen[16], bewegt es sich unversehens auf einer anderen, hier zu vernachlässigenden Stufe[17].

Da mit Hilfe der Kriterien des Gezielten, Zweckgerichteten[18] oder auch etwa Betriebsbezogenen, wie sich zeigte, der Inhalt des Unmittelbarkeitsbegriffes nicht weiter aufgefüllt werden kann, drängt sich die Überlegung auf, ob das Unmittelbarkeitserfordernis überhaupt anderes erreichen will, als auf die Notwendigkeit kausaler Verknüpfung von hoheitlichem Verhalten und materieller Opferlage hinzuweisen[19]. Verweisung auf Kausalität ist gleichbedeutend mit einer Verweisung ins Unabsehbare[20], hält man sich den ursprünglichen ontologischen Begriff kausaler Verknüpfung vor Augen. Nach ihm sind alle die zahlreichen Umstände kausal, deren Zusammentreffen die Gesamtursache des eingetre-

---

[13] Vgl. Teil I, A.

[14] Abl. für den eingerichteten und ausgeübten Gewerbebetrieb BGHZ 29, 65/71 f. (Kabelbruch I).

[15] Hierzu BGHZ 29, 65/74; *Bellstedt*, DÖV 1961, 161/167; *Larenz*, NJW 1956, 1719; ders., Schuldrecht II, § 66 I 6 d (422 f.); *Lehmann*, NJW 1959, 670; *Neumann-Duesberg*, NJW 1968, 1990/1992.

[16] BGHZ 29, 65/74 (Kabelbruch I); BGH NJW 1959, 1423 (Kabelbruch II); vgl. aber auch RGZ 117, 315/317 (Gasdruck); BGHZ 41, 123 (Küken); OLG Düsseldorf NJW 1968, 555 (Küken).

[17] Zur Kritik auch *v. Caemmerer*, Juristentag-Festschrift II, 49/96 f.; *Baumbach-Hefermehl*, Wettbewerb I, Allgemein Nr. 119 (S. 73).

[18] So aber *Ehlermann*, Wirtschaftslenkung, 90; *Frohberg*, BlGBW 1958, 145/147; *Ballerstedt*, AöR 74 (1948), 129/146; *Haas*, System, 51; *Kriele*, DÖV 1967, 531/537; *Pagendarm*, VersR 1960, 878/881; *Reißmüller*, JZ 1960, 121/123; *R. Schneider*, VerwArch 58 (1967), 301/349; *Stödter*, Öffentlichrechtliche Entschädigung, 13; *Stree*, Deliktsfolgen, 122; *Schack*, JZ 1956, 425/428; ders., BB 1956, 409/412; JZ 1960, 625/626 f.; BayVGH 14 I 24/27; 16 I 31/38; BayVerfGHE nF. 16 II 117/125 ff.

[19] *Battis*, Erwerbsschutz, 29 f.: Mit Aufgabe der Gezieltheit des Eingriffs genügt bloße Kausalität zur Haftungsauslösung; *Hoffmann*, Währungsparität, 70; *Janssen*, NJW 1962, 939/941 ff.; ders., Entschädigung, 87; *Kuschmann*, NJW 1966, 574/576; *Schack*, DÖV 1961, 729 Fn. 18.

[20] So *Luhmann*, Entschädigung, 77; vgl. auch *Larenz*, Vertrag II, § 30 (12).

A. Tragweite und Bedeutung der Unmittelbarkeit

tenen Erfolges bildet, also alle Umstände, die nicht hinweggedacht werden können, ohne daß der eingetretene Erfolg entfiele. Einer solchen Kausalitätsbestimmung im erkenntnistheoretischen Sinne sind alle Erfolgsursachen gleichrangig: Der Hinzutritt neuer erfolgsvermittelnder Ursachen läßt den Kausalzusammenhang nicht abbrechen, die verschiedenen Erfolgsumstände werden gegeneinander nicht abgewogen, und es ist auch nicht danach zu fragen, ob eine jener Ursachen für sich allein rechtlich erheblich ist. Gleichermaßen ist die Richtung einer Ursache gänzlich unerheblich; einzig entscheidend für die Frage der Kausalität ist das Beteiligtsein des Umstandes am Effekt[21]. Sieht man die Dinge so, dann steht auch das Zufällige in notwendigen Zusamenhängen und unterscheidet sich von den anderen Ereignissen nur der subjektiven Seite nach, sowie der Unberechenbarkeit des Zusammentreffens verschiedener Faktoren und selbständiger Kausalabläufe[22]. Wollte man nun dem Erfordernis unmittelbarer Rechtsbeschneidung ausschließlich die Bedeutung notwendiger Kausalverknüpfung zwischen Handlung hoher Hand und Rechtsbeeinträchtigung zumessen, so würde man — wie sich aus dem gerade Vorgetragenen ergibt — den Eingrenzungsauftrag des Unmittelbarkeitserfordernisses ganz erheblich beschneiden. Allerdings steht am Ausgangspunkt jeder Zurechnungsbestimmung die Frage nach der Kausalität[23] — auf das Enteignungsrecht gewendet —, die Feststellung entsprechender kausaler Relation zwischen hoheitlicher Tätigkeit und rechtlicher Beeinträchtigung. Hierin erschöpft sich zugleich die Funktion der Kausalitätsprüfung[24], eine Prüfung, die sich als erste, wenn auch noch sehr weite Eingrenzung erweist.

Mit dieser Feststellung kann es aber nicht sein Bewenden haben. Die Bestimmung einer Handlung hoher Hand als ursächlich für eine eingetretene Rechtsbeschneidung überspringt zwar die Hürde der erforderlichen Kausalität, klärt jedoch nicht die weitere — vom Unmittelbarkeitsbegriff im Bereich des Enteignungsrechts — verfolgte Aufgabe notwendiger Zurechnung. Die nähere Aufklärung der hier zu entwickelnden Zurechnungskriterien ist aber nicht mehr Aufgabe einer Kausalitätslehre, sie bewegt sich auf einer anderen Stufe[25]. Diese Kriterien variieren je

---

[21] *Traeger*, Kausalbegriff, 60.
[22] *Esser*, Gefährdungshaftung, 70 f., 94; *Rümelin*, Schadenszurechnung, 29 f.; *Traeger*, Kausalbegriff, 10 ff.: Kausalität ist von Schulderörterungen zu trennen; die Kausalitätsfeststellung ist Vorbedingung für die Schuldfrage.
[23] *Klingmüller*, Kausalitätsbegriff, 127/129; BSGE 13, 40/41; in diesem Sinne, wenn auch mit verwirrender Terminologie, BGHZ 2, 138 ff.; BSGE 1, 268 f.
[24] *Traeger*, Kausalbegriff, 15 f.; vgl. auch *Janssen*, Entschädigung, 87; *Luhmann*, Entschädigung, 30: Staatliches Handeln, wie alles Handeln, gewinnt Rationalität dadurch, daß es als Kausalvorgang, als Bewirken einer Wirkung ausgelegt wird.
[25] BGHZ 2, 138/140; 3, 261/267: Nur wenn die Rechtsprechung sich dessen bewußt bleibt, daß es sich hier nicht eigentlich um eine Frage der Kausalität,

nach dem Rechtsgebiet, in dem sich die Zurechnungsbestimmung bewegt. Sie beziehen demgemäß vom entsprechenden Rechtsgebiet im Grundsätzlichen wie dem speziellen Sacherfordernis im einzelnen ihre Prägung[26]. In diesem Lichte erscheint es zumindest terminologisch bedenklich, wenn darauf hingewiesen wird, daß der natürliche Ursachenbegriff zu weitgehend ist und deshalb den einzelnen Rechtsgebieten spezielle Ursachenbegriffe zugrundezulegen seien[27]. Soweit allerdings in der Sache selbst nichts anderes gesagt sein soll, als daß weitere Zurechnungskriterien erforderlich sind, die sich nach den Bedürfnissen des jeweiligen Rechtsgebietes zu richten haben, wird dagegen über den Vorwurf terminologischer Unsauberkeit hinaus nichts einzuwenden sein.

B. Die speziellen Zurechnungskriterien einer Eigentumsbeeinträchtigung im Enteignungsrecht

Den Ausgangspunkt von Überlegungen, die nach Kriterien suchen, ob und inwieweit Beeinträchtigungen der hohen Hand im Sinne enteignender — zu Entschädigung verpflichtender — Wirkung zuzurechnen sind,

---

sondern um die Ermittlung der Grenze handelt, bis zu der dem Urheber einer Bedingung eine Haftung für ihre Folgen billigerweise zugemutet werden kann, also im Grunde um eine positive Haftungsvoraussetzung, wird die Gefahr einer Schematisierung der Formel vermieden und die Ermittlung richtiger Ergebnisse gewährleistet. *Larenz*, Vertrag II, § 30 (S. 13 ff.); *ders.*, NJW 1955, 1009; *Lindenmaier*, ZHR 113 (1950), 207/239, 241 f.; vgl. weiter *Bettermann*, MDR 1957, 672/673; *Hurst*, AöR 83 (1958), 43/45 f.; *Kind*, jur. Diss., 15, 93; *Küper-Walter*, NJW 1963, 2353/2354; *Reinhardt*, Gutachten, 233/285; *Wagner*, Jahrreiß-Festschrift, 441/463; insbes. auch *Jaenicke*, Haftung, 89; *Luhmann*, Entschädigung, 77.

[26] So löst beispielsweise das Strafrecht, das mit der Äquivalentstheorie ausdrücklich von der geschilderten Kausalitätsbestimmung ausgeht (grundlegend hierzu *v. Buri*, Die Kausalität und ihre strafrechtlichen Beziehungen, 1885; vgl. aus der Rechtsprechung: RGSt 44, 244; 58, 368; 61, 319; 63, 213; BGHSt 1, 332; 2, 74; 4, 361; 7, 114; *Haueisen*, JZ 1961, 9; *Schwarz-Dreher* vor § 1 StGB Anm. B II 3 b), das Zurechnungsproblem mit einer differenzierten Skala von Rechtfertigungsgründen und Schulderwägungen. Vgl. schon *Rümelin*, Schadenszurechnung, 29: Denn wo culpa Voraussetzung der Haftung ist, da läßt sich der Causalitätsbegriff im weitesten Sinne fassen, so daß jedes bedingende Moment zugleich als ursächlich bezeichnet wird. Die zur Zurechnung erforderliche Abgrenzung wird alsdann durch den Schuldbegriff vermittelt. So auch *Traeger*, Kausalbegriff, 74, 185.

[27] Nur etwa BSGE 1, 150/156; 11, 50/52 f.; 13, 40/41; 19, 275; BGHZ 2, 138 ff.; zur „Ursache im Rechtssinne" auch *Klingmüller*, Kausalitätsbegriff, 127/128 f.; *Weishäupl*, Kausalität, 69; kritisch auch *Larenz*, Vertrag II, § 30 (13): Es gilt, die besonderen rechtlichen Gesichtspunkte aufzufinden, nach denen zu ermessen ist, ob und inwieweit ein tatsächlicher Kausalverlauf für die rechtliche Beurteilung erheblich ist. Hierbei handelt es sich nicht mehr um ein Problem der Verursachung, sondern der rechtlichen Zurechnung.

B. Die Zurechnungskriterien einer Eigentumsbeeinträchtigung

bilden — wie gesagt — die Eigenart und die spezifischen Bedürfnisse des in Rede stehenden Rechtsgebietes. Für das Enteignungsrecht verspricht hier ein Blick auf Funktion und Rechtsfolge einer Enteignung, die Enteignungsentschädigung, weiteren Aufschluß.

I. Auftrag und Funktion der Enteignungsentschädigung

Nach Art. 14 Abs. 3 S. 3 GG ist die Enteignungsentschädigung unter gerechter Abwägung der Interessen von Allgemeinheit und Beteiligten zu bestimmen. Hieraus ergibt sich, daß die Enteignungsentschädigung keine Schadensbeseitigung bezweckt, sondern Ausgleich des Schadens, der dem von dem hoheitlichen Eingriff Betroffenen entstanden ist[28]; also Opferausgleich, Kompensation statt Wiedergutmachung, Restitution[29]. Gleichzeitig grenzt sich die Entschädigung von einem Billigkeitsausgleich[30] ab, der möglicherweise weiter gefaßte Zurechnungskriterien einer Beeinträchtigung voraussetzt. Gleichwohl spricht der Bundesgerichtshof manchmal bedenklich von einem Anspruch auf billigen und angemessenen Ausgleich[31]. Wortlaut und Sinn von Art. 14 Abs. 3 S. 3 GG, der eine Entschädigung nach gerechter Interessenabwägung vorsieht[32], nicht aber die hohe Hand zur Tragung jeglicher Lasten verpflichtet, die diese dem Betroffenen auferlegt, stehen auch jenen Auffassungen entgegen, die in einer Enteignung einen Verstoß gegen den Grundsatz einer Lastengleich-

---

[28] BGHZ 7, 96/103; BGHZ 31, 244/252 f.; *Bettermann*, DÖV 1955, 528 f.; *Pagendarm*, Riese-Festschrift, 355/357 f.

[29] *Bettermann*, Grundrechte Bd. III/2, 779/862.

[30] *Leisner*, VVDStRL 20 (1963), 185/198 f.; *Scheuner*, Jellinek-Gedächtnisschrift, 331/340; Fälle eines Billigkeitsanspruches: BayVGHE nF. 19 I 57 ff.; BVerfGE 20, 351/360.

[31] Etwa BGHZ 22, 43/48 f.

[32] Dem Postulat der vollständigen Entschädigung — vgl. hierzu etwa § 1 PrEnteignungsG v. 11. 6. 1874 (GS 1874, 221) — ist unter der Weimarer Verfassung dem Grundsatz angemessener Entschädigung gewichen. RGZ 112, 189/192; RGZ 128, 18/33: Art. 153 Abs. 2 WV verbürgt zwar keinen Schadensersatz, wohl aber volle Entschädigung. Zu Art. 14 Abs. 3 S. 3 GG *v. Mangoldt* in der 26. Sitzung des GSA v. 30. 11. 1948 (Stenoprot. 77 ff.): Wir haben anders formuliert als die Weimarer Verfassung. An Stelle der angemessenen Entschädigung haben wir gesagt, daß die beiderseitigen Interessen abzuwägen sind ... Wenn irgendwelche Vermögenswerte unter Verletzung der Verpflichtung erworben worden sind, würde die Entschädigung eventuell nur in einem Nominalbetrag bestehen können. Diese Möglichkeit würde durch diese Formulierung erhalten werden. Zum Verhältnis angemessener Entschädigung und gerechter Abwägung auch *Ehrenforth*, DRiZ 1949, 270 f.; *E. R. Huber*, Wirtschaftsverwaltungsrecht II, 56; *Kimminich*, Bonner Kommentar, Art. 14 GG Anm. 137; *Maunz*, Staatsrecht, 174; *Roth*, Öffentliche Aufgaben, 36 f.; *Rudolph*, Bindungen, 49; *Scheuner*, Verfassungsschutz, 63/130; *Sendler*, DÖV 1971, 16/26; *Weber*, Grundrechte Bd. II, 331/389; *Werner Matz*, JöR 1 (1951), 144/149 ff.; zur Angemessenheit auch *Barkhau*, Nothilfeleistungen, 90; *E.R. Huber*, Rechtsstaat, 22; *Ipsen*, Verbot, 51.

106 3. Teil: Unmittelbarkeit des Eingriffes als Ersatz für Finalität

heit sehen[33, 34]. Faßt man darüber hinaus ins Auge, daß derartige Überlegungen eher dem Sozialstaatsprinzip als dem Gleichheitssatz des Art. 3 GG verhaftet sind[35], so wird deutlich, daß die Auffassung einer Enteignung als Verstoß gegen ein Lastengleichheitsprinzip das Tor auch zu solchen Zurechnungskriterien aufstoßen will, die vor dem Hintergrund des sozialen Aspekts einen weiten Bereich von Beeinträchtigungen hoher Hand abdecken sollen. Allein ein so bestimmter Ausgangspunkt ist angesichts Art. 14 Abs. 3 S. 3 GG und dem Sinn der Enteignungsentschädigung falsch gewählt.

Selbst der Bundesgerichtshof, der Art. 14 Abs. 3 GG in engem Konnex mit Art. 3 GG sieht, als nämlich der Verstoß gegen den Gleichheitssatz das Sonderopfer kennzeichnen soll[36], und von dieser Sicht her auch die Ausgleichsfunktion der Entschädigung betont[37], billigt — wenigstens dem Wortlaut seiner Entscheidungen nach — dem Enteigneten keine Entschädigung im Sinne vollen Schadensersatzes zu[38]. In der Sache freilich gewährt der Bundesgerichtshof prinzipiell vollen Substanzausgleich, wobei er auf den Verkehrswert des enteigneten Gegenstandes abstellt[39]. Gegen eine starre Orientierung der Enteignungsentschädigung am Marktwert spricht aber, wie das Bundesverfassungsgericht mit Recht in einer

---

[33] Zur Lastengleichheit ausdrücklich schon O. *Mayer*, Verwaltungsrecht II, 295: Ziel der Entschädigung sei Wiedergutmachung und Ausgleich der Vermögensminderung. Insbesondere im Falle ungleicher Behandlung besteht die Forderung der aequitas, Gleichheit, Gerechtigkeit, Billigkeit nach Entschädigung. Vgl. auch *Janssen*, Entschädigung, 65; *Kreft*, Aufopferung, 25; *Kuschmann*, NJW 1966, 574/575 f.; *Merk*, Verwaltungsrecht, 1699; *Scheuner*, Verfassungsschutz, 63/80 f., 124 f; insbes. auch C. *Schmitt*, Verfassungsrechtliche Aufsätze, 110/120.

[34] In die Richtung einer „vollen Restitution" drängt die Sonderopfertheorie; hierzu *Diester*, Enteignung, 180; *Lerche*, Übermaß, 182 ff.; *Luhmann*, 49 f., insbes. m. Fn. 41; *Weber*, Grundrechte Bd. II, 331/390; *Weyreuther*, Gutachten, B 61.

[35] Vgl. auch die grundsätzlichen Bedenken oben Teil II, A II.

[36] BGHZ 6, 270; 13, 265/316; 15, 268; 27, 15; *Kreft*, Heusinger-Festgabe, 167/177; *Kröner*, Eigentumsgarantie, 57.

[37] z. B. BGHZ 12, 52/60; 13, 88/96; 25, 238/241; 30, 281/286; 31, 244/252 f.; 39, 198/199; 41, 385/389; *Pagendarm*, WM 1958, 1350/1351; BGHZ 7, 96/103; 11, 156/164; 13, 345/348.

[38] BGHZ 6, 270/295; 12, 52/55; 14, 138/144 f.; 15, 23; 30, 338/351; 37, 269/274; 45, 58/62; BGH LM Nr. 32 zu Art. 14 (Ea) GG; vgl. auch BGHZ 22, 43/48 f.

[39] BGHZ 6, 270/292 ff.; 11, 156/161; 14, 138/144 f.; 19, 139/147; 25, 225/230; 29, 393/400; 30, 241/247 f.; 30, 281/286; 31, 238/241; 31, 244/252 f.; 41, 354/357 f.; insbes. ausführlich zum Verkehrswert BGH DRiZ 1967, 308/309; voller Schadensersatz: BGHZ 7, 331; 22, 43; vgl. auch *Friauf*, JurA 1970, 299/307; *Götz*, Bauleitplanung, 44; *Ipsen*, DVBl 1953, 617/619; *Jaenicke*, Haftung, 120; *Kaiser*, Privateigentum, 37; *Pagendarm*, Riese-Festschrift, 355/357 ff.; *Papier*, Forderungsverletzung, 97; *Scheuner*, Verfassungsschutz, 63/135 ff.; zur technischen Berechnung der Entschädigung: *Gelzer*, Umfang, m. w. Nachw.; *Hussla*, Riese-Festschrift, 329/340 ff.; *Kimminich*, Rechtsgutachten, 15 ff.; *Kröner*, Eigentumsgarantie, 83 ff.; *Schmitt*, DVBl 1971, 451 ff.; vgl. auch *Freudling*, DÖV 1970, 308 ff./311 ff.

B. Die Zurechnungskriterien einer Eigentumsbeeinträchtigung

neueren Entscheidung ausdrücklich hervorhebt[40, 41], Art. 14 Abs. 3 S. 3 GG. Die Entschädigung soll — schon mehrfach betont — das Ergebnis eines Interessenausgleiches sein[42], und nicht die einseitige Anerkennung der Interessen der Betroffenen, aber auch nicht allein die der Allgemeinheit darstellen. Der Gesetzgeber muß dem Enteigneten mit der Entschädigung nicht stets das volle Äquivalent für das Genommene geben, er kann vollen Ersatz, aber auch eine darunter liegende Entschädigung bestimmen[43].

Nach allem stellt sich die Enteignungsentschädigung als Ausgleichsleistung ähnlich zivilrechtlichem Schadensersatz dar. Auch sie hat das Ziel, einen Ausgleich für erlittene Nachteile zu gewähren[44]. Jedoch besteht die verfassungsrechtliche Reaktion auf eine Eigentumsbeeinträchtigung enteignender Wirkung nicht in der Zubilligung von Schadensersatz, sondern bloßer Entschädigung[45]. Hierbei unterscheidet sich die Entschädigung in erster Linie nicht durch die Höhe des zu leistenden Ausgleichs vom Schadensersatz[46], sie ist nicht minderer Schadensersatz, sondern ihrer Funktion nach etwas anderes[47]: Kompensation statt Restitution.

Ein solcher Befund läßt Zweifel aufkommen, ob die Schadenszurechnungsgründe, die das Zivil- und Verwaltungsrecht im einzelnen entwickelt haben, ohne weiteres auf das Gebiet des Enteignungsrechts über-

---

[40, 41] BVerfGE 24, 367/420 f.

[42] Diesen Aspekt betont auch *Luhmann*, Entschädigung, 18: Entschädigungszahlungen dienen dazu, in einer Sozialordnung mit starker innerer Differenzierung und starker wechselseitiger Wirkungsverflechtung unvermeidbare Spannungen abzubauen und so allen Beteiligten ein hohes Maß an Erwartungssicherheit und eigener Zweckrationalität zu erlauben, als es ohne eine solche Einrichtung möglich wäre; jetzt auch *Bielenberg*, DVBl 1971, 441/442.

[43] BVerfGE 24, 367/420; so auch *Hamel*, Bedeutung, 29; *Ipsen*, Verbot, 51; *Sendler*, DÖV 1971, 16/24 f.

[44] *Friauf*, JurA 1970, 299/307; *Janssen*, Entschädigung, 72 f.; *Kind*, jur. Diss., 94 f.; *Bettermann*, DÖV 1955, 528 f.

[45] *Bettermann*, DÖV 1955, 528/529; ders., Grundrechte Bd. III/2, 779/862; *Hamel*, Bedeutung, 29; *Kimminich*, Rechtsgutachten, 14; ders., Bonner Kommentar, Art. 14 GG Anm. 111; *Pagendarm*, Riese-Festschrift, 355/366; *Papier*, Forderungsverletzung, 95; *Reinhardt*, Gutachten, 237/260 f.; *E. Schneider*, Gew Arch 1969, 269/272; *Weyreuther*, Gutachten, B 60 f.; vgl. auch *Dittus*, NJW 1965, 2179/2182.

[46] So aber *Bachof*, Vornahmeklage, 114 f.; *Maunz* in Maunz-Dürig-Herzog, Art. 14 GG Anm. 102, 111.

[47] So auch *Bettermann*, DÖV 1955, 528 f.; ders., Grundrechte Bd. III/2, 779/862; *Kimminich*, Bonner Kommentar, Art. 14 GG Anm. 136 ff.; ders., Rechtsgutachten, 14; *E. R. Huber*, Wirtschaftsverwaltungsrecht II, 38; *Papier*, Forderungsverletzung, 95; *Reinhardt*, Gutachten, 233/260 f.; *Schack*, Gutachten, 1/41 ff.; *Schmidt*, DVBl 1971, 451/453; *Stödter*, Öffentlichrechtliche Entschädigung, 238; *Weyreuther*, Gutachten, B 61 f.; *Wolff*, Verwaltungsrecht I, § 62 V b (434); vgl. aber auch *Bachof*, Vornahmeklage, 115; *Maunz* in Maunz-Dürig-Herzog Art. 14 GG Anm. 111: Die Enteignungsentschädigung unterscheidet sich vom Schadensersatz mehr der Begriffsbezeichnung als dem Wesen nach; *Jaenicke*, Haftung, 83, 117.

tragen werden können[48]. Nur eine spezielle Durchsicht der zivil- und verwaltungsrechtlichen Zurechnungsgesichtspunkte und die Nachprüfung ihrer Tauglichkeit bei der Lösung enteignungsrechtlicher Problemlagen kann hier Klarheit verschaffen.

II. Die Tauglichkeit zivil- und verwaltungsrechtlicher Schadenszurechnungskriterien im Enteignungsrecht

1. Der adäquate Kausalzusammenhang

Um im öffentlichrechtlichen Entschädigungsrecht Zurechnungskriterien zu gewinnen, bietet es sich an, auf das im zivilrechtlichen Bereiche eine dominierende Rolle spielende Merkmal adäquaten Kausalzusammenhangs zurückzugreifen[49]. So bezogen sich insbesondere im Aufopferungsrecht Entscheidungen des Bundesgerichtshofes auf dieses Zurechnungsprinzip[50].

Ein adäquater Kausalzusammenhang liegt nach der Judikatur des Bundesgerichtshofes[51], die sich insoweit an die reichsgerichtliche Rechtsprechung anlehnt[52], dann vor, wenn eine Tatsache im allgemeinen und nicht nur unter besondersartigen, ganz unwahrscheinlichen und nach dem regelmäßigen Verlauf der Dinge außer acht zu lassenden Umständen zur Herbeiführung eines Erfolges geeignet war[53]. Gleichgültig, wie immer der Ausgangspunkt zur Bestimmung erforderlicher Adäquanz bestimmt wird,

---

[48] Vgl. aber *Reinhardt*, Gutachten, 233/283 ff., 289; *Kind*, jur. Diss., 95.

[49] *Barkhau*, Nothilfeleistungen, 37 Fn. 1; *Bull*, Verwaltung, 165 Fn. 990; ders., DÖV 1971, 305/306; *Burchardi*, jur. Diss., 155; *Giese*, Aufopferung, 48; *Bellstedt*, DÖV 1961, 161/167; *Jaenicke*, VVDStRL 20 (1963), 135/163, 176; *Janssen*, Entschädigung, 87; *Küper-Walter*, NJW 1963, 2353/2354; *Kimminich*, JuS 1969, 349/351; *Kuschmann*, NJW 1966, 574/586; *Luhmann*, Entschädigung, 141; *Merk*, Verwaltungsrecht II, 1708; *Salzwedel*, AöR 87 (1962), 82/100; *Schack*, DÖV 1961, 728/729; *R. Schneider*, VerwArch 58 (1967), 301/352 f.; *Tiedemann*, NJW 1962, 1760/1761; *Wolff*, Verwaltungsrecht I, § 36 III c 2 (S. 224). Adäquanztheorie im Polizeirecht: *Drews-Wacke*, Polizeirecht, 220 ff., 223 ff. m. w. Nachw.; *Scupin*, HKWP II, 606/641; *Peters*, Verwaltungsrecht, 382.

[50] Vgl. etwa BGHZ 9, 83/87, 92; 17, 172/174; 18, 286/288; BGH NJW 1964, 133/134; in der gleichen Richtung BGHZ 46, 327/329; ferner auch BGH NJW 1959, 386; BGH VersR 1959, 355; LG Kiel VersR 1957, 685.

[51] BGHZ 2, 138/140; 3, 261/266 f.; 7, 198/204.

[52] RG SeuffArch 63, 263; RGZ 72, 326; 81, 361; 133, 126/127; 135, 154; 155, 41; 158, 38; 168, 88; 169, 91.

[53] So auch BAGE 6, 372 f.: Ursächlich sind solche Bedingungen, die generell geeignet oder besser negativ formuliert generell nicht ungeeignet sind, unter den gegebenen Umständen nach der allgemeinen Lebenserfahrung einen Erfolg dieser Arbeit herbeizuführen. ... Wenn der Erfolg erst durch ein zweites hinzukommendes Ereignis möglich wurde, so ist die erste Ursache dann rechtlich unerheblich, wenn das zweite Ereignis den Erfolg auch allein herbeigeführt hätte und wenn es außerdem von dem ersten ganz unabhängig eingetreten ist.

B. Die Zurechnungskriterien einer Eigentumsbeeinträchtigung 109

ob auf dem Wege der Feststellung „objektiver Wahrscheinlichkeit"[54], objektiv nachträglicher Prognose[55] oder einer Prognose ex ante[56], bestehen doch erhebliche grundsätzliche Bedenken gegen eine Übernahme des Adäquanzkriteriums auf das Gebiet des Enteignungsrechts. So weist der Bundesgerichtshof selbst darauf hin, daß die Adäquanzformel nur eine Richtlinie ist, die von Fall zu Fall nach den Grundsätzen der Billigkeit konkretisiert werden müsse. Durch eine wertende Beurteilung müßten aus der Vielzahl der Bedingungen im naturwissenschaftlichen Sinne diejenigen ausgeschieden werden, die bei vernünftiger Beurteilung der Dinge nicht mehr als haftungsbegründende Umstände betrachtet werden können; mit einer wertenden Beurteilung soll die Grenze zu finden sein, bis zu der dem Urheber einer Bedingung eine Haftung für ihre Folgen billigerweise zugemutet werden kann[57]. Damit aber ist offenbar, daß das Adäquanzkriterium keine objektive Eingrenzungsformel bietet, sondern vielmehr die erforderliche Eingrenzung so sehr mit subjektivem Gehalt auflädt, daß von der erstrebten objektiven Zurechnung einer Rechtsbeschneidung zum Handeln der hohen Hand nicht mehr viel übrig bleibt und das Gebiet einer — im Bereiche des Enteignungsrechts abgelehnten — Billigkeitshaftung betreten wird. Eine solche Subjektivierung mag allenfalls im Zivilrecht angehen, in dem es sich um die Abgrenzung der Risikosphäre der einzelnen am Rechtsverkehr Beteiligten handelt. In diesem Rahmen kann die Berufung auf das wertend zu ermittelnde Zumutbare eine gewisse Berechtigung haben, wiewohl auch im Zivilrecht Bedenken gegen eine Haftungsbegrenzung über das Merkmal adäquaten Zusammenhangs laut geworden sind[58], und man nun vielfach eine Haftungsabgrenzung mit Hilfe einer Ermittlung des Schutzzwecks der betreffenden Norm erreichen will[59].

---

[54] *Traeger*, Kausalbegriff, 159 ff., 161 f.; ähnlich auch *Enneccerus-Lehmann*, Schuldrecht, § 15 III 2 (S. 66).

[55] *Rümelin*, Schadenszurechnung, 188 ff., 216, 220, 260; ders., AcP 90 (1906), 171/217 ff.; auch etwa *Bender*, Staatshaftungsrecht, Rz. 237 (S. 152); *Esser*, Schuldrecht Bd. I, § 44 III (S. 302 ff.); *Heinrichs* in Palandt, Anm. 5 b vor § 249 BGB; *Larenz*, Schuldrecht Bd. I, § 27 III (S. 315 ff.).

[56] Hierzu abl. BGHZ 3, 261/266.

[57] Ausdrücklich BGHZ 18, 286/288; BGH VersR 1959, 355; VersR 1960, 924; *Heinrichs* in Palandt, Anm. 5 c vor § 249 BGB; *Lindenmaier*, ZHR 113 (1950), 207 ff.; *Wagner*, Jahrreiß-Festschrift, 441/453; *Battis*, Erwerbsschutz, 30.

[58] So wies BGHZ 27, 137 darauf hin, daß der Gesichtspunkt adäquater Kausalität nicht in allen Fällen geeignet sei, das Problem einer Haftungsbegrenzung gerecht zu lösen. Insbesondere sei neben adäquater Kausalität auch noch zu fragen, ob die Tatfolge, für die Ersatz begehrt wird, innerhalb des Schutzbereichs der verletzten Norm liegt. Vgl. weiter BGH JZ 1964, 179 m. Anm. *Lorenz*; LG Düsseldorf DAR 1967, 50; OLG Karlsruhe NJW 1957, 874; OLG München VersR 1964, 932; kritisch auch *Stoll*, Kausalzusammenhang, 19 ff.; *Rabel*, Warenkauf I, 490; *Larenz*, Honig-Festschrift, 79/80 ff.; *Deutsch*, JZ 1966, 556/558; *U. Huber*, JZ 1969, 677 ff.

[59] Vgl. *Stoll*, Kausalzusammenhang, 20: Die Adäquanztheorie mag zur ersten Orientierung nützlich sein und im allgemeinen zu richtigen Ergebnissen

Indessen drängt die Ausgangslage im Enteignungsrecht, die nicht von einer notwendigen Risikoabgrenzung einander gleichberechtigt gegenüberstehender Bürger, sondern vom Gedanken grundrechtlichen Schutzes geprägt ist, von Haus aus zu erhöhter Objektivität[60].

Ganz entsprechend verfährt auch die neueste Rechtsprechung des Bundesgerichtshofs zum Enteignungsrecht. Der Bundesgerichtshof geht in diesen Entscheidungen[61] in Übereinstimmung mit seiner inzwischen gefestigten Judikatur[62] davon aus, daß zur Auslösung enteignungsrechtlicher Entschädigungspflicht nicht nur mittelbare Auswirkungen auf das Eigentum genügten, sondern die konkrete hoheitliche Maßnahme in eine fremde, den Eigentumsschutz genießende Rechtsposition unmittelbar eingreifen müsse. Für eine unmittelbare Bewirkung der Beeinträchtigung durch die hoheitliche Tätigkeit genüge es allerdings nicht, daß zwischen einer hoheitlichen Maßnahme und der Eigentumsbeeinträchtigung ein adäquater Zusammenhang besteht[63]. Wodurch aber stattdessen der unmittelbare Zusammenhang gekennzeichnet sein soll, läßt der Bundesgerichtshof in diesen Entscheidungen offen.

2. Die Sozialadäquanz

Der Begriff der Unmittelbarkeit im Sinne eines Zurechnungskriteriums kann auch nicht von dem Gedanken einer Sozialadäquanz aus spezifiziert werden[64]. Der Grundsatz der Sozialadäquanz rechtfertigt ein bestimmtes Verhalten, das zwar Beeinträchtigungen mit sich bringt, sich

---

führen. Sie leidet aber an dem Mangel, daß sie die Gefährlichkeit der Handlung nach der Lebenserfahrung bemißt, anstatt den konkreten Geschehensablauf mit dem schuldhaft übertretenen Gefährdungsverbot wertend zu vergleichen. Die Ausrichtung der Haftung an der vom Täter übertretenen Verhaltensnorm ist daher bei Zurechnung der haftungsbegründenden Rechtsgutsverletzung ein verfeinerter und verbesserter Zurechnungsmaßstab gegenüber der Adäquanzformel; vgl. auch *Larenz*, Schuldrecht I, § 27 III 2 (318 ff.).

[60] Abl. gegenüber der Adäquanzlehre im Enteignungsrecht: *Kraemer*, NJW 1965, 183/187; *Kind*, jur. Diss., 90; *Menger*, Jellinek-Gedächtnisschrift, 347/352 f.; *Wagner*, Jahrreiß-Festschrift, 441/453, 455; vgl. zu diesen Fragen auch *Bender*, Staatshaftungsrecht, Rz. 45 (S. 35); *Haueisen*, JZ 1961, 9 ff.; *Luhmann*, Entschädigung, 77; abl. zur Adäquanzlehre im Polizeirecht *Hurst*, AöR 83 (1958), 43/55 ff., 61 ff., 64 ff.

[61] BGHZ 55, 229/231 f.; BGH NJW 1971, 750.

[62] Vgl. Fn. 13 (Teil I).

[63] BGHZ 55, 229/231 f.; BGH NJW 1971, 750; vgl. auch schon BGHZ 54, 332/338 mit krit. Anm. *Landwehrmann*, NJW 1971, 840; *Bull*, DÖV 1971, 305 ff.; *Umbach*, DVBl 1971, 176; *Ossenbühl*, JuS 1971, 575 ff.

[64] Zu einer Berücksichtigung dieses Merkmals im Enteignungsrecht: *Kimminich*, JuS 1969, 349/351; *Maunz* in Maunz-Dürig-Herzog Art. 14 GG Anm. 31, 46; *Wagner*, NJW 1966, 569/571; *ders.*, Jahrreiß-Festschrift, 441/464 f.; zur Sozialadäquanz im Polizeirecht *Hurst*, AöR 83 (1958), 43/78 ff.

B. Die Zurechnungskriterien einer Eigentumsbeeinträchtigung

aber innerhalb des Rahmens geschichtlich gewordener sozialethischer Ordnung des Gemeinwesens bewegt und von ihr offensichtlich gestattet wird[65]. Die trotz Beachtung aller Regeln des Gemeinschaftslebens entstehenden unvermeidbaren Schäden sind nicht Unrecht, sie sind nur Unglück[66]. So soll z. B. eine Einwirkung auf das Recht am eingerichteten und ausgeübten Gewerbebetrieb nur dann vorliegen, wenn sie über das Maß dessen hinausgeht, was nach den Maßstäben der Verkehrsauffassung, des erlaubten Wettbewerbs etc., eben der Sozialadäquanz mit Rücksicht auf die Erfordernisse des menschlichen Zusammenlebens und der freien Entfaltung der Persönlichkeit des anderen unter den besonderen Umständen jeweils hingenommen werden muß[67].

Einer grundsätzlichen Berücksichtigung des Gedankens einer Sozialadäquanz im Enteignungsrecht kann nicht entgegenstehen, daß die Berufung auf sozialadäquates Verhalten der Konzeption dieses Merkmals nach nur rechtfertigende Wirkung soll entfalten können[68]; denn genaueres Zusehen entdeckt, daß das Rechtswidrigkeitsurteil in keinem echten Gegensatz zur Tatbestandserfüllung steht. Hat die Erfüllung des Tatbestandes, an die die Norm ihre Rechtsfolgen knüpft, unrechtsindizierende Wirkung, ist schon von dorther der innere Zusammenhang mit den — überwiegend ungeschriebenen — Merkmalen hergestellt, die der Rechtfertigung des zu beurteilenden Handelns dienen. Die Feststellung der Erfüllung positiv fixierter Tatbestandsmerkmale ist ein Teil der Unrechtsfeststellung im ganzen; hinzutreten muß die Prüfung der — wenn man so will — negativen Tatbestandsmerkmale[69]; Rechtfertigungsgründe wie Sozialadäquanz des hoheitlichen Handelns dürfen das Rechtswidrigkeitsurteil nicht ausschließen.

Im Bereich des Eigentumsschutzes ist das Merkmal sozialadäquaten Verhaltens allerdings kein „negatives Tatbestandsmerkmal", sondern positiv durch die von Art. 14 Abs. 2 GG normierte soziale Einbindung

---

[65] *Niese*, Streik, 30 f.; *Nipperdey*, Zeitungsstreik, 39 f.; ders., NJW 1957, 1777; ders., NJW 1967, 1985/1992; *Hueck-Nipperdey*, Arbeitsrecht II, § 49 B I (998 ff.) m. w. Nachw.; *Welzel*, Strafrecht, 55 ff.

[66] *Niese*, Streik, 30 f.; ders., JZ 1956, 460; *Nipperdey*, NJW 1957, 1777/1778 f.; vgl. auch BAGE 1, 291/306 ff.; 20, 175/226, 228; zum rechtfertigenden Grundsatz verkehrsgerechten Verhaltens BGHZ 24, 21.

[67] *Larenz*, Schuldrecht II, § 66 I 6 e (425).

[68] Sozialadäquanz als Rechtfertigungsgrund: BAGE 1, 291/306 ff.; 20, 175/226, 228; BGHZ 24, 21; *Dietz*, Herschel-Festschrift, 47 ff.; *Hueck*, Herschel-Festschrift, 35 ff.; *Hueck-Nipperdey*, Arbeitsrecht II, § 49 B I (1002); *Lehmann*, NJW 1959, 670; *Neumann-Duesberg*, AuR 1966, 297; *Niese*, Streik, 30; *Nipperdey*, NJW 1957, 1777/1779; ders., NJW 1967, 1985/1988 m. Fn. 24; *Enneccerus-Nipperdey*, § 231 III b (933 f.); vgl. aber auch *Nipperdey*, Zeitungsstreik, 39 f.: Sozialadäquanz schließt die Tatbestandsmäßigkeit aus; vgl. auch *Geiger*, Grundrechte, 49 f.

[69] Hierzu *Nipperdey*, NJW 1967, 1985/1988.

jeglichen Eigentums bestimmt[70]. Damit wird aber zugleich deutlich, daß eine Aufhellung des Unmittelbarkeitsbegriffes im Sinne eines Zurechnungskriteriums nicht von dem Merkmal der Sozialadäquanz her erfolgen kann. Denn die Frage sozialadäquaten Verhaltens ist die einer anderen Stufe, nämlich der Feststellung des Tatbestands, dessen Verletzung Voraussetzung für eine weitere Prüfung der Verletzungszurechnung ist. Insoweit verbirgt sich, füllt man das Unmittelbarkeitserfordernis durch die Regel sozialadäquaten Verhaltens auf, hinter dem Begriff der Unmittelbarkeit eine positive Rechtsverletzungsprüfung[71].

3. Der Gefahrbegriff

Als weitere Möglichkeit, das Unmittelbarkeitsmerkmal näher zu bestimmen, bietet es sich an, jenen Stimmen zu folgen, die darauf abheben, ob eine Verletzung des Rechtsgutes von vornherein in Kauf genommen wird oder notwendigerweise in Kauf genommen werden muß. Objektive Kriterien hierfür will man in der durch hoheitliche Betätigung entstandenen besonderen Gefahrenlage und in der durch die Eigenart hoheitlicher Tätigkeit naheliegenden Verletzung erblicken[72]. Gegen die Einbeziehung derartiger Kriterien kann nicht schon von vornherein eingewendet werden, daß sie die Haftung für Aufopferungsenteignung als das etikettierten, was diese dem Stand der Rechtsprechung im Grunde nach auch sei, nämlich als Gefährdungshaftung. Der Gefahrbegriff drückt nichts anderes als die Wahrscheinlichkeit eines Schadenseintritts aus, d. h. er weist ganz allgemein auf einen potentiellen Kausalablauf hin: Gefährliche Tätigkeit — möglicher Schadenseintritt. Der Gefahrbegriff steht also in keinem Gegensatz zur Verursachungshaftung, in deren Bereich auch Aufopferung und Enteignung beheimatet sind[73]. Damit ist aber vom Grundsätzlichen aus nichts dagegen vorzubringen, daß die Wahrscheinlichkeit des

---

[70] So auch *Maunz* in Maunz-Dürig-Herzog Art. 14 GG Anm. 31, 46: Die Individualgarantie des Eigentums wird durch die Sozialbindung begrenzt, worunter jene Beschränkungen zu verstehen sind, wie sie in einem demokratischen und sozialen Rechtsstaat herkömmlich, üblich und zumutbar, mithin sozialadäquat sind. Gegen das Merkmal der Sozialadäquanz wegen seines generalklauselartigen Charakters: *Geiger*, Grundrechte, 49.

[71] *Nipperdey*, NJW 1967, 1985/1991.

[72] Etwa OLG Hamm MDR 1968, 321/322; OLG Celle JZ 1961, 372; hierzu auch *Jaenicke*, VVDStRL 20 (1963), 135/156; *Kimminich*, Bonner Kommentar, Art. 14 Anm. 117; *Riedel*, jur. Diss., 160; *Schack*, Gutachten, 25 f.; *Wilke*, Haftung, 78 f.

[73] Vgl. schon *Anschütz*, VerwArch 5 (1897), 1/27; *O. Mayer*, Verwaltungsrecht II, 303; BGHZ 13, 88/92; *Döbereiner*, NJW 1968, 1916; *Kimminich*, JuS 1969, 349/351; *Kuschmann*, NJW 1966, 574/575; *Maunz* in Maunz-Dürig-Herzog Art. 14 GG Anm. 87 f.; *Janssen*, Entschädigung, 11, 128; *Scheuner*, JuS 1961, 243/244; *Weimar*, DÖV 1963, 607; *Ossenbühl*, JuS 1971, 575/580 f.

B. Die Zurechnungskriterien einer Eigentumsbeeinträchtigung 113

Schadenseintritts (Gefahr) Kriterium der Unmittelbarkeit eines Eingriffs sein kann[74]. In der Sache selbst ist mit dieser Feststellung allerdings nichts gewonnen; denn der Gefahrbegriff in seiner allgemeinen Fassung wahrscheinlichen Schadenseintritts ist zu ungenau, um das geforderte Zurechnungskriterium liefern zu können[75]. Erst der Schaden zeigt in vielen Fällen rückwirkend die Gefährlichkeit.

Hilfe kann auch nicht von dem Unterschiedspaar abstrakte / konkrete Gefahr dergestalt erwartet werden, daß diese eine Beeinträchtigung enteignungsrechtlicher Betrachtung zuführte, jene aber ausschließe. Der Unterschied von abstrakter und konkreter Gefahr ist nicht als eine Art Abstufung nach dem Grad der Wahrscheinlichkeit eines schädigenden Ereignisses zu bestimmen, sondern liegt auf ganz anderer Ebene. Hinreichende Wahrscheinlichkeit verlangen sowohl abstrakte als auch konkrete Gefahr. Beide Gefahrenbegriffe stellen, was den zu erwartenden Schadenseintritt angeht, gleiche Anforderungen an seine Wahrscheinlichkeit. So liegt konkrete Gefahr dann vor, wenn in dem zu beurteilenden Einzelfall in überschaubarer Zukunft mit einem Schaden hinreichend wahrscheinlich gerechnet werden muß. Demgegenüber erscheint eine Gefahr als abstrakt, wenn eine generell-abstrakte Betrachtung für bestimmte Arten von Verhaltensweisen oder Zuständen zu dem Ergebnis führt, daß ein Schaden mit hinreichender Wahrscheinlichkeit einzutreten pflegt[76].

Allein die Fassung des Gefahrbegriffes im Sinne „hinreichender" Wahrscheinlichkeit eines Schadenseintritts läßt diesen Begriff nicht als detailliert genug erscheinen, um ihm eine Aussage für unsere Problematik entnehmen zu können. Der Vagheit dieses Begriffes könnte nur begegnet werden, indem man andere — festere — Kriterien aufspürt und mit ihrer Hilfe den Gefahrbegriff in spezifischer Weise eingrenzt[77]. Greift man aber hierbei, wie die Aufopferungsrechtsprechung des Bundes-

---

[74] Hier auch *Scheuner*, VVDStRL 20 (1963), 261/265: Die Gefährdung ist im Grunde nur eine besondere Präzisierung der adäquaten Kausalität. Sie ist eine Kausalitätsvermutung oder auch eine Rechtswidrigkeitsvermutung und hat im wesentlichen die Funktion, einen entstandenen Schaden auf alle Fälle mit einer Haftung zu verbinden. *Jaenicke*, VVDStRL 20 (1963), 135/136 f., 272.

[75] Vgl. auch *Leisner*, VVDStRL 20 (1963), 185/222; ders., VerwArch 54 (1963), 369/374; vgl. auch *Bender*, Staatshaftungsrecht, Rz. 23 (S. 16) Fn. 58.

[76] Nur BVerwGE 28, 310/315 f.; BVerwG NJW 1970, 1890/1892; BVerwGE 35, 319/321; für das Strafrecht etwa BayObLG NJW 1959, 734; BGHSt MDR 1971, 149.

[77] *Salzwedel*, AöR 87 (1962), 82/94 ff., insbes. 103: Soweit es an einem Eingriff gegenüber dem Geschädigten oder überhaupt fehlt, ist die Gefährlichkeit der schadenskausalen Hoheitstätigkeit anspruchsbegründendes Moment. Salzwedel greift zur weiteren Begrenzung dann aber im folgenden (103 f.) auf die typische, spezifische Gefährlichkeit der Hoheitshandlung zurück. Zur Notwendigkeit weiterer Bestimmung auch *Leisner*, VVDStRL 20 (1963), 185/206, 222; ders., VerwArch 54 (1963), 369/374. Weitere Eingrenzung fordert auch *Forst-*

gerichtshofes[78], auf den Begriff der Sondergefahr, d. h. der Gefahr, der nicht jedermann ausgesetzt ist, zurück, so bewegt man sich unversehens auf einer anderen Ebene. Mit der Bestimmung der Sondergefahr als gleichheitswidriger Gefahrenlage hat man sich von der Feststellung der hier geforderten Zurechnung weg zur Sonderopferprüfung hin begeben[79].

4. Die Theorie der wesentlichen Ursache

Für die Bereiche der gesetzlichen Unfallversicherung[80] und der Kriegsopferversorgung[81] hat sich das Bundessozialgericht im Anschluß an die Rechtsprechung des Reichsversicherungsamtes[82] von der zivilrechtlichen Adäquanztheorie gelöst. Seine Rechtsprechung sieht in den genannten Rechtsgebieten diejenigen Ursachen als rechtserheblich an, die wegen ihrer besonderen Beziehung zum Erfolg zu dessen Eintritt wesentlich mitgewirkt haben. Kommt einem der Umstände gegenüber dem anderen eine überragende Bedeutung zu, so soll er allein Ursache im Rechtssinne sein[83]. Ganz entsprechend wird auch im Polizeirecht[84] und im Beamten-

---

hoff, Verwaltungsrecht I, 335, für die von ihm gebilligte Gefährdungshaftung: Der Bewertungsmaßstab wird i. d. R. von der Gefahrenquelle her gegeben sein. Der Schaden muß die unmittelbare Folge der Realisierung der Gefahr sein, er darf nicht mittelbar durch die Gefahr bedingt sein. Vgl. auch *Esser*, Gefährdungshaftung, 91.

[78] BGHZ 20, 61/66; 17, 172/173 f.; 46, 327/330 f.; auch BGHZ 28, 310/313; *Wilke*, Haftung, 79.

[79] Ebenfalls abl. *Bettermann*, DÖV 1954, 299 ff.; *Bender*, Staatshaftungsrecht, Rz. 22 (S. 16); *Bull*, DÖV 1971, 305/306; *Jaenicke*, VVDStRL 20 (1963), 135/168; *Janssen*, Entschädigung, 156; *Leisner*, VVDStRL 20 (1963), 185/226; *Luhmann*, Entschädigung, 138 ff.; *Rinck*, Gefährdungshaftung, 137; *Schack*, DÖV 1961, 728 ff.; *Tiedemann*, NJW 1962, 1760/1761; *Weimar*, JR 1958, 96; *Wolff*, Verwaltungsrecht I, §§ 60 II c, 66 (S. 416, 451 ff.); vgl. demgegenüber *Barkhau*, Nothilfeleistungen, 84 f.; *Katzenstein*, MDR 1952, 193/195; *Kind*, jur. Diss., 33 ff.; *Zeidler*, Technisierung, 8 ff.; *ders.*, DVBl 1959, 681/685 ff.; OLG Neustadt MDR 1958, 427; neuerdings auch *Schulte*, Eigentum, 143 ff.; ausdrücklich abl. gegenüber öffentlich-rechtlicher Gefährdungshaftung die neuesten Entscheidungen des Bundesgerichtshofes: BGHZ 54, 332/336 f.; BGHZ 55, 229/232 ff.; BGH NJW 1971, 750.

[80] BSGE 1, 76; 1, 150/157.

[81] BSGE 11, 50/53 f.; 13, 40/41; 19, 275 ff.

[82] Vgl. den Bericht von *Weishäupl*, Kausalität, 188 ff.

[83] Zur Theorie der wesentlichen Bedingung im Recht der Kriegsopferversorgung und Unfallversicherung: *Haueisen*, JZ 1961, 9 ff.; *Kraemer*, NJW 1965, 183 ff.; *Pesch*, NJW 1958, 1074 ff./1076; *ders.*, DVBl 1959, 43 ff.; *Reiff*, NJW 1961, 630 ff.; *Weishäupl*, Kausalität, 188 ff.; *Heinrichs* in Palandt, Anm. 5 c vor § 249 BGB.

[84] Vgl. schon PrOVGE 40, 217; 44, 426; 80, 177; 82, 351/359; 83, 262; OVG Münster OVGE 5, 185/187; OVGE 14, 265/268; OVG Lüneburg OVGE 14, 397/402 f.; *E.-W. Böckenförde*, JuS 1966, 359/365; *Drews-Wacke*, Polizeirecht, 223 ff.; *Kraemer*, NJW 1965, 183/186 f.; *Vogel*, JuS 1961, 91/92; *Wolff*, Verwaltungsrecht III, § 127 I b (61).

B. Die Zurechnungskriterien einer Eigentumsbeeinträchtigung 115

unfallrecht[85] verfahren. Auch im Steuerrecht beruft man sich bei der Zurechnungsbestimmung auf das Merkmal der wesentlichen Ursache[86].

Die Theorie der wesentlichen Bedingung kann nicht unbesehen auf das Gebiet des Enteignungsrechts übernommen werden[87]. Ausgangspunkt jeglicher Kausalitätsfeststellung ist — wie erwähnt — die Gleichwertigkeit aller den Erfolg fördernder Bedingungen. Es gibt im logischen Sinne keine wesentliche, weniger wesentliche oder gar unwesentliche Bedingung. Das bedeutet, daß das Merkmal der Wesentlichkeit[88], als Zurechnungskriterium verwendet, ein Wertbegriff ist[89]. Nur mit Hilfe einer Wertung ist zu realisieren, ob eine Ursache neben anderen wegen ihrer besonderen Beziehung zum Erfolg wesentlich mitgewirkt hat[90]. Die subjektivierende Wirkung dieses Werturteils könnte nur abgefangen werden, füllte man den Begriffsinhalt der Wesentlichkeit mit weiteren objektiven Kriterien auf[91]. Damit erweist sich aber, daß das Merkmal der Wesentlichkeit (als Werturteil) allein nicht geeignet ist, die geforderte Unmittelbarkeit eines Eingriffs auf enteignungsrechtlichem Gebiete näher aufzuhellen.

5. Die Normzwecklehre

Konnten die Wahrscheinlichkeitsmaßstäbe der Adäquanztheorie und des Gefahrbegriffes sowie das Kriterium der wesentlichen Ursache nichts zur Bestimmung enteignungsrechtlich relevanter Zurechnungskriterien beitragen, richtet sich der Blick nun auf die neuere zivilistische Entwicklung einer Haftungsbegrenzung.

Im Anschluß an Armin Ehrenzweig[92], Walter Wilburg[93] und vor allem Ernst Rabel[94] forderte Ernst v. Caemmerer[95], daß sich die Schadenszurechnung im Privatrecht generell nach Schutzzweck und Schutzumfang der anzuwendenden Norm zu richten haben. Diese Lehre konnte sich auf eine

---
[85] BVerwGE 7, 48/49 m. w. Nachw.; 10, 258/260; BVerwG NJW 1960, 260; jüngst BVerwG DÖV 1971, 750; OVG Lüneburg OVGE 11, 425; OVG Münster DÖV 1958, 907/910; VGH Kassel DÖV 1960, 146; vgl. hierzu auch *Pesch*, DVBl 1959, 43 ff.
[86] Hierzu kritisch *Lange*, BB 1971, 405/407.
[87] A. A. *Kraemer*, NJW 1965, 183/187; vgl. auch *Bender*, Staatshaftungsrecht, Rz. 240 m. Fn. 547 (S. 153).
[88] Vgl. schon *Birkmeyer*, Ursachenbegriff und Kausalzusammenhang im Strafrecht, 1885: Ursache ist nur die wirksamste Bedingung.
[89] So auch *Kraemer*, NJW 1965, 183/184.
[90] BVerwGE 10, 258/260; *Heinrichs* in Palandt, Anm. 5 c vor § 249 BGB.
[91] So verfährt auch *Klingmüller*, Kausalitätsbegriff, 127/134.
[92] System, 39 ff., 72 ff.
[93] JheringsJb 82 (1932), 51 ff., 100 ff.; ders., Elemente, 240 ff.
[94] Warenkauf I, 495 ff.
[95] Kausalzusammenhang, 12, 18.

alte Rechtsprechung zu § 823 Abs. 2 BGB stützen, nach der ein Schaden nur insoweit zu ersetzen sei, als er durch die Verwirklichung derjenigen Gefahr verursacht worden ist, die das Schutzgesetz verhindern wolle[96]. Der Bundesgerichtshof stellt in Verfolg der von Ernst v. Caemmerer entwickelten Lehre auch im Bereich des § 823 Abs. 1 BGB Normzweckerwägungen an[97]. Auch bei Amtshaftungssachen[98], Aufopferungsfällen[99], ja überhaupt im öffentlich-rechtlichen Entschädigungsrecht[100] fordert man eine Anwendung der Normzwecklehre.

Im unterverfassungsrechtlichen Bereich schlagen einer Normzwecklehre gewichtige Bedenken entgegen, da die Feststellung des Normzweckes vielfach erhebliche Schwierigkeiten in sich birgt[101]. Anders liegt es auf dem Gebiete des Eigentumsschutzes nach Art. 14 GG. Ausgangspunkt kann hier nicht eine Normzweckbestimmung der unterverfassungsrechtlichen Norm sein, auf die sich die hohe Hand in ihrer Tätigkeit im einzelnen stützt. Vielmehr ist unmittelbar von Art. 14 GG, dessen Schutzcharakter manifest ist, auszugehen, will man nicht den durch Art. 14 GG vermittelten Schutz beeinträchtigen; denn abgesehen von jenen Schwierigkeiten, die eine Ermittlung des Zwecks der unterverfassungsrechtlichen Rechtsnorm, auf die sich die hohe Hand beruft, bereitet, läßt eine derartige Eingrenzung der Entschädigungsverpflichtung über den Normzweck jene Nebenfolgen beim Gesetzesvollzug außer acht, die gleichfalls die Schwere enteignender Wirkung erreichen können und auch dazu ge-

---

[96] Etwa LG Hannover Recht 1910, 36 (Kegeljunge); RGZ 63, 324; 73, 30; 82, 206; BGHZ 12, 213/217; 19, 114/126.

[97] BGHZ 27, 137; 30, 154; 41, 123; 44, 377; BGH MDR 1963, 123; LG Dortmund VersR 1963, 246; BGH NJW 1958, 1044; OLG Hamm VersR 1969, 762/763; LG Stuttgart MDR 1969, 574; BGH JZ 1969, 702/703; BGH NJW 1970, 421; zust. etwa *Berg*, NJW 1970, 515 f.; *Deutsch*, JZ 1966, 558; *Stoll*, Kausalzusammenhang, 19 ff.; *Lehmann*, NJW 1959, 670; *Rudolphi*, JuS 1969, 549/550; *E. Schmidt*, VersR 1970, 395; *Heinrichs* in Palandt, Anm. 5 c vor § 249 BGB; vgl. auch *Huber*, JZ 1969, 677 ff.; *Th. Raiser*, JZ 1963, 462/464; kritisch *Schickedanz*, NJW 1971, 916/917 f. m. w. Nachw.

[98] *J. Blomeyer*, JR 1971, 142/145; *Stoll*, Kausalzusammenhang, 12, gegen BGHZ 30, 154 ff.

[99] *Bydlinski*, Schadensverursachung, 64 Fn. 149; *v. Caemmerer*, 43. DJT, C 74; *Kötz*, JZ 1968, 285/287; *H. Lange*, Gutachten, 3/14; *Larenz*, 43. DJT, C 50.

[100] *Kind*, jur. Diss., 94 ff.

[101] Die übliche Berufung auf den Willen des Gesetzgebers macht den Zweck der Norm einmal von der Formulierungskunst des Gesetzgebers, dann aber auch von sich nicht aus juristischer Subsumtion erschließenden Vorstellungen des Norminterpreten abhängig. Kritisch etwa *Henke*, Recht, 33 ff., 40 ff., 57 ff., 76; *Bachof*, Jellinek-Gedächtnisschrift, 287/292 ff.; kritisch auch *Schickedanz*, NJW 1971, 916/918; *Kloepfer*, Entstehenssicherung, 4 m. Fn. 14; vgl. BVerfGE 7, 342/355 (in anderem Zusammenhange): Es ist nicht möglich, die Unterscheidung von öffentlichem und privatem Recht vom Gesetzeszweck abhängig zu machen. Denn es ist außerordentlich schwer festzustellen, ob ein Gesetz überwiegend dem Schutz öffentlicher oder privater Interessen dient; auch BVerfGE 16, 27/61.

führt haben, das Finalitätserfordernis beim Eingriffsbegriff zu verabschieden.

Mit der unmittelbaren Berufung auf Art. 14 GG ist nun der entscheidende Aspekt weiteren Vorgehens bezeichnet; denn geht man davon aus, daß grundrechtlicher Eigentumsschutz Rechtsmacht bedeutet, Einwirkungen der hohen Hand auf die durch die Eigenumsgarantie geschützten Gegenstände auszuschließen[102], dann kann nur alles darauf ankommen, auf einer ersten Stufe den Bereich derjenigen Handlungen abzustecken, die — als der hohen Hand zuzuschlagen — den Grundrechtsschutz des Art. 14 GG aktualisierende Einwirkungen im Gefolge haben können, und sodann — auf einer zweiten Stufe — den Umfang dieser zu entschädigenden Einwirkungen abzugrenzen.

III. Die Zurechnung von Eigentumsbeeinträchtigungen zum Tätigkeitsbereich hoher Hand

1. Der Einsatz von Befehl und Zwang als Kriterium des Vorgehens hoher Hand?

Art. 14 GG selbst gibt keine Auskunft über die nähere Beschaffenheit der Maßnahmen, die in der Lage sind, grundrechtlichen Eigentumsschutz zu begründen. Klarheit verschafft auch nicht die Heraushebung der Enteignung in Art. 14 Abs. 3 GG als besonderer Eigentumseingriff[103]. Die Rechtsmacht, Einwirkungen der hohen Hand auf den durch die Eigentumsgarantie geschützten Bezirk auszuschließen, wirkt umfassend, sie richtet sich nicht nur gegen die spezifische Form der Enteignung[104]. Gleichgültig, ob man die Enteignung als (zulässigen) Einbruch in die Eigentumsgarantie mit der Rechtsfolge besonderen Rechtsschutzes in Entschädigungsform ansieht[105] oder betont, daß die Enteignung im Grunde — durch die mit ihr verbundene Entschädigungspflicht — keine Lockerung, sondern gerade die Bestätigung der Eigentumsgarantie darstellt[106],

---

[102] BVerfGE 24, 367/396.
[103] Enteignung als Sonderfall der Eigentumsentziehung; *Anschütz*, VerwArch 5 (1897), 1/23; *Kirchheimer*, Grenzen, 39; *v. Mangoldt-Klein*, Art. 14 GG Anm. IV 2, VI 1 (430, 435); *E. R. Huber*, Wirtschaftsverwaltungsrecht II, 15; *Reinhardt*, Verfassungsschutz, 1/2; *Stree*, Deliktsfolgen, 90.
[104] *Friauf*, JurA 1970, 299/305: Die Gewährleistungsfunktion (des Eigentums) ist auch dort wirksam, wo eine Enteignung begrifflich nicht in Frage kommen kann.
[105] Vgl. nur *Pagendarm*, WM 1958, 1350/1351.
[106] *Häberle*, Wesensgehaltsgarantie, 122/205; *C. Schmitt*, Verfassungsrechtliche Aufsätze, 140/163; ders., Verfassungsrechtliche Aufsätze, 452/509; *Schulte*, DVBl 1965, 386/387: Auch Enteignung ist Inhaltsbestimmung; *W. Weber*, Grundrechte Bd. II, 331/383; SchweizBGE 37 I, 521; in diese Richtung zielen

bleibt eine besondere Korrelation zwischen Enteignungsbegriff und allgemeinem Eigentumsschutz zu vermerken[107]. Es ist die gleiche Tätigkeit hoher Hand, die den allgemeinen Eigentumsschutz nach Art. 14 Abs. 1 GG aktualisieren wie auch zur Leistung von Enteignungsentschädigung verpflichten kann. Die Enteignung hebt sich nur durch die besondere Schwere des Eigentumseingriffes von der den Schutz des Art. 14 Abs. 1 GG begründenden Eigentumsbeschneidung ab.

Weder der Wortlaut des Art. 14 GG noch die spezielle Heraushebung der Enteignung aus dem prinzipiellen Eigentumsschutz haben sich nach allem als hilfreich erwiesen. Um den Bereich der Handlungen hoher Hand abzustecken, die grundrechtlichen Eigentumsschutz begründen können, müssen allgemeinere Überlegungen das nötige Material liefern.

Kernbereich hoheitlicher Tätigkeit ist seit jeher obrigkeitliches Vorgehen mit den Mitteln von Befehl und Zwang[108]. Einwirkungen, die durch Tätigkeiten im Bereiche schlichter Hoheitsverwaltung entstanden, sollten nicht mehr den erforderlichen hoheitlichen Charakter tragen, da sie aus dem geschilderten Kernbereich herausfielen[109]. Eine solche Auffassung schwingt vielfach auch heute noch in Meinungen mit, die zur rechtlichen Qualifikation von Immissionen hoher Hand im Bereich des Nachbarrechtes vertreten werden[110]. So begründet man beispielsweise den Ausschluß der genannten Immissionen aus dem Bereich hoheitlicher Tätigkeit, indem man darauf hinweist, daß sich die öffentliche Hand mit ihrem Grundeigentum auf dem Boden des Privatrechts bewege und demzufolge auch nur dessen Normen unterworfen sein könnte[111].

---

auch die Auffassungen, die in der Eigentumsgarantie eine Wertgarantie sehen: so schon *L. Stein*, Verwaltungslehre, 7. Teil, 76 f.; *M. Wolff*, Kahl-Festgabe, 13; vgl. auch *Dürig*, JZ 1954, 4/7; *ders.*, ZgesStW 109 (1953), 326/335; *ders.*, AöR 81 (1956), 117/132; *Hoffmann*, Währungsparität, 55 f., 60; *Luhmann*, Entschädigung, 160; *ders.*, Grundrechte, 124; *Reinhardt*, Verfassungsschutz, 29 f.; *ders.*, Gutachten, 237/286; *Stein*, Müller-Festschrift, 503/525; *Suhr*, Eigentumsinstitut, 26 f.; *W. Weber*, Grundrechte Bd. II, 331/350.

[107] *Ehlermann*, Wirtschaftslenkung, 76; *Huber*, Wirtschaftsverwaltungsrecht II, 20 f.; *Hoffmann*, Währungsparität, 55; *v. Mangoldt-Klein*, Art. 14 GG Anm. VII 5 (444 f.); *Klußmann*, Zulässigkeit, 54, 86 ff.; *Külz*, Staatsbürger und Staatsgewalt II, 293/306; *Scheuner*, DÖV 1954, 587/588.

[108] Vgl. etwa *Anschütz*, VerwArch 5 (1897), 1/86 f.; RGZ 93, 255/258; RGZ 156, 305/306; RG Warn 1927, Nr. 173.

[109] *Schack*, BB 1965, 341 ff.; *Stödter*, Öffentlichrechtliche Entschädigung, 6; RGZ 93, 255/258; RGZ 113, 301/304.

[110] *Faber*, NJW 1968, 47; *Döbereiner*, NJW 1968, 1916 Fn. 3; *Kleindienst*, NJW 1968, 1953/1954; *Gather*, DWW 1966, 51/55; *Fromm*, AfE 1964, 166; *Riedel*, jur. Diss., 46; *Schack*, DÖV 1965, 616/617 Fn. 4; *ders.*, NJW 1968, 1914/1915; *ders.*, Betrieb 1968, 2115/2117; a. A. *ders.* noch JuS 1963, 263/266; *Jaenicke*, VVDStRL 20 (1963), 135/169 ff.; *E. Schneider*, MDR 1965, 439/441; *Stödter*, Öffentlichrechtliche Entschädigung, 4 ff.; *Wilke*, Haftung, 76; vgl. etwa auch aus der Rechtsprechung BGH DÖV 1963, 855; NJW 1968, 549; NJW 1968, 1133; BGHZ 16, 366/374; BGHZ 49, 148; hierzu eingehend *Schulte*, Eigentum, insbes. 169 ff., 173 ff.

B. Die Zurechnungskriterien einer Eigentumsbeeinträchtigung 119

Die Qualifikation von Maßnahmen hoher Hand als hoheitlich ausschließlich in den Fällen, in denen die hohe Hand mit Befehl und Zwang vorgeht, bedeutete zu Zeiten, als gegen hoheitliche Maßnahmen gar kein oder nur mangelhafter Rechtsschutz gegeben war, eine Sicherung des Bürgers. Eine enge Auslegung des Bereichs des „Hoheitlichen" hatte für den Betroffenen eine Erweiterung des Rechtsschutzes auf dem Zivilrechtswege im Gefolge[112]; zwar gewährte der so gewonnene Schutz keinen Abwehranspruch gegen hoheitliche Beeinträchtigung, wohl aber immerhin einen Schadensersatzanspruch[113].

Die Herausstellung eines breiten Bandes privater Tätigkeit der hohen Hand mag zur Zeit reichsgerichtlicher Rechtsprechung[114] aus den berichteten Rechtsschutzgründen zu motivieren gewesen sein[115]. Das Bild hat sich jedoch durch den Ausbau verwaltungsgerichtlichen Rechtsschutzes gegen rechtswidrige hoheitliche Beeinträchtigungen jeglicher Art unter der Geltung des Grundgesetzes erheblich — Art. 19 Abs. 4 — gewandelt.

Hinzu kommt, daß das Grundgesetz in Art. 1 Abs. 3 neben der Gesetzgebung und der Rechtsprechung auch die vollziehende Gewalt als unmittelbar geltendes Recht bindet. Dies gilt ganz gleichmäßig für alle Erscheinungsformen öffentlicher Verwaltung. Einer Unterscheidung in obrigkeitliche und schlichthoheitliche[116] Verwaltung ist — was die Grund-

---

[111] So schon RGZ 159, 131; weitere Nachw. zur reichsgerichtlichen Rechtsprechung *Schulte*, Eigentum, 161 ff.; *Kleindienst*, NJW 1968, 1953/1954; *Schack*, Betrieb 1968, 2115/2116; BGHZ 15, 146/150; BGHZ 49, 148/150; BGH Betrieb 1968, 2128; hierzu auch BGHZ 54, 384/387; abl. *Schulte*, Eigentum, 169 ff., 173 ff.; vgl. ferner *Holstein*, Öffentlich-rechtliche Eigentumsbeschränkung, 69 ff.

[112] *Forsthoff*, Verwaltungsrecht I, 106 f.; *Frentzel*, Wirtschaftsverfassungsrechtliche Betrachtungen, 7; *Martens*, Öffentlich, 89; *Zeidler*, VVDStRL 19 (1961), 208/221 f.

[113] *O. Mayer*, Verwaltungsrecht I, 53: Da man gegenüber dem Staat selbst nichts ausrichtet und der Fiskus nicht mehr tun kann als zahlen, so läuft alle Garantie im Polizeistaat auf den Satz hinaus „dulde und liquidiere"; vgl. auch *Stödter*, Öffentlich-rechtliche Entschädigung, 61; *Fleiner*, Institutionen, 34: In Ermangelung anderer Rechtsbehelfe übernimmt dieser Anspruch die Funktion einer Rechtsschutzeinrichtung im Gebiet des öffentlichen Rechts; *W. Jellinek*, Verwaltungsrecht, 87.

[114] Qualifizierung von Einwirkungen als privatrechtlich: RGZ 7, 265; 17, 103 (jeweils Funkenflug bei Eisenbahnbetrieb); RGZ 57, 224 (Straßenbahndepot); RGZ 58, 130 (Funkenflug); 63, 374 (Rohrbruch); 73, 270 (Rohrpostanlage); 97, 290 (Arbeitszug); 98, 347 (Bahngleisverlegung); RG U. v. 29. 6. 1923 — III 828/22 (Rangierzug); RG Warn 1925, Nr. 67 (Postbetrieb); RGZ 113, 301/304 (Kabelbeschädigung); RGZ 159, 129/135 (Reichsautobahn).
Qualifizierung von Einwirkungen als hoheitlich: RGZ 44, 225 (Artilleriewerkstatt); 54, 260 (Stromregulierung); RGZ 56, 25 (Kirchenglocken); RGZ 79, 427 (Patentverletzung); RGZ 96, 215/218 (Schießübungen); RGZ 94, 102 (Militärkraftwagen); RGZ 107, 271 (Plündernde Soldaten); RGZ 108, 387 (Militärisches Gespann); RG JW 1938, 2668 (Reichspost).

[115] Zu ähnlichen Problemen *Lerche*, Ordentlicher Rechtsweg, 68 ff.

[116] Kritisch zu diesem Begriff *Leisner*, Öffentlichkeitsarbeit, 54 ff., 58 ff.

rechtsbindung der Verwaltung betrifft — schon von hierher heute der Boden entzogen. Eingriffs- und Leistungsverwaltung sind gleichberechtigte Teile öffentlicher Verwaltung und unterliegen beide grundrechtlicher Bindung[117]. Eine solche Auffassung entspricht auch der tatsächlichen Entwicklung; denn hoheitliche Tätigkeit besteht heute nur noch zum geringeren Teile in der Ausübung staatlichen Befehls und Zwanges, denkt man an den weiten Bereich der Daseinsvorsorge, der pflegenden Verwaltung, Fürsorgeverwaltung u. a. m. Diese Verwaltung zeichnet aber gerade das Fehlen von Befehl und Zwang im herkömmlichen Sinne aus[118]. Das Ergebnis, daß grundrechtlicher Eigentumsschutz nicht von der Ausübung von Befehl und Zwang abhängig sein kann, folgt überdies zwangsläufig aus der Entwicklung des Enteignungsbegriffes selbst. Voraussetzung der Annahme, daß von Eigentumseingriffen nur dort gesprochen werden dürfte, wo die hohe Hand mit Befehl und Zwang gegen den Eigentümer vorgeht, kann nur ein formalisierter Enteignungsbegriff sein. So machte gerade der Einsatz von Befehl und Zwang als den eigentlichen Hoheitsrechten das hoheitliche Handeln im Sinne klassischen (formalisierten) Eingriffes aus[119]. Gibt man nun aber das Finalitätserfordernis eines Eigentumseingriffes auf, ja verlangt man nicht einmal eine Vorhersehbarkeit des Eigentumseingriffes, so verzichtet man gleichzeitig auf den Einsatz von Befehl und Zwang; denn Einsatz von Befehl und Zwang setzt zielgerichtetes, zumindest vorhersehbares Handeln hoher Hand voraus[119a].

2. Eigentumseingriff hoher Hand nur bei Wahrnehmung öffentlicher Aufgaben?

Läßt sich über das Merkmal „Vorgehen mit Befehl und Zwang" nichts für die Feststellung des Bereiches gewinnen, in dem der Grundrechtsschutz des Art. 14 GG aktualisiert wird, so könnte man daran denken, einen Eigentumseingriff im Sinne von Art. 14 GG immer dann anzunehmen, wenn und soweit die Eigentumsbeeinträchtigung auf einer Handlung hoher Hand beruht, die der Erfüllung öffentlicher Aufgaben dient. Eine solche Auffassung findet ihre Parallele in allgemeinen Überlegungen zur Grundrechtsgeltung im Fiskalbereich.

---

[117] BGHZ 16, 111/113; 24, 138/150; nur etwa *Brohm*, Strukturen, 180 ff., 184 m. w. Nachw.; *Dürig* in Maunz-Dürig-Herzog Art. 1 Abs. 3 GG Anm. 109 ff.; *Isensee*, Subsidiaritätsprinzip, 212 f.

[118] *Ipsen*, Planung II, 63/74, 90, 92 ff.; *Martens*, Öffentlich, 90 f.; *Dürig* in Maunz-Dürig-Herzog Art. 1 Abs. 3 GG Anm. 109 ff.; *Rüfner*, Formen, 134 ff.

[119] *Dürig*, JZ 1953, 194; *Martens*, Öffentlich, 89; *Menger*, DÖV 1955, 587 f.; *Rupp*, DVBl 1958, 113 f.

[119a] Im gerügten Sinne auch BVerfGE 14, 263/277; *Bettermann*, Grundrechte Bd. III/2, 779/866; *Jaenicke*, Haftung, 84, 89; *T. Krüger*, Enteignung, 88; *Maunz* in Maunz-Dürig-Herzog Art. 14 GG Anm. 71.

B. Die Zurechnungskriterien einer Eigentumsbeeinträchtigung

Zwar wird heute überwiegend anerkannt, daß fiskalische Verwaltung grundsätzlich keine grundrechtsfreie Verwaltung ist[120]. Die prinzipielle Grundrechtsgeltung im sog. „Fiskalbereich" soll aber nach weit verbreiteter Ansicht dort ihre Grenze finden, wo der primäre Zweck der fiskalischen Staatstätigkeit nicht identisch ist mit der öffentlichen Aufgabe, sondern dieser öffentlichen Aufgabe allenfalls sekundär dient[121].

Schon vom Grundsätzlichen her melden sich Bedenken gegen eine derartige Eingrenzung grundrechtlichen Geltungsbereiches an: Art. 1 Abs. 3 GG bindet die Verwaltung an die Grundrechte, ohne zwischen den Erscheinungsformen der Verwaltung zu differenzieren. Hiergegen vermag auch der Hinweis auf die ständige Wechselwirkung zwischen Staat und Gesellschaft[122] nichts auszurichten; denn damit vermögen sich allenfalls die Grenzen der Geltungsweite eines einzelnen, jeweils zu untersuchenden, Grundrechts verschieben. Das grundsätzliche Geltungsgebot aller Grundrechte, das jegliches Staatshandeln beherrscht und die Bindung öffentlicher Tätigkeitsformen erfordert, ist nicht berührt.

Sollte man der Tätigkeit hoher Hand trotz der geschilderten verfassungsrechtlichen Lage einen grundrechtsfreien Raum zubilligen wollen, so schlagen dem Kriterium „Erfüllung öffentlicher Aufgaben" gewichtige Zweifel entgegen.

Ihren Grund finden diese Bedenken in der Schwierigkeit, Aufgaben nachzuweisen, die von Natur aus solche der öffentlichen Verwaltung

---

[120] BGHZ 29, 76; 33, 230; 36, 91; *Bachof*, Grundrechte Bd. III/1, 155/175; *Becker*, VVDStRL 14 (1956), 96/111; *Dürig*, Nawiasky-Festschrift, 157/186 Fn. 64 f. m. w. Nachw.; ders., ZgesStW 109 (1953), 326/340 f.; ders., BayVBl 1959, 201; ders. in Maunz-Dürig-Herzog Art. 1 Abs. 3 GG Anm. 134; *Hamann*, Wirtschaftsverfassungsrecht, 98; *Isensee*, Subsidiaritätsprinzip, 204 ff.; *Leisner*, Werbefernsehen, 158; ders., Grundrechte, 206 ff.; *Rupp*, Privateigentum, 23 f. (m. Fn. 24); *K. Vogel*, VVDStRL 24 (1966), 125/147 f.; *Wolff*, Verwaltungsrecht I, § 23 II b 1 (S. 100); vgl. auch *Bettermann*, Hirsch-Festschrift, 1/19; *Forsthoff*, BayVBl 1964, 101/102; *H. H. Klein*, Teilnahme, 165 - 178, 216 - 228; *Scheuner*, VVDStRL 19 (1961), 264 ff.

[121] Grundlegend hierzu *Siebert*, Niedermayer-Festschrift, 215/220 ff., 229 ff.; vgl. weiter auch *Badura*, Verwaltungsmonopol, 248 ff.; ders., JuS 1961, 17/20; *Bender*, Staatshaftungsrecht, Rz. 145 ff. (S. 102 ff.) m. vielen Nachw.; *Dürig*, Nawiasky-Festschrift, 157/184 ff.; ders. in Maunz-Dürig-Herzog Art. 1 Abs. 3 Anm. 134; *Rupp*, Privateigentum, 17 ff.; *Ipsen*, DVBl 1956, 461/466; ders., Grundrechte Bd. II, 111/144 Fn. 109; *Wertenbruch*, JuS 1961, 105/108 ff.; *Wolff*, Verwaltungsrecht I, § 23 II (S. 97 ff.); abl. zum Zweckerfordernis *Leisner*, Grundrechte, 202; *Geiger*, Grundrechte, 26 f.: Maßgebend ist die gewählte Rechtsform, nicht der Zweck des Rechtsgeschäfts; kritisch *Mallmann*, VVDStRL 19 (1961), 165/195; vgl. *Köttgen*, DVBl 1953, 485/488; zum Fiskalbereich auch *Jaenicke*, Haftung, 72, 80, 86, 110; *Rupp*, Privateigentum, 18 ff., 23 ff. Aus der Rechtsprechung: BGHZ 29, 76; 33, 230; 36, 91; 52, 321/328 f.; BGH JZ 1959, 405 m. Anm. *Raiser*; OLG Düsseldorf Betrieb 1968, 346; LG Heidelberg NJW 1966, 1922.

[122] *Brohm*, Strukturen, 183; *Ellwein*, Regierung, 85, spricht von vergesellschaftetem Staat und staatlicher Gesellschaft. *Jürgens*, VerwArch 53 (1962), 105/142; *Leisner*, Grundrechte, 180; *Stern*, JZ 1962, 181/182.

sind[123]. Derartige Aufgaben ließen sich bestimmen, wenn ein spezifischer materieller Begriff öffentlicher Verwaltung gegeben wäre. Ein solcher Begriff existiert aber nicht[124]. So wird Verwaltung etwa beschrieben als „Tätigkeit des Staates zur Erreichung seiner Lebenszwecke"[125], als „Sozialgestaltung auf dem Boden des Rechts"[126], als „planmäßige, in ihren Zielen und Zwecken durch die Rechtsordnung und innerhalb dieser durch die politischen Entscheidungen der Regierung bestimmte und zugleich begrenzte Staatstätigkeit zur Gestaltung der Sozialordnung durch konkrete Maßnahmen"[127] oder schließlich als „mannigfaltige, zweckbestimmte, nur teilplanende, selbstbeteiligt entscheidend durchführende und gestaltende Wahrnehmung der Angelegenheiten von Gemeinwesen und ihrer Mitglieder als solcher"[128].

Alle diese Ausführungen besitzen im Einzelfalle nicht den Erkenntniswert, den eine Begriffsbestimmung in sich tragen muß, sie sind nur positive Umschreibungen dessen, was schon früher negativ festgestellt wurde als Tätigkeit des Staates zur Verwirklichung seiner Zwecke unter seiner Rechtsordnung, sofern sie weder Gesetzgebung noch Rechtsprechung ist[129].

Aber auch Begriffsfassungen, die zur Feststellung von öffentlichen Aufgaben darauf abheben wollen, ob an deren Erfüllung die Öffentlichkeit maßgeblich interessiert ist[130] oder ob die Erfüllung der in Frage stehenden Aufgaben öffentlichen Zwecken dient[131], sind zu vage, um recht-

---

[123] *Ellwein*, Einführung, 31: Eine zureichende Lehre von den öffentlichen Aufgaben fehlt bislang; *Emmerich*, Wirtschaftsrecht, 123; *Leisner*, Grundrechte, 201 ff.; *Rüfner*, Formen, 389 f., 397; *Zeidler*, VVDStRL 19 (1961), 208/216 ff.; vgl. auch *Ossenbühl*, VVDStRL 29 (1971), 150 ff., 204 (LSe. 6 - 8).

[124] Abl. auch *Bachof*, EvStL, Verwaltung, Sp. 2391; *Forsthoff*, Verwaltungsrecht I, 1; *Emmerich*, Wirtschaftsrecht, 123; *Maunz*, VerwArch 50 (1959), 315 f.; *Wolff*, Verwaltungsrecht I, § 2 I c (8); vgl. auch *Bogs*, BB 1963, 1269 f.; *Scholler*, Person, 345; zu den Abgrenzungsschwierigkeiten von Verwaltungsprivatrecht und „echtem" Fiskalbereich *Leisner*, Öffentlichkeitsarbeit, 46 f.; *Schaumann*, JuS 1961, 110 f.; 115; beschreibend *Ellwein*, Einführung, 36 ff. zum Verwaltungsbegriff, 108 ff.

[125] *Bähr*, Rechtsstaat, 52; *Fleiner*, Institutionen, 7.

[126] *Forsthoff*, Verwaltungsrecht I, 4.

[127] *Wolff*, Verwaltungsrecht I, § 2 III (S. 13).

[128] *Bachof*, EvStL, Verwaltung, Sp. 2391.

[129] O. *Mayer*, Verwaltungsrecht I, 1. Aufl. 1895, 9/13; W. *Jellinek*, Verwaltungsrecht, 6; vgl. auch *Ellwein*, Einführung, 108 f.

[130] *Isensee*, Subsidiaritätsprinzip, 176 f. (Fn. 94); *Leisner*, Werbefernsehen, 26; *Martens*, Öffentlich, 99, 117 f.; H. *Peters*, Nipperdey-Festschrift II, 877/878. Ähnlich *Scheuner*, Peters-Gedächtnisschrift, 797/813; vgl. auch *Scholler*, Person, 74 ff.

[131] *Bachof*, VVDStRL 12 (1954), 37/62; *Köttgen*, Erwerbswirtschaftliche Betätigung, 13; ders., VVDStRL 6 (1929), 105/112 f.; *Leisner*, Öffentlichkeitsarbeit, 46 f.; vom Bestehen originär öffentlicher Zwecke geht auch *Ipsen*, VVDStRL 25 (1967), 257/282 aus. Zur Zweckgerichtetheit auch *Ellwein*, Einführung, 109, 116 f.

liche Folgerungen mit sich bringen zu können[132]; sie dienen allenfalls zur Beschreibung eines soziologischen Zustands, nicht aber rechtlicher Definition[133]. Derartige Auffassungen lassen nicht nur offen, bis zu welchem Grade davon gesprochen werden kann, daß die Wahrnehmung einer bestimmten Aufgabe öffentlichem Zweck oder Interesse dient. Sie können nicht einmal des Näheren bestimmen, was materiell unter den Begriff des öffentlichen Zwecks zu fassen ist[134]. Diese inhaltliche Unbestimmtheit geht zunächst schon vom Begriffsbestandteil „öffentlich" im Sinne der Allgemeinheit aus. Die Relativität jeglicher Begriffsfassung in diesem Bereich kann weder dadurch ausgeschlossen werden, daß man den Begriff der Allgemeinheit im Sinne einer unbestimmten Personenmehrheit bestimmt[135], noch dadurch, daß man von Öffentlichkeit der Aufgabe bei einem bestimmten Expansions- und Intensitätsgrad spricht[136].

---

[132] BVerfGE 16, 27/61: Die Unterscheidung zwischen hoheitlicher und nicht hoheitlicher Staatstätigkeit kann nicht nach dem Zweck der staatlichen Betätigung und danach vorgenommen werden, ob diese Tätigkeit in erkennbarem Zusammenhang mit hoheitlichen Aufgaben des Staates steht. Denn letztlich wird die Tätigkeit des Staates, wenn nicht insgesamt, so doch zum weitaus größten Teil hoheitlichen Zwecken und Aufgaben dienen und mit ihnen in einem immer noch erkennbaren Zusammenhang stehen.
Vgl. auch *Emmerich*, JuS 1970, 332/335; *Lerche*, JurA 1970, 821/826; *Martens*, Öffentlich, 99: Versteht man unter öffentlichen Aufgaben solche Angelegenheiten, deren Besorgung im öffentlichen Interesse liegt, dann haben die Organe des demokratischen Gemeinwesens letztlich überhaupt keine anderen als öffentlichen Aufgaben, Interessen und Zwecke zu verfolgen; vgl. kritisch auch: *Evers*, NJW 1960, 2076; *Becker*, VVDStRL 19 (1961), 249 f.; *Herbert Krüger*, VVDStRL 19 (1961), 266 f.; *ders.*, Staatslehre, 327. Öffentliches Interesse als Blankettbegriff: *Salzwedel*, VVDStRL 22 (1965), 206/224 ff., 280 f.; *Ryffel*, Allgemeinheit, 23; *Rupp*, Allgemeinheit, 118 ff.; *Brandstetter*, Erlaß, 158 f.; gegen „originäre" Staatsaufgaben auch *Krautzberger*, Erfüllung, 51 ff.; abl. weiterhin: *Bettermann*, DVBl 1971, 112, 116; *Götz*, Wirtschaftssubventionen, 60; *v. Pestalozza*, AöR 96 (1971), 27/73; *Jerschke*, Öffentlichkeitspflicht, 225; vgl. auch *Lerche*, Rundfunkmonopol, 90 ff.
Zur „Leerformel" des Wohls der Allgemeinheit *Schulte*, Eigentum, 72 f. m. vielen Nachw. in Fn. 26; *Martens*, Öffentlich, 169 ff.; *Obermayer*, BayVBl 1971, 209/211 f.; *Scholz*, Koalitionsfreiheit, 207 (Fn. 37 m. w. Nachw.); *Zeidler*, AöR 86 (1962), 361/397 f.; *ders.*, Staat 1 (1962), 321/341 f.; *ders.*, VVDStRL 19 (1961), 208/218 ff.; vgl. aber auch *Häberle*, Öffentliches Interesse, 204 ff.

[133] *Lerche*, Rundfunkmonopol, 92, 97; *Rüfner*, Formen, 140 f.: Es gibt keine einschlägige Betätigung, die gewissermaßen von Natur aus öffentliche Verwaltung ist; *Vogel*, Öffentliche Wirtschaftseinheiten, 60 ff., 78 ff.; *Krautzberger*, Erfüllung, 53 f.; so auch *Ossenbühl* auf der Staatsrechtslehrertagung 1970, VVDStRL 29 (1971), 150 ff.; *Brohm*, Strukturen, 214: Es gibt in dem durch das Grundgesetz konstituierten Gemeinwesen keine wirtschaftlichen Aufgabenbereiche, die „wesensmäßig" staatlicher Natur sind, sondern lediglich Kompetenzen und Befugnisse des einzelnen oder des organisierten Staates innerhalb der für das Gemeinwesen einheitlichen Rechtsordnung.

[134] Vgl. neben den genannten kritischen Stimmen auch etwa *H. H. Klein*, Teilnahme, 81 ff.; *Lerche*, Werbefernsehen, 20 f. Fn. 103 ff., 28; *Püttner*, AfK 1967, 110 ff., 112 f.

[135] Vgl. *Köttgen*, VVDStRL 6 (1929), 105/118: Dank ihrer eigenen Relativität kann die Allgemeinheit beliebig eng oder weit gefaßt werden; vgl. auch *Martens*, Öffentlich, 45 ff. m. w. Nachw.

3. Teil: Unmittelbarkeit des Eingriffes als Ersatz für Finalität

Aber auch der Begriffsbestandteil des öffentlichen Zweckes, Interesses erweist sich — genauer betrachtet — nicht als Schlüsel inhaltlicher Begriffsgenauigkeit[137]. Die Synonyma des öffentlichen Zweckes, des öffentlichen Interesses, des Gesamtinteresses oder auch des Gemeinwohls bilden zwar letzte Rechtfertigung staatlichen Handelns[138], im übrigen beschränken sich aber die genannten Begriffe auf Umschreibungen wie „das dem Gesamten am besten Dienende", das „Sozialrichtige" oder „Sozialangemessene"[139]. Was dies im einzelnen ist, bleibt offen; eine objektive, inhaltliche Sachvorstellung ist damit nicht verbunden. Hiernach nimmt es nicht wunder, daß man für die nähere Umreißung des Gemeinwohls im Einzelfall, um subjektiven Wertungen soweit wie möglich aus dem Weg zu gehen, auf die Verfassung[140] sowie die konkretisierenden gesetzlichen Bestimmungen zurückgreift[141]. Ganz entsprechend meint auch das Bundesverfassungsgericht[142], daß der abstrakte Rechtsbegriff des Gemeinwohls eine Vielzahl von Sachverhalten und Zwecken decke und somit der Konkretisierung im Einzelfall bedürfe, wobei dem Gesetzgeber ein Ermessen eingeräumt sei, aus dem vielfältigen Bereich der Gemeinwohlinteressen ein Sachgebiet auszuwählen. Die Gemeinwohlbindung enthält materiell gesehen allenfalls äußerste Mißbrauchsgrenzen, hier berührt

---

[136] Vgl. hierzu *Huber*, Wirtschaftsverwaltungsrecht II, 377 f.; *H. H. Klein*, DÖV 1965, 755/759; *Leisner*, Werbefernsehen, 26; auch etwa *Bachof*, Grundrechte III/1, 155/175: Dort, wo der Staat als Vergeber existentieller Leistungen auftritt oder wo er faktische oder rechtliche Monopole innehat, übt der Staat, unabhängig von der gewählten Rechtsform, substantiell öffentliche Gewalt aus.

[137] Zur Kritik etwa *Emmerich*, Wirtschaftsrecht, 156 ff. m. w. Nachw.; *Lerche*, AöR 90 (1965), 341/368; *H. J. Wolff*, Verwaltungsrecht I, § 22 II a 6 (92).

[138] Etwa *Bäumlin*, EvStL, Rechtsstaat, Sp. 1733/1739; *Gundlach*, StL, Gemeinwohl, Sp. 738; *Isensee*, Subsidiaritätsprinzip, 208 f.; *Köttgen*, Erwerbswirtschaftliche Betätigung, 13 ff.; *Peters*, StL, Staat, 525/532; vgl. auch *Herbert Krüger*, Staatslehre, 765 Fn. 22. Gemeinwohl als justiziabler Rechtsbegriff: BVerwGE 18, 247 ff.; 19, 171 ff.; 32, 129/133; BVerwG VerwRspr 19, 318 (Nr. 82); auch BayVGHE nF. 7 I 121 ff.; BVerfGE 24, 367/403; *Rupp*, Allgemeinheit, 116 ff.; *Häberle*, Öffentliches Interesse, 280 f., 596 ff.

[139] *Krautzberger*, Erfüllung, 70 f. m. w. Nachw.

[140] *Gindely*, jur. Diss., 57; *Häberle*, Öffentliches Interesse, 349 ff.; *Isensee*, Subsidiaritätsprinzip, 284; *Krautzberger*, Erfüllung, 76 ff.; *Lerche*, Verfassungsrechtliche Zentralfragen, 30 m. w. Nachw.; *Martens*, Öffentlich, 185; *Lerche*, Rundfunkmonopol, 90 ff.; *Ossenbühl*, VVDStRL 29 (1971), 154 ff., 204 (LS. 8); *Scholz*, Koalitionsfreiheit, 207, 217 f.

[141] BVerwGE 19, 82/85; 19, 171/172: Der verfassungsrechtliche Begriff des Wohls der Allgemeinheit wird durch die einschlägigen gesetzlichen Bestimmungen konkretisiert; *Badura*, AöR 92 (1967), 382/385 ff.; *Gärtner*, BB 1971, 499/501; *Häberle*, Öffentliches Interesse, 206 ff., 214 ff., 369, aber auch 328 ff.; *Leisner*, DÖV 1970, 217/221; *Obermayer*, BayVBl 1961, 209/211; *Peters*, AfK 1967, 5/13; *Rupp*, Allgemeinheit, 116/120; *Scholz*, Koalitionsfreiheit, 220; *Schulte*, Eigentum, 74 ff.; in allgemeineren Zusammenhängen *Göldner*, Verfassungsprinzip, 88 ff., 126 ff.

[142] BVerfGE 24, 367/403 f.; vgl. auch *Häberle*, Öffentliches Interesse, 683.

B. Die Zurechnungskriterien einer Eigentumsbeeinträchtigung 125

sich das Gemeinwohlgebot mit dem Willkürverbot des Art. 3 GG[143]. Darüber hinaus kann die Gemeinwohlvorstellung nicht vermitteln, was im Einzelfall die hoheitliche Tätigkeit ausmacht und sie von der „fiskalischen" Tätigkeit hoher Hand abgrenzt, vielmehr verweist die Gemeinwohlvorstellung im wesentlichen nur auf die Kompetenzen, das allgemeine Beste oder Besterreichbare zu bestimmen[144].

Keinen Ausweg bietet ein Zurückgehen auf Kriterien wie die Ausübung typischer Hoheitsfunktion[145], so z. B. wenn man zur Bestimmung „originärer" Staatsaufgaben auf solche Aufgaben abheben will, deren Erfüllung durch den Staat schlechthin notwendig sei. Dies sei insbesondere dann der Fall, wenn die zu beurteilende Aufgabe in einem Bereich liegt, der staatliche Hoheitsgewalt zwingend erfordere, die Intervention des Staats unentbehrlich und unersetzlich sei[146]. Eine solche Auffassung läßt nicht nur offen, was für das Gemeinwesen notwendig ist und rückt deshalb in die Nähe einer Generalklausel, für deren rechtliche Handhabung keine weiteren Kriterien zur Verfügung stehen[147], sie mündet überdies in die schon oben erörterte — verengende — Fragestellung nach der Notwendigkeit des Einsatzes von Befehl und Zwang ein.

Der Tätigkeitsbereich hoher Hand, in dem Eigentumsbeeinträchtigungen den Schutz des Art. 14 GG begründen können, läßt sich nach allem

---

[143] Vgl. im Bereich des Art. 12 GG zur sachlichen Vertretbarkeit öffentlich-rechtlicher Organisation BVerfGE 16, 21/24; 17, 376 ff., 379 ff.; vgl. auch BVerfGE 17, 232/239 f.; BVerfGE 10, 89/102: Im Bereiche legitimer öffentlicher Aufgaben entscheidet der Gesetzgeber nach seinem Ermessen über die Organisationsformen. BVerfGE 10, 354/361 ff.; 11, 105/126; 21, 362/370; vgl. auch BVerwGE 23, 306 f. An die Legitimität der öffentlichen Aufgabe stellt das Bundesverfassungsgericht keine strengen Anforderungen; es genügen vernünftige und sachgerechte Erwägungen des Gesetzgebers. Vgl. jüngst BVerfGE 30, 292/316 ff. Hierzu auch *Scheuner*, Peters-Gedächtnisschrift, 797/820; die Verbindung von Gemeinwohlverpflichtetheit und Willkürausschluß wird auch bei *Isensee*, Subsidiaritätsprinzip, 273, deutlich; *Lerche*, Übermaß, 294.

[144] *Köttgen*, Grundprobleme, 59; *Krautzberger*, Erfüllung, 76 ff.; *Lerche*, Sozialhilfe, 35; ders., Verfassungsrechtliche Zentralfragen, 29 f.; ders., AöR 90 (1965), 341/368; *Martens*, Öffentlich, 185 ff.; *Ryffel*, Allgemeinheit, 22 ff. Zum Abwägungsergebnis als Verbandsinteresse *Wengler*, Völkerrecht I, 61; *Schulte*, Eigentum, 75; vgl. aber auch *Korte*, VerwArch 61 (1970), 3/18 ff., 41 ff.; *Peters*, AfK 1967, 5/18: Nach dem Subsidiaritätsprinzip ist die behördliche Tätigkeit die letzte, nach Erschöpfung der privaten Mittel gegebene Möglichkeit zur Bewältigung sozialer Aufgaben.

[145] So schon *Furler*, VerwArch 33 (1928), 340/414, 425; *Hemsen*, jur. Diss., 79 ff.; *Janssen*, Entschädigung, 86; *Schack*, JuS 1963, 263/266; *Wilke*, Haftung, 76.

[146] *Bachof*, VVDStRL 19 (1961), 259/261 f.; *Krüger*, Staatslehre, 768 f.; *Leisner*, Werbefernsehen, 16 f.; ders., AöR 93 (1968), 162/184; *Peters*, StL, Staat, Sp. 531; *Vogel*, Öffentliche Wirtschaftseinheiten, 60 f.

[147] So auch *Krautzberger*, Erfüllung, 52.

3. Teil: Unmittelbarkeit des Eingriffes als Ersatz für Finalität

nicht mit Hilfe irgendwelcher Sachvorgegebenheiten umreißen. Ein solches Ergebnis lenkt den Blick auf Abgrenzungskriterien formaler Art. So bietet es sich beispielsweise an, der rechtlichen Organisationsform, innerhalb derer sich Handlung und Eigentumsbeeinträchtigung abspielen, entscheidende Bedeutung beizumessen. Genaueres Zusehen entdeckt aber auch hier Hindernisse, die einen solchen Weg unpassierbar machen[148]. Mag der hohen Hand prinzipiell erlaubt sein, sich auf dem Boden des Privatrechts zu bewegen[149], sei es, um sich zur Erfüllung ihrer Aufgaben privater Mittel zu bedienen, oder sei es, um erwerbswirtschaftlich tätig zu sein[150], kann daraus nicht sofort der Schluß gezogen werden, daß hiermit für eine generelle Unterwerfung des „Fiskus" unter die Grundrechte kein Raum mehr sei[151]; denn mit der grundsätzlichen Zulassung der öffentlichen Hand zum Privatrechtsverkehr[152] soll nicht ausgedrückt werden, daß die öffentliche Hand durch Organisationsakt zum Privaten werden könne und damit nur dessen Bindungen unterworfen sei[153], sondern daß sich die öffentliche Hand zuzüglich der Normen des Privatrechts bedienen darf. Die hohe Hand behält nämlich selbst dann, wenn sie sich auf dem Boden des Privatrechts bewegt, ihre spezifische Überlegenheit, eine Überlegenheit, die nicht auf ihrer eigenen Leistung, sondern auf ihrer besonderen rechtlichen und faktischen Stellung beruht. Abgesehen von (möglichen) rechtlichen Einzelvorteilen[154] steht hinter der öffentlichen

---

[148] Abl. auch *Lerche*, JurA 1970, 821/845 für Art. 14 GG unter Hinweis auf die umfassende Schutzwirkung des Art. 14 GG; *Holstein*, Öffentlich-rechtliche Beeinträchtigungen, 52; *Rupp*, Privateigentum, 17 f. (m. w. Nachw. in Fn. 28).

[149] BVerfGE 17, 371/377 (in anderem Zusammenhang): Wie der Staat öffentliche Aufgaben erledigen lassen will, ist im allgemeinen Sache seines Ermessens, freilich bis zu einem gewissen Grade von der Eigenart und dem Gewicht der einzelnen Aufgabe abhängig. BGHZ 9, 145/147; 48, 98/103; BGHZ 52, 325 ff.; BGH DVBl 1968, 145/148; BGH Betrieb 1969, 1790/1791; BVerwGE 7, 264; 19, 308/312; 35, 103/105; *Emmerich*, JuS 1970, 332/334; *H. H. Klein*, Teilnahme, 98 ff., 155 ff.; *Püttner*, Unternehmen, 141 ff.; *Schricker*, Wirtschaftliche Betätigung, 56 f.

[150] Vgl. nur BVerfGE 12, 354/363; 17, 371/377; BGHZ 9, 145/147 (Universitätsklinik); 29, 76/80; 31, 24/25; 36, 91/93; 48, 98/103; BGHZ 52, 325/328 f.; BVerwGE 7, 264; 19, 308/314; 35, 103/104; *M. Hoffmann*, Abwehranspruch, 17; *Luhmann*, Entschädigung, 78 f.; *Dürig* in Maunz-Dürig-Herzog Art. 1 Abs. 3 GG Anm. 136; *Peter*, JZ 1969, 549/556; *Wagner*, JZ 1968, 245 ff.; *Wolff*, Verwaltungsrecht I, § 23 IV b (102).

[151] *Emmerich*, Wirtschaftsrecht, 122, 132 ff.; ders., JuS 1970, 332/334; vgl. auch *Wertenbruch*, JuS 1961, 105/108 f.

[152] Auf deren Grenzen hier nicht näher einzugehen ist.

[153] Vgl. *Bachof*, VVDStRL 12 (1954), 37/61; *Bogs*, BB 1963, 1269; abl. auch *Forsthoff*, Verwaltungsrecht I, 70.

[154] Vgl. z. B. zu Steuervergünstigungen der erwerbswirtschaftlich-fiskalischen Betätigung *Frentzel*, Die gewerbliche Betätigung der öffentlichen Hand, 36.

B. Die Zurechnungskriterien einer Eigentumsbeeinträchtigung

Hand als Teilnehmer am Privatrechtsverkehr immer die mit Herrschaftsgewalt gewonnene Finanzmacht[155].

Organisationsrechtliche Gestaltung und Grundrechtsgeltung bewegen sich auf zwei voneinander getrennten Ebenen. Durch die — in gewissen Grenzen — freie Wahl der Organisationsform[156] kann die hohe Hand den später möglicherweise zu beschreitenden Rechtsweg[157] bestimmen, was insoweit unbedenklich erscheint, als zivilrechtlicher als auch verwaltungsgerichtlicher Rechtsweg heute in gleichem Maße dem Schutze des Betroffenen dienen[158]. Mit der Festlegung der Organisationsform ist es aber der öffentlichen Hand nicht möglich, sich der grundsätzlichen Grundrechtsbindung als unliebsamer Behinderung durch eine „Flucht ins Privatrecht" zu entziehen[159]; die das Handeln der öffentlichen Hand in privaten Formen überlagernden öffentlich-rechtlichen Normen[160] sind bei

---

[155] *Ellwein*, Einführung, 118; *Jürgens*, VerwArch 53 (1962), 105/142; *Isensee*, Subsidiaritätsprinzip, 213; *Herbert Krüger*, VVDStRL 15 (1957), 121; *Leisner*, Werbefernsehen, 159: Der Staat ist vor allem deshalb an die Grundrechte zu binden, weil der öffentliche Funktionsstatus und die öffentliche Funktion der Verwaltungsträger bei allen Aktionen durchschlagen und stets öffentliche Aufmerksamkeit und Beachtlichkeit schaffen und weil die Einheit der Grundrechtsordnung, welche alles Staatshandeln beherrscht, auch die Bindung der privatrechtlichen Tätigkeitsform erfordert. Vgl. ebenso *Forsthoff*, Verwaltungsrecht I, 70; *Schricker*, Wirtschaftliche Tätigkeit, 49; *Stern*, JZ 1961, 325/328: Der Einsatz der Finanzmacht zu herrschaftsfreien kommerziellen Zwecken bedarf im demokratischen Staat der verfassungsrechtlichen Billigung. Dies gilt nicht nur — wie man zunächst annehmen könnte — in Blickrichtung auf verfassungsrechtliche Kompetenzzuweisungen, sondern auch für die grundrechtlichen Sicherungen. Vgl. zu den Sicherungen im Innenbereich auch das Haushaltsrecht. Vgl. weiter *Stern*, JZ 1962, 181/182; *Zeidler*, VVDStRL 19 (1961), 208/225 f.; *Bachof*, VVDStRL 12 (1954), 37/61 f.; *Bogs*, BB 1963, 1269 f.; *Torz*, DÖV 1958, 205/207.

[156] Etwa BVerfGE 17, 371/377; *Lerche*, Rundfunkmonopol, 88 ff., 93 ff., 96 ff.

[157] Vgl. hier auch die widersprüchliche Entscheidung BGHZ 52, 325; kritisch dazu *Emmerich*, JuS 1970, 332 ff.; *Lerche*, JurA 1970, 821/826; BVerwGE 35, 103/106; BayVerfGH BayVBl 1971, 64; *Badura*, DÖV 1968, 446/453; *Bullinger*, Öffentliches Recht, 76; *Ipsen*, VVDStRL 25 (1967), 257/287; *Mestmäcker*, NJW 1969, 1 ff.

[158] *Emmerich*, JuS 1970, 332/336 ff.; *Leisner*, Grundrechte, 201 Fn. 12; *Schricker*, Wirtschaftliche Tätigkeit, 56 f.

[159] Vgl. aber die Entscheidung BGHZ 48, 98/103, die nicht zwischen der Möglichkeit privater Organisation der hohen Hand und dem hoheitlichen Handeln als Grundrechtsvoraussetzung trennt. *Bachof*, VVDStRL 12 (1954), 37/61; *Emmerich*, Wirtschaftsrecht, 120; *Frentzel*, Wirtschaftsverfassungsrechtliche Betrachtungen, 7; *Holstein*, Öffentlich-rechtliche Eigentumsbeschränkung, 52; *Isensee*, Subsidiaritätsprinzip, 212 f.; *Leisner*, Grundrechte, 176, 199 ff.; ders., Öffentlichkeitsarbeit, 46; ders., Werbefernsehen, 158: Durch die Auswechselung der Rechtsformen darf sich die öffentliche Hand nicht ihrer grundrechtlichen Verantwortung entziehen. Vgl. auch *Forsthoff*, Verwaltungsrecht I, 69 f.; *Rupp*, Privateigentum, 23 ff. (m. Fn. 43); *Schricker*, Wirtschaftliche Tätigkeit, 20 f.

[160] *Frentzel*, Wirtschaftsverfassungsrechtliche Betrachtungen, 24 ff.; *Lerche*, JurA 1970, 821/827; *Rüfner*, Formen, 365 ff., 377 ff.; *Schaumann*, JuS 1961, 110/112; vgl. hier auch BVerwGE 35, 103/106.

128 3. Teil: Unmittelbarkeit des Eingriffes als Ersatz für Finalität

der Sachentscheidung vom betreffenden Gericht zu berücksichtigen[161]. Einer damit möglicherweise verbundenen Einschränkung privatrechtlichen Handelns, so z. B. durch den Gleichheitssatz[162] oder die Eigentumsgewährleistung des Art. 14 GG, darf nicht entgegnet werden, daß sie die eigentliche privatwirtschaftliche Tätigkeit der hohen Hand (z. B. mit den Mitteln des Wettbewerbes) vereitele. Hier sind eben die Grenzen privater Gestaltungsmöglichkeit für die hohe Hand erreicht[163].

Ähnliche Überlegungen wie zum Verhältnis organisationsrechtlicher Gestaltung und Grundrechtsgeltung lassen auch jene Theorie als zu eng erscheinen[164], die zur Feststellung öffentlich-rechtlicher Qualität auf die Verschiedenheit der Subjekte abstellen will, denen subjektive Rechte und Pflichten zugeordnet sind[165]. Das Kriterium des Sonderrechts dient der Qualifizierung einer Norm, deren Anwendung außer Frage steht, als öffentlich-rechtlich, kann jedoch nur jene prozessuale Frage beantworten, welcher Rechtsweg zu beschreiten ist. Um anderes geht es dem Problem grundrechtlicher Geltungsweite. Hier steht die Anwendbarkeit der grund-

---

[161] BGH DVBl 1968, 145/146: Diesen vom öffentlichen Recht auf das Privatrecht eingehenden Einflüssen (scil. der Grundrechtsbindung) ist bei der Sachentscheidung Rechnung zu tragen, nicht aber wird hierdurch die Rechtswegzuständigkeit geändert; auch BGHZ 36, 91/96; BGHZ 49, 148/149; BGHZ 52, 325/328 f.; aus der Rechtsprechung des Bundesverwaltungsgerichts: BVerwG DÖV 1964, 710; BVerwGE 35, 103/106; ferner: *Zeidler*, VVDStRL 19 (1961), 208/231; *Zuleeg*, NJW 1962, 2231/2234.

[162] Etwa BGHZ 52, 325; OLG Düsseldorf Betrieb 1968, 346; hierzu auch *Scholz*, WRP 1968, 315 ff.; *Bachof*, VVDStRL 12 (1954), 37/55 Fn. 37; ders., DÖV 1953, 417/423; *Herbert Krüger*, DVBl 1955, 380/384 f.; *Wolff*, Verwaltungsrecht I, § 23 II b 1 (S. 100) — für das Verwaltungsprivatrecht.

[163] Hierzu etwa: *Bogs*, BB 1963, 1269/1270; *Dürig* in Maunz-Dürig-Herzog Art. 1 Abs. 3 GG Anm. 135 Fn. 2; *Evers*, NJW 1960, 2073; *Frentzel*, Wirtschaftsverfassungsrechtliche Betrachtungen, 7, 13 ff.; *Häberle*, Öffentliches Interesse, 689: In der von der verfassungskonstituierten res publica gibt es keinen Staat als Fiskus; *Isensee*, Subsidiaritätsprinzip, 206, 213 ff., 287; *Leisner*, Grundrechte, 199 ff., 212 ff., 215 u. passim; ders., Werbefernsehen, 158 ff., insbes. 159; *Mallmann*, VVDStRL 19 (1961), 165/195 ff., 202; *Menger-Erichsen*, VerwArch 61 (1970), 384; *Zeidler*, VVDStRL 19 (1961), 208/230; vgl. auch *Henke*, VVDStRL 28 (1970), 149/153; *W. Weber*, Staat 4 (1965), 409/438 f.; abl. etwa *Dürig*, ZgesStW 109 (1953), 326/340 f.; *Emmerich*, Wirtschaftsrecht, 132 ff.; ders., JuS 1970, 332/334; *Rupp*, Privateigentum, 25. Für den Bereich des Art. 14 GG vgl. *Lerche*, JurA 1970, 821/845 f.; aber auch *Maunz* in Maunz-Dürig-Herzog Art. 14 GG Anm. 75; *Schricker*, Wirtschaftliche Tätigkeit, 77 m. w. Nachw.; *Janssen*, Entschädigung, 86: Hoheitstätigkeit i. S. des Art. 14 GG nur dort, wo zwischen den Beteiligten ein öffentlich-rechtliches Verhältnis besteht.

[164] A. A. etwa *Kind*, jur. Diss., 42; *Rupp*, DVBl 1958, 113/114 f.

[165] *Wolff*, Verwaltungsrecht I, § 22 II c (S. 93 f.): Während Zuordnungssubjekte des „privaten Rechts" beliebige Personen sind, ist öffentliches Recht der Inbegriff derjenigen Rechtsnormen, deren berechtigtes oder verpflichtetes Zuordnungssubjekt ausschließlich ein Träger hoheitlicher Gewalt ist. Es ist das „Amtsrecht" der Träger hoheitlicher Gewalt und ihrer Organe, durch das nicht jedermann, sondern notwendig eben nur ein Träger ... hoheitlicher Gewalt berechtigt oder verpflichtet wird. Vgl. auch BGHZ 41, 264/266 f.

rechtlichen Norm gerade in Zweifel, sie ist abhängig von der rechtlichen Qualifizierung des Aktes, der die Beeinträchtigung auslöst[166].

3. Der Lösungsansatz

Faßt man die bisherigen Bemühungen um die Bestimmung des Bereichs hoheitlicher Tätigkeit zusammen, in dem Eigentumsbeeinträchtigungen der speziellen Messung an Art. 14 GG unterliegen sollen, dann ergibt sich als Ausgangspunkt, daß jegliche Tätigkeit der hohen Hand in den genannten Bezirk fallen muß, selbst wenn die hohe Hand in privatrechtlichen Formen tätig wird. Diese Anknüpfung im Tatsächlichen bereitet keine größeren Schwierigkeiten im Falle öffentlich-rechtlicher Organisation der Unternehmung hoher Hand. Zurechnungsprobleme spielen auch dann bei der Bestimmung hoheitlicher Tätigkeit keine entscheidende Rolle, wenn zwar Anstalt und Verwaltung der hohen Hand öffentlich-rechtlich, die Rechtsbeziehungen dieser Anstalt zum einzelnen jedoch privatrechtlich organisiert sind[167]. Bedient sich die hohe Hand privatrechtlicher Organisationsformen, bestehen insoweit keine Probleme, als der Einfluß der hohen Hand auf die Gesellschaft bürgerlichen Rechts eindeutig klargestellt ist, wie z. B. im Falle einer gemeindeeigenen Gesellschaft[168]. Bei gemischtwirtschaftlichen Unternehmen[169] lassen sich generelle Aussagen nicht machen. Die Bestimmung des Grades der hoheitlichen Einflußnahme liegt im Tatsächlichen und ist jeweils im Einzelfall zu treffen. Anhaltspunkte können gegebenenfalls die Satzungsbestimmungen, Beteiligungsverhältnisse, mögliche Stimmbindungsverträge oder auch besondere Abmachungen bieten. Allein die Schwierigkeit aber, hier im Einzelfalle den Grad der Beteiligung der hohen Hand festzustellen, kann nicht dazu führen, pauschal eine Grundrechtsbindung derartiger Unternehmungen zu leugnen[170]. Diese Auffassung würde der hohen Hand mit der Organisationsform des gemischtwirtschaftlichen Unternehmens aufs Neue die Möglichkeit einräumen, in gewissen Bereichen den Umfang ihrer Grundrechtsbindung selbst zu bestimmen.

Ein weiteres Kriterium zur Qualifizierung einer Maßnahme als hoheitlich bieten jene Auffasungen an, die das maßgebliche Gewicht auf die Sachentscheidung der hohen Hand im Einzelfalle legen[171]. Hoheitliche

---

[166] *Lerche*, JurA 1970, 821/845; *Schricker*, Wirtschaftliche Tätigkeit, 59.
[167] BayVerfGH BayVBl 1971, 64.
[168] Vgl. hierzu *Schaumann*, JuS 1961, 110/115.
[169] *Emmerich*, Wirtschaftsrecht, 38 ff., 58 ff. m. w. Nachw.; ders., JuS 1970, 332/335.
[170] *Emmerich*, JuS 1970, 332/335; vgl. auch *Forsthoff*, Verwaltungsrecht I, 485 f.; *Püttner*, Unternehmen, 102 ff., 315, 352.
[171] *Lerche*, JurA 1970, 821/845; für das Enteignungsrecht mit allgemeinerem Bezug 846 m. Fn. 101; abstellen auf Entscheidungsmoment auch *Luhmann*,

Tätigkeit soll dementsprechend dann anzunehmen sein, wenn die grundsätzliche sachliche Entscheidung, Maßnahmen zu treffen, die in ihren Wirkungen die Privatsphäre berühren, durch einen Träger hoheitlicher Gewalt erfolgt. Wird dagegen einem Privaten von der hohen Hand eine Position eingeräumt, aufgrund derer er nach seiner eigenen Sachentscheidung Maßnahmen treffen kann, durch die er in Konflikt mit Privatinteressen gerät, so entziehen sich diese Maßnahmen einer Qualifikation als hoheitlich.

Das Kriterium der grundsätzlichen Sachentscheidung hat den Vorzug, daß es den Begriff des tatsächlichen „hoheitlichen Handelns" als Anknüpfungspunkt grundrechtlichen Schutzes präzisiert. Überdies hat dieses Merkmal besondere Bedeutung bei der rechtlichen Qualifizierung von zunächst rechtlich neutralen Akten als einer privaten oder hoheitlichen Maßnahme zugehörig, wie z. B. den alsbald zu erörternden Tathandlungen[172]. Allerdings kann das Kriterium der Sachentscheidung nicht bedenkenlos übernommen werden, wie folgende Erwägung ergibt. Voraussetzung einer Sachentscheidung ist — vom Blickwinkel rechtlichen Dürfens her — durchwegs die Entscheidungskompetenz. Die Zuteilung der Entscheidungsbefugnis im Einzelfalle stellt aber keine Entscheidung im Sinne des hier verwendeten Merkmals dar; diese Entscheidungsbefugnis umfaßt ausschließlich Entscheidungen im einzelnen Falle, eben Sachentscheidungen. Stellt man die Sachentscheidung hoher Hand als maßgebliches Kriterium der Bestimmung grundrechtlichen Schutzes heraus, kann nicht verhindert werden, daß sich nach Belieben der öffentlichen Hand — wenn auch in gewissen Grenzen — sachliche Entscheidungsbefugnisse auf Private verlagern. Damit ist aber die öffentliche Hand erneut in die Lage versetzt, den Umfang grundrechtlicher Bindung selbst zu bestimmen, jedenfalls soweit sie die genannten Entscheidungsbefugnisse delegieren kann. Das Ganze präsentiert sich somit wieder als Organisationsproblem[173].

Dies hat nun nicht zur Folge, daß dem Kriterium der Sachentscheidung überhaupt keine wesentliche Bedeutung zufließen könne. Allerdings weisen die genannten Bedenken auf die Notwendigkeit eines weiteren Kriteriums für die Fälle hin, in denen die Entscheidungskompetenz auf Private verlagert wurde. Hier bietet es sich an, der hohen Hand auch

---

JbSW 1966, 271 - 296; *ders.*, Entschädigung, 79; vgl. auch *Holstein*, Öffentlichrechtliche Eigentumsbeschränkung, 51; *H. J. Wolff*, Verwaltungsrecht I, § 2 II 5 (10).

[172] In diesem Zusammenhang OLG Hamm MDR 1968, 321/322.

[173] Vgl. auch BVerfGE 10, 302/327: Der Staat kann sich von der Grundrechtsbindung nicht dadurch befreien, daß er einen Privatmann zur Wahrnehmung einer öffentlichen Aufgabe bestellt und ihm die Entscheidung über den Einsatz staatlicher Machtmittel überläßt.

B. Die Zurechnungskriterien einer Eigentumsbeeinträchtigung

solche Beeinträchtigungen zuzurechnen, die in Erfüllung von Aufgaben eintreten, welche entweder dem Staat oder anderen öffentlich-rechtlichen Aufgabenträgern von Verfassungs wegen oder durch Gesetz zugeteilt worden sind[174], wobei es keine Rolle spielt, ob die hohe Hand die ihr übertragene Aufgabe selbst erfüllt oder die Ausführung der Aufgabe auf einen Privaten — als Verwaltungshelfer — delegiert. In diesem Zusammenhang kann es auf die rechtliche Wirksamkeit einer derartigen Delegierung nicht ankommen, wenn der Private nur im delegierten Bereiche gemäß der Zuweisung tätig wird[175]. Eine Beleihung des Privaten mit Zwangsrechten bedarf es angesichts der umfassenden grundrechtlichen Schutzwirkung nicht[176]. Zum gleichen Ergebnis kommt man — wenn auch von einer anderen Seite her —, zieht man in Fällen der Einschaltung eines privaten Verwaltungshelfers die Rechtsfigur der sog.

---

[174] Entsprechendes vollzieht sich auch bei der — sich heute überwiegend durchsetzenden — Trennung von staatlichen und öffentlichen Aufgaben (etwa BVerfGE 12, 205/243; *Henke*, VVDStRL 28 (1970), 149/167, 170; *Leisner*, Werbefernsehen, 22; *Martens*, Öffentlich, 20, 118 f.; *Häberle*, Öffentliches Interesse, 202, 879; *Isensee*, Subsidiaritätsprinzip, 256; *D. Lorenz*, BayVBl 1971, 52; *Peters*, Nipperdey-Festschrift II, 877 ff.; *Scheuner*, Peters-Gedächtnisschrift, 797/801 f.; *Scholler*, Person, 75, 337; *Zeidler*, AöR 86 (1961), 361/398). Öffentliche Aufgaben sind nicht notwendig staatliche Aufgaben. (Nur etwa BVerfGE 12, 205/243; BVerfGE 30, 292/311; *Martens*, Öffentlich, 124; *Peters*, Nipperdey-Festschrift II, 877 ff.; *Scheuner*, Peters-Gedächtnisschrift, 797/801.) Öffentliche Aufgaben sind aber dann staatlich, wenn sie durch die staatliche Verfassungs- und sonstige Rechtsordnung aktualisiert und dem Staat zur Erledigung zugewiesen worden sind. (*Ellwein*, Einführung, 34 ff.; *H. H. Klein*, DÖV 1965, 758; *Martens*, Öffentlich, 120, 124; *Peters*, Nipperdey-Festschrift II, 877/895: Alles hängt hier vom positiven Recht ab; vgl. auch *Lerche*, Rundfunkmonopol, 90 ff., 92, 97 ff.; *Scheuner*, Peters-Gedächtnisschrift, 797/802; *Ossenbühl*, VVDStRL 29 (1971), 154 ff., 204 (LS. 8); abl. gegenüber der Auffassung des BVerfG (E 12, 205/243), daß es genügt, wenn sich der Staat mittels seiner Verwaltungsbehörden mit der Aufgabe befaßt, *Häberle*, Öffentliches Interesse, 202; *Martens*, Öffentlich, 119; *Peters*, Nipperdey-Festschrift II, 877/890 f.; vgl. weiter auch *Leisner*, Öffentlichkeitsarbeit, 60 ff.; *ders.*, Werbefernsehen, 15 ff., 23 hebt den Begriff der wesentlichen Staatsaufgabe heraus. Der Hinweis *Leisners* (a.a.O. 16 f.) auf das Staatsmonopol des Einsatzes unwiderstehlicher Gewalt als konstituierend für eine wesentliche Staatsaufgabe berührt heute allerdings nur einen Teilaspekt.)

[175] Vgl. zu einem solchen Fall BGHZ 54, 299/301 f. (Kanalanschluß); vgl. zu der parallelen Problematik im Amtshaftungsrecht *Bender*, Staatshaftungsrecht, Rz. 158 ff. (S. 110 ff.); *Jaenicke*, Haftung, 91 f.

[176] Vgl. für das Amtshaftungsrecht OLG Köln NJW 1968, 655 (Schülerlotse); *Bender*, Staatshaftungsrecht, Rz. 159 (S. 111); vgl. aber BVerfGE 14, 263/277: Eine Enteignung muß stets vom Staat oder von dem mit staatlichen Zwangsrechten beliehenen Unternehmer ausgehen; auch *Maunz* in Maunz-Dürig-Herzog Art. 14 GG Anm. 71; *Bettermann*, Grundrechte Bd. III/2, 779/866; *Jaenicke*, Haftung, 84: Ein hoheitlicher Eingriff liegt dann vor, wenn staatlicher Zwang den Betroffenen zur Aufgabe einer Rechtsposition oder zur Duldung der Beeinträchtigung seiner Rechtsposition nötigt; *T. Krüger*, Enteignung, 88; *Leisner*, Öffentlichkeitsarbeit, 60; *Scholz*, Wesen, 223; vgl. ferner BVerwGE 28, 179/182 f.; zur verfassungsrechtlichen Zulässigkeit der Indienstnahme Privater für öffentliche Aufgaben jüngst BVerfGE 30, 292 ff.

132   3. Teil: Unmittelbarkeit des Eingriffes als Ersatz für Finalität

Garantenstellung des Gemeinwesens heran[177]. Diese Rechtsfigur konkretisiert zwar zunächst nur die zwischen öffentlicher Hand und privatem Verwaltungshelfer bestehenden Pflichten sowie die Obliegenheiten, die der öffentlichen Hand gegenüber dem von solchem Verwaltungshandeln betroffenen Bürger zugeordnet sind[178]. In nötiger Konsequenz muß eine solche Auffassung die Tätigkeit des Verwaltungshelfers dem hoheitlichen Bereiche zuschlagen, um Amtshaftungs- und öffentlich-rechtliche Entschädigungsansprüche aktualisieren zu können[179].

4. Die Zuordnung von Realakten zum Tätigkeitsbereich hoher Hand

Auf einer weiteren Stufe bleibt schließlich zu klären, ob und inwieweit die sog. Realakte, wie z. B. Bauarbeiten, Absperrungen, Stromregulierungen, Lärm-, Geruch- oder etwa Rauchentwicklung u. a. m., hoheitlicher Tätigkeit zuzuordnen sind.

Derartige Tathandlungen lassen sich weder dem Bereich schlichter Hoheitsverwaltung[180] noch privatrechtlicher[181] oder überhaupt öffentlich-rechtlicher Betrachtung schlechthin zurechnen. Sie zeichnet als lediglich faktische Gegebenheiten rechtliche Neutralität aus[182], eine Tatsache, die zwar nicht rechtliche Unbeachtlichkeit im Gefolge hat[183], doch Probleme bei der Zurechnung der durch die betreffenden Akte hervorgerufenen Beeinträchtigungen aufwirft[184].

Hofft man, nähere Auskunft durch einen Blick auf die Judikatur des Bundesgerichtshofes zu diesem Fragenkreis zu erlangen, so wird man enttäuscht; es bietet sich ein Bild ineinanderfließender Konturen und unter-

---

[177] *Gallwas*, VVDStRL 29 (1971), 221 ff., 235 (LSe. IV 1 - 3).
[178] *Gallwas*, VVDStRL 29 (1971), 221 ff., 229 ff.; zur Grundrechtsbindung des privaten Verwaltungshelfers auch *Ossenbühl*, VVDStRL 29 (1971), 192 ff., 208 (LS. 23).
[179] *Gallwas*, VVDStRL 29 (1971), 227 ff.
[180] *W. Jellinek*, Verwaltungsrecht, 22: Für Verrichtungen des Staates oder der Gemeinden auf dem Gebiete des Bauwesens und der Technik.
[181] Vgl. für nachbarliche Immissionen oben Fn. 110, 111 (Teil III).
[182] *Schricker*, Wirtschaftliche Tätigkeit, 61.
[183] *Bachof*, Vornahmeklage, 21; *Bettermann*, Hirsch-Festschrift, 1/19; *Hoffmann*, Abwehranspruch, 15 f.; *Hussla*, Riese-Festschrift, 329/330; *Kleinhoff*, DRiZ 1958, 168; *Kröner*, Eigentumsgarantie, 16; ders., DVBl 1969, 157/158; *Lerche*, JurA 1970, 821/846; *Martens*, Schack-Festschrift, 85/95; *Merk*, Verwaltungsrecht II, 1705; *Rösslein*, Folgenbeseitigungsanspruch, 79; *Schleeh*, AöR 92 (1967), 58/95; *Schöne*, DÖV 1954, 552/554 f.; *Stödter*, Öffentlich-rechtliche Entschädigung, 218; *Wagner*, NJW 1966, 569/571; ders., Jahrreiß-Festschrift, 441/466; Nachw. aus der Rechtsprechung finden sich in Fn. 1 (Teil I).
[184] *Bender*, Staatshaftungsrecht, Rz. 163 (S. 114); *Hoffmann*, Abwehranspruch, 17; *Martens*, Schack-Festschrift, 85/88; ders., DVBl 1968, 150; *R. Schneider*, VerwArch 58 (1967), 301/306; *Senoner*, jur. Diss., 49; *Ule-Fittschen*, JZ 1965, 315/317.

B. Die Zurechnungskriterien einer Eigentumsbeeinträchtigung 133

schiedlicher Pinselführung. So wechselt privatrechtliche Beurteilung durch Realakte verursachter Beeinträchtigungen[185] in bunter Folge mit öffentlich-rechtlicher Betrachtungsweise ab[186]. Größere Gleichmäßigkeit zeichnet hingegen die Rechtsprechung des Bundesgerichtshofes zur Amtshaftung (Art. 34 GG, § 839 BGB) in diesem Punkte aus, die prinzipiell eine ganzheitliche Betrachtungsweise zur Grundlage ihrer Entscheidungen macht[187]. Diese Rechtsprechung will den gesamten Tätigkeitsbereich, der sich auf die Erfüllung einer hoheitlichen Aufgabe bezieht, als Einheit beurteilen. Es geht nicht an, führt der Bundesgerichtshof aus[188], eine einheitliche Aufgabe in einzelne Tätigkeitsbereiche teils hoheits-, teils bürgerlichrechtlicher Art aufzuspalten.

Die „ganzheitliche" Betrachtungsweise mag zwar für sich allein genommen nicht viel mehr als eine leere Formel darstellen, sie ist es aber in dem Augenblick nicht mehr, in dem Kriterien zur Qualifizierung des hoheitlichen Aufgabenbereichs bereitstehen und die genannte Methode nun im einzelnen den Zurechnungsbereich abstecken kann[189]. Derartige Kriterien bieten aber die oben[190] entwickelten Grundsätze an.

Eine ganzheitliche Betrachtungsweise wird nicht nur der typischen Problemstellung des Amtshaftungsrechts gerecht[191], sie bringt auch Hilfe für die hier in Rede stehenden Probleme einer Zurechnung von Tathandlungen zur hoheitlichen Tätigkeit; sie läßt sich überdies mühelos

---

[185] BGHZ 29, 314/316 (Regenwasserableitung); BGHZ 41, 264/268 f. (Kirmesveranstaltung); 49, 148 (Straßenlärm); BGH DVBl 1968, 148 (Fontänenanlage) m. abl. Anm. *Martens*, a.a.O., 150; vgl. auch *Ule-Fittschen*, JZ 1965, 315/317; BGH JZ 1969, 635 (Freilichtbühne); BayVGH BayVBl 1965, 391 (gemeindlicher Müllabladeplatz); BGH NJW 1960, 2335 (O-Bus-Haltestelle).

[186] BGH DVBl 1961, 736; DVBl 1965, 157 (Abwassereinleitung); BGHZ 30, 241; 48, 58 (Höherlegung einer Straße); BGH NJW 1960, 1995 (Straßenbauarbeiten); ebenso BGH MDR 1964, 656 (Bärenbaude) und NJW 1965, 1907 (Buschkrugbrücke); BGH DVBl 1969, 623 (Einleiten Regenwasser); BGH DÖV 1965, 203 (Kanalisation); BGHZ 55, 261 (Soldatengaststätte - Bau einer Umgehungsstraße); BGHZ 55, 229 (Gemeindliche Wasserleitung); BGH NJW 1971, 750 (Überschwemmung); BGHZ 54, 165/167 f. (Hochwasserschutz); 54, 299/301 f. (Kanalisation); 54, 332/338 (Verkehrsampel); 54, 384/387 f. (Bau- und Verkehrsimmissionen); dahingestellt in BGHZ 48, 98/102 f. (Autobahnbau).

[187] BGHZ 9, 373/389; 42, 176; 49, 108; 54, 165/167 f. (Hochwasserschutz); BGH VersR 1967, 859; LG Kiel VersR 1957, 685 (Leuchtpistole); OLG Hamm MDR 1968, 321/322; OLG Köln NJW 1968, 655 (Schülerlotse); BGH NJW 1962, 796/797; NJW 1964, 75.

[188] Insbes. BGH NJW 1962, 796/797 m. w. Nachw.

[189] *Füchsel*, DAR 1969, 197/200; *Gallwas*, BayVBl 1965, 40; *Ipsen*, NJW 1963, 2049/2052; *Martens*, Schack-Festschrift, 85/88; *Konow*, Eigentumsschutz, 68 m. Fn. 121; *Menger-Erichsen*, VerwArch 59 (1968), 366/386; *dies.*, VerwArch 60 (1969), 376/377; *Schricker*, Wirtschaftliche Tätigkeit, 61; vgl. aber auch *Reinhardt*, Gutachten, 233/267.

[190] Vgl. Teil III, S. 129 ff.

[191] Zu dieser Theorie in allgemeinen Zusammenhängen *Leisner*, Öffentlichkeitsarbeit, 48 ff.

auf diese Zurechnungsfragen übertragen. Eine derartige Sicht der Dinge ist ferner eingebettet in die allgemeine Tendenz der Zurückdrängung privatrechtlicher Betrachtungsweisen im Bereiche öffentlicher Verwaltung[192].

Ist einmal der Tätigkeitsbereich hoher Hand, innerhalb dessen der Realakt liegt, aufgrund verfassungsmäßiger/gesetzlicher Aufgabenzuweisung an einen öffentlich-rechtlichen Aufgabenträger oder durch das Handeln (Sachentscheidung) eines staatlichen oder öffentlich-rechtlichen Aufgabenträgers bestimmt, so färbt diese rechtliche Qualifikation auch den betreffenden Realakt im gleichen Sinne. Ob die Tathandlung sich aber innerhalb des ermittelten Bezirkes befindet, entscheidet sich entsprechend der Judikatur des Bundesgerichtshofes[193] danach, ob sie in innerem Zusammenhang mit dem sie umfassenden hoheitlichen Tätigkeitsbereich steht. Zur näheren Bestimmung des geforderten inneren Zusammenhanges kann das Merkmal der Unmittelbarkeit nichts beitragen[194]. Der Begriff der Unmittelbarkeit besagt — wie berichtet[195] — selbst nichts anderes, als daß ein enger Zusammenhang bestehen müsse; nähere Kriterien sind dem zu untersuchenden spezifischen Sachgebiet zu entnehmen. So ist entscheidend für die rechtliche Qualifikation der genannten Akte als hoheitlich, ob sie in Erfüllung, Ausübung, Ausführung des festgestellten Tätigkeitsbereiches hoher Hand geschehen sind[196]. Die Grenzen werden in diesem Zusammenhange demnach ganz ähnlich denen gezogen, die der

---

[192] Vgl. die Bemühungen, das Subventionsrecht einheitlich — auch hinsichtlich der Abwicklung — öffentlich-rechtlich aufzufassen: *Zuleeg*, Subventionen, 8 m. w. Nachw., 59 ff., insbes. 62 ff.; vgl. zum Hausrecht an öffentlichen Gebäuden etwa *Haak*, DVBl 1968, 134/138; *Bahls*, DVBl 1971, 275 ff.; *Knemeyer*, DÖV 1970, 596/599; ders., DÖV 1971, 303 f.; *Knoke*, AöR 94 (1969), 338 ff.; vgl. auch *Bettermann*, Anm. zu BVerwGE 35, 103 DVBl 1971, 112; vgl. aber auch BVerwGE 35, 103/106 m. w. Nachw.; OVG Münster DVBl 1963, 450. Für das Recht der öffentlichen Sachen: *Stern*, VVDStRL 21 (1964), 183/202 f.

[193] Nur etwa BGH NJW 1962, 796/797; BGHZ 49, 108/113; *Bender*, Staatshaftungsrecht, Rz. 163 (S. 114).

[194] *Keßler*, DRiZ 1967, 374/375; *Faber*, NJW 1968, 46/47; *Menger-Erichsen*, VerwArch 59 (1968), 366/385: Entscheidend für die rechtliche Qualifizierung ist der die Störung auslösende Widmungsakt der Straße; nicht wird mit dem BGH (BGHZ 49, 148/150) darauf abzuheben sein, daß der Verkehr als unmittelbarer Anlaß der Immissionen nicht hoheitlich ist. Von hierher ergeben sich auch Bedenken gegen BGH DVBl 1968, 148 (Fontänenanlage) m. abl. Anm. von *Martens*. Wie hier auch BGHZ 23, 157/169 (Verkaufsbaracken); BGH DVBl 1968, 214/215 (Großbaustelle); jüngst BGHZ 54, 384/387 f. (Bau- und Verkehrsimmissionen); vgl. weiter OLG Celle NdsRpfl 1963, 251; *Hoffmann*, Abwehranspruch, 18, 23.

[195] Vgl. oben Teil III, S. 100 ff.

[196] Eine derartige Abgrenzung liegt auch angesichts der Auffassung des Bundesgerichtshofes nahe, das Wesen eines Eigentumseingriffs bestehe darin, daß von der Eigenart einer hoheitlichen Maßnahme unmittelbar Auswirkungen auf das Eigentum ausgehen müßten; vgl. etwa BGHZ 28, 310/313; 31, 1/2; 37, 44/47; 48, 58/64; BGH DVBl 1968, 214.

B. Die Zurechnungskriterien einer Eigentumsbeeinträchtigung 135

Bundesgerichtshof in seiner Rechtsprechung zur Haftung für Erfüllungs- und Verrichtungsgehilfen (§§ 278, 831 BGB) umrissen hat. Die zu beurteilende Handlung darf hiernach nicht außerhalb des dem öffentlichen Aufgabenträger oder — im Falle des privaten Verwaltungshelfers — des durch diesen dem Privaten übertragenen Aufgabenbereichs liegen[197]; m. a. W. sie muß noch in den Kreis der Maßnahmen fallen, welche die Ausführung der dem Betreffenden zustehenden Verrichtungen darstellen, wobei es entscheidend auf den engen objektiven Zusammenhang mit dem übertragenen Tätigkeitsbereich ankommt[198]. Auszuscheiden sind diejenigen Fälle, in denen der beeinträchtigende Realakt gelegentlich der Erfüllung hoheitlicher Aufgaben durch den beauftragten Privaten vorgenommen wurde[199]; hier handelt es sich um Tätigkeit, die dem spezifisch privaten Bereich des privaten Verwaltungshelfers zuzurechnen ist. Es besteht keine Rechtfertigung dafür, auch derartige Akte dem Bereich des Hoheitlichen zuzuordnen.

In entsprechende Richtung weisen auch die Auffassungen, die davon ausgehen, daß akzessorische Neben- oder Hilfsakte die rechtliche Qualifikation des Hauptaktes teilen[200]. Im Ergebnis sieht sich die hier vertretene „ganzheitliche" Betrachtungsweise durch eine Reihe von Entscheidungen des Bundesgerichtshofes zum Enteignungsrecht bestätigt. So wurden beispielsweise die Fälle einer behördlich angeordneten Wohnungseinweisung[201] und polizeilicher Genehmigung einer Absperrung für Bauarbeiten[202] in diesem Sinne entschieden. Auch bei der Beurteilung von Bauarbeiten im Rahmen schlichter Hoheitsverwaltung verfährt der Bundesgerichtshof ganz entsprechend[203]. Bemerkenswert hierzu sind die in jüngeren und jüngsten obergerichtlichen Erkenntnissen aufgestellten Leitlinien. In einer Entscheidung zum Autobahnneubau[204] nimmt der Bundes-

---

[197] BGHZ 23, 319/323; vgl. auch schon RGZ 63, 344; 104, 141/145 f.

[198] BGHZ 11, 151/153; BGHZ 49, 19/23 m. w. Nachw.; BGH NJW 1971, 31/32.

[199] Vgl. zu dieser Unterscheidung schon *Stödter*, Öffentlich-rechtliche Entschädigung, 7; *Merk*, Verwaltungsrecht II, 1707;; für das Amtshaftungsrecht *Bender*, Staatshaftungsrecht, Rz. 160 (S. 112); *Barkhau*, Nothilfeleistungen, 37; *Jaenicke*, VVDStRL 20 (1963), 135/163; *ders.*, Haftung, 91 f.; *Papier*, Forderungsverletzung, 158 f. m. w. Nachw.; zur Anwendung von § 278 BGB im öffentlichen Recht *Heinrichs* in Palandt § 278 BGB Anm. 5.

[200] Etwa *Bettermann*, DVBl 1971, 112; *ders.*, DVBl 1971, 116/117; hierzu auch *Knemeyer*, DÖV 1971, 303/304; BVerwGE 35, 103/106; OVG Münster DVBl 1968, 157 f.

[201] BGHZ 6, 270 f./284 ff.; 7, 296 f.; 11, 248/249; 13, 371.

[202] BGHZ 23, 157/159; BGH DVBl 1968, 214/215.

[203] BGH NJW 1960, 1995; BGH NJW 1962, 1816; BGH MDR 1964, 656; BGH NJW 1965, 1907; BGHZ 30, 241; BGHZ 48, 58/64; vgl. in diesem Zusammenhang auch BGHZ 8, 273 (Hafermarkt 13); BGH MDR 1961, 918; BGH DÖV 1965, 203; BGHZ 54, 299/301 f.; BGHZ 55, 261.

[204] BGHZ 48, 98/102 f. (Autobahnbau).

136   3. Teil: Unmittelbarkeit des Eingriffes als Ersatz für Finalität

gerichtshof zwar im einzelnen keine rechtliche Qualifizierung vor, weist jedoch darauf hin, daß die hohe Hand dann die Arbeiten einer privaten Baufirma wie eigene gegen sich gelten lassen muß, wenn sie erheblichen Einfluß auf die Arbeiten nimmt, und damit die private Firma lediglich als Werkzeug der öffentlichen Behörde bei der Durchführung ihrer hoheitlichen Aufgabe tätig geworden ist[205]. In einer Entscheidung zum Neubau einer Bundesstraße[206] verlangt das Gericht das Vorliegen besonderer Anhaltspunkte, um die fraglichen Bauarbeiten als solche losgelöst von der öffentlichen Planfeststellung zu sehen und sie in den Bereich privatwirtschaftlicher Nutzung des Eigentums am Straßengrundstück einordnen zu können.

5. Der notwendige Zusammenhang zwischen dem Handeln hoher Hand und der eingetretenen Eigentumsbeeinträchtigung

Ist es im Bisherigen darum gegangen, den Bereich der Handlungen abzustecken, die der hohen Hand zuzurechnen sind und deswegen, haben sie Beeinträchtigungen des von Art. 14 GG geschützten Rechtsbereiches im Gefolge, den Schutz von Art. 14 GG begründen können, so ist nun der Frage nachzugehen, wie eng das Band zwischen Vorgehen hoher Hand und eingetretener Eigentumsbeschneidung sein muß, um grundrechtlichen Schutz zu aktualisieren.

Verlangt der Bundesgerichtshof in seiner Rechtsprechung zur Enteignungsentschädigung, daß die zu entschädigende Eigentumsbeeinträchtigung unmittelbar von der hoheitlichen Handlung bewirkt sein müsse, so können damit nicht von vornherein alle diejenigen Beeinträchtigungen ausgeschieden werden, die sich erst über eine Zwischenursache, ein Zwischenglied realisieren[207]. Unmittelbarkeit im Sinne fehlenden Zwischengliedes sachlicher oder persönlicher Art bietet sich zwar als leicht zu handhabendes Kriterium an. Doch bleibt zu fragen, ob eine derartige Schematisierung dem grundrechtlichen Schutzanliegen gerecht wird; denn formale Erwägungen könnten hier eine Entschädigung ausschließen, obwohl die Beeinträchtigung, die sich über ein Zwischenglied realisiert,

---

[205] Vgl. etwa auch BGHZ 11, 43; 12, 52; 13, 145; BGH NJW 1967, 1861; *Bender*, Staatshaftungsrecht, Rz. 54 (S. 42 f.); *Kröner*, DVBl 1969, 157/158: Die öffentliche Hand kann nur für Maßnahmen haftbar gemacht werden, auf die sie selbst bestimmenden Einfluß ausüben konnte.
[206] BGHZ 54, 384/388; vgl. auch BGH Betrieb 1968, 659.
[207] Unmittelbarkeit in diesem Sinne bejahen etwa: *Kröner*, Eigentumsgarantie, 20; *Peter*, JZ 1969, 549/556 f.; *Wagner*, NJW 1966, 569/572; ders., Jahrreiß-Festschrift, 441/467; *Zinkeisen*, jur. Diss., 94 f.; BGH DRiZ 1965, 136/137: Die hoheitliche Maßnahme muß, um als Enteignung zu gelten, die schädigende Wirkung selbst ausüben; es genügt nicht, daß sich erst mittelbar, etwa durch besondere privatrechtliche Bindungen ein Schaden bei dem Betroffenen infolge der hoheitlichen Maßnahmen einstellt, die anderen gegenüber vorgenommen sind. Vgl. auch *Bull*, DÖV 1971, 305/306 f.; *Steffen*, DRiZ 1967, 110/111.

B. Die Zurechnungskriterien einer Eigentumsbeeinträchtigung 137

in der Auswirkung beim Betroffenen keinesfalls minderer Art gegenüber einer solchen sein muß, die ohne „Zwischenursache" eintrat.

Unter diesem Blickwinkel sind ebenfalls Vorbehalte gegen jene Rechtsprechung des Bundesgerichtshofes anzumelden, die es für die Unmittelbarkeit enteignungsrechtlichen Eingriffs nicht genügen lassen will, daß sich der Schaden bei dem Betroffenen erst infolge einer hoheitlichen Maßnahme einstellt, die einem anderen gegenüber vorgenommen wurde[208]. Der Bundesgerichtshof hält denn auch diese Rechtsprechung nicht konsequent in jeder Beziehung durch und gewährt Entschädigung auch in Fällen, in denen die in Frage stehenden Beeinträchtigungen nicht „unmittelbar" von der hohen Hand, sondern über einen Dritten realisiert wurden, sofern sie sich nur als Folgeschäden der hoheitlichen Handlung darstellen[209]. Folgeschäden sind nach dieser Rechtsprechung dem Wesen der Enteignung entsprechend nur solche Nachteile, die nicht allgemein jeden Enteigneten treffen können, sondern im gegebenen Einzelfalle als erzwungene Folge der Enteignung in Erscheinung treten und dem Sonderopfer zugerechnet werden müssen. Es muß sich um Nachteile handeln, die der Betroffene infolge der Enteignung notwendig erleidet[210]. Folgeverletzungen seien Weiterentwicklungen der primären Rechtsverletzung, die durch deren Eigenart geprägt werden[211].

Damit ist aber der entscheidende Gesichtspunkt der Unmittelbarkeit im Sinne engen inneren Zusammenhangs bezeichnet, der sich auch in anderen Entscheidungen des Bundesgerichtshofes wiederfindet: wenn z. B. davon gesprochen wird, der Eingriff und seine Folgeerscheinungen

---

[208] BGHZ 18, 286/287 f.; 20, 81/82 f.; 37, 44/47; BGH DRiZ 1965, 136/137; eine Ausnahme macht der Bundesgerichtshof in den genannten Entscheidungen für die Fälle der §§ 844, 845 BGB: BGHZ 18, 286/287 f.; 34, 23; vgl. auch BGHZ 31, 1 ff.; BGH FamRZ 1968, 308.

[209] BGH WM 1964, 968; BGH MDR 1964, 830; BGH NJW 1963, 1925; BGH NJW 1965, 2101; BGH NJW 1966, 493; BGH VersR 1970, 922; BGHZ 55, 294/296 ff.; zu § 823 Abs. 1 BGB: BGHZ 41, 123/125; vgl. auch *Bender*, Staatshaftungsrecht, Rz. 366 ff. (348); *Dittus*, NJW 1965, 2180; *Kröner*, Eigentumsgarantie, 39 f.; *Steffen*, DRiZ 1968, 126/127.

[210] BGH WM 1968, 1126/1129; BGHZ 55, 82/83 f.; BGHZ 55, 294/296; *Steffen*, DRiZ 1968, 126/127 m. w. Nachw.; in der Rechtsprechung des Bundesgerichtshofs gehen diese Fragen nahezu konturenlos in die Feststellung des geschützten Rechtsumfangs ein; vgl. hierzu etwa BGH NJW 1967, 1857 (Importsaatgut).

[211] Vgl. *Stoll*, Kausalzusammenhang, 31 Fn. 88; zur unmittelbaren Folge im Bereich des Folgenbeseitigungsanspruches: *Bender*, Staatshaftungsrecht, Rz. 106 (72 f.); *Rösslein*, Folgenbeseitigungsanspruch, 33 (Fn. 103), 34: Unmittelbare Folge ist, was dem Inhalt des Verwaltungsaktes entspricht, was von dem Verwaltungsakt geregelt worden ist. *Bender*, DÖV 1968, 165/172, gibt zu bedenken, ob die Problematik der unmittelbaren Folgen des rechtswidrigen Hoheitshandelns, auf deren Beseitigung der Folgenbeseitigungsanspruch gerichtet ist, möglicherweise ähnlich zur Enteignung liegt. Vgl. auch *Weyreuther*, Gutachten, B 19 ff. mit vielen Nachw.; schließlich auch *Rupp*, Grundfragen, 261; OVG Münster NJW 1964, 1872.

müßten einen einheitlichen natürlichen Vorgang darstellen[212] oder die Nähe der hoheitlichen Maßnahme zum Sonderopfer auch sonst im insoweit gleichliegenden Aufopferungsrecht betont wird[213]. An anderer Stelle[214] weist das Gericht darauf hin, daß sich die Schadensfolge aus der Eigenart der hoheitlich geforderten Leistung ergeben müsse[215].

Gleiche Erwägungen liegen auch jener — schon dargelegten — Rechtsprechung des Bundesgerichtshofes zum Amtshaftungsrecht zugrunde, die jede Handlung, die der Ausführung des hoheitsrechtlichen Geschäftes dient, in den Bereich der hoheitlichen Betätigung des Beamten fallen läßt, wenn sie in einer solchen Beziehung zu der unmittelbaren Verwirklichung des hoheitlichen Zieles steht, daß sie mit dieser als ein einheitlicher Lebensvorgang angesehen werden muß. Entsprechendes gilt auch für Beeinträchtigungen, die von einer derartigen Handlung bewirkt werden. Sie sind der hoheitlichen Handlung zuzurechnen, wenn zwischen der Tätigkeit hoher Hand und der Beeinträchtigung ein solcher innerer und äußerer Zusammenhang besteht, daß die Beeinträchtigung als dem Bereich der hoheitlichen Betätigung angehörend angesehen werden muß[216].

Ganz ähnlich verfährt auch die schon in anderem Zusammenhang[217] berichtete Rechtsprechung des Bundesverfassungsgerichts zur Berufsfreiheit. Nach ihr kann der von Art. 12 Abs. 1 GG geschützte Freiheitsraum auch durch solche Vorschriften berührt werden, die infolge ihrer tatsächlichen Auswirkung geeignet sind, die Freiheit der Berufswahl zu beeinträchtigen, obwohl sie keinen unmittelbar berufsregelnden Charakter tragen[218]. Voraussetzung einer Nachprüfung dieser Normen an Art. 12 Abs. 1 GG ist, daß sie in ihrer Auswirkung in die Nähe einer Zulassungsregelung kommen[219]. Dies ist insbesondere dann der Fall, wenn die in Rede stehenden Normen ihrer Gestaltung nach in einem engen Zusammenhang mit der Ausübung eines Berufes stehen und objektiv eine berufsregelnde Tendenz erkennen lassen[220].

---

[212] BGHZ 9, 83/87; BGHZ 46, 326/329; *Bender*, Staatshaftungsrecht, Rz. 45 (S. 35).
[213] BGHZ 17, 172/174 f.; 25, 238/242; 36, 379/388; 45, 290/294.
[214] BGHZ 28, 310/313 (Trecker); hierzu auch OLG Hamm MDR 1968, 321/322; *Keßler*, DRiZ 1967, 374/375; *Bender*, Staatshaftungsrecht, Rz. 45 (S. 35).
[215] Jüngst BGHZ 54, 332/338: Der Sachverhalt und das Schadensbild werden nicht durch einen Eingriff der Bekl. in das Eigentum, sondern durch eine Gefahrenlage *geprägt*, die im Falle des Kl. im weiteren Verlaufe tatsächlich zu Schäden führte.
[216] Insbesondere BGHZ 29, 38/41; 42, 176/179; BGH NJW 1962, 796; BGH LM Nr. 25 zu Art. 34 GG.
[217] Vgl. Teil I, S. 22 f.
[218] BVerfGE 9, 83/87; 10, 185/192; 13, 181/185 f.; 22, 380/384 f.
[219] BVerfGE 11, 30/43.
[220] BVerfGE 13, 181/185 f.; 16, 147/162; 22, 380/384 f.

B. Die Zurechnungskriterien einer Eigentumsbeeinträchtigung 139

Dieses Merkmal des engen äußeren und inneren Zusammenhanges[221] läßt sich nur im Sinne einer veranstaltungswesentlichen[222], spezifischen[223] Auswirkung, des einheitlichen natürlichen Vorgangs hoheitlichen Handelns entsprechend der Grundsätze, die oben für die rechtliche Qualifizierung von Realakten gewonnen wurden, beschreiben. Hieraus läßt sich — so mag eingewendet werden — allenfalls ein grundlegender Gesichtspunkt, eine allgemeine Leitlinie für die Zurechnung einer Beeinträchtigung zur hoheitlichen Tätigkeit gewinnen; ein festgefügtes, ins einzelne gehendes System allerdings könne der Bestimmung des erforderlichen Zusammenhangs nicht an die Seite gestellt werden.

Einer solchen Kritik ist entgegenzuhalten, daß ins einzelne gehende, klar umrissene Kriterien nur von Begriffen gewisser Formalisierung erwartet werden können. Formalisierte, zeitgebundene Begriffe sind jedoch zu vermeiden, will man nicht die eingangs beschriebene Gefahr einer Erstarrung grundrechtlichen Schutzes[224] erneut heraufbeschwören. So darf insbesondere das Merkmal des inneren und äußeren Zusammenhangs nicht formelhaft gelesen und derart angewendet werden, daß letztlich entscheidend das Typische im Sinne des jeweils Üblichen, Tradierten und Augenblicklichen sei[225]. Typisch, veranstaltungswesentlich und spezifisch kann eine der hoheitlichen Betätigung entfließende Beeinträchtigung nur dann sein, wenn die Beeinträchtigung ihrer sachlichen Eigenart, ihrer Struktur nach in den Rahmen dieser hoheitlichen Betätigung fällt[226]. Solcherart Vorgehen stellt an die Rechtsprechung die Anforderung, für bestimmte Gruppen hoheitlicher Betätigungen gemäß ihrer speziellen sachlichen Eigenart und Struktur Topoi zu entwickeln[227], mit deren Hilfe

---

[221] Entsprechend *Nipperdey*, NJW 1967, 1985/1990: Im Deliktsrecht verweist das Unmittelbarkeitsmerkmal als Maßstab zur Bestimmung der Rechtswidrigkeit des Verhaltens auf die zeitliche, räumliche bzw. personelle Nähe des Verletzers zum verletzten Rechtsgut.

[222] Vgl. *Leisner*, VerwArch 54 (1963), 369/391 für das französische Recht; BVerwG DÖV 1971, 750/751 für das Dienstunfallrecht: Es kommt darauf an, wodurch das Schadensereignis seine Prägung erfährt; vgl. auch BVerwGE 20, 269/271.

[223] *Säcker*, BB 1966, 700 ff.; *Rösslein*, Folgenbeseitigungsanspruch, 33 (Fn. 103), 34.

[224] Teil I.

[225] Abl. auch *Müller*, Kunstfreiheit, 65.

[226] Zu einem solchen Verfahren *Lerche*, ZZP 78 (1965), 1/30; ders., Kompetenzbereich, 11; zum Bereich des Typus und zum typologischen Denken: *Canaris*, Systemdenken, 135 ff., insbes. auch 149 ff.; *Larenz*, Methodenlehre, 425 ff., 445 ff.; *Strache*, Standards, jeweils m. w. Nachw.

[227] Grundlegend hierzu *Viehweg*, Topik; vgl. auch *Horn*, NJW 1967, 601; *Kriele*, Theorie, 114 ff.; *v. Pestalozza*, Staat 2 (1963), 425/429; *Wittig*, Staat 8 (1969), 137/149; kritisch *Diederichsen*, NJW 1966, 697; *Esser*, Grundsatz, 26 ff.; *Larenz*, Methodenlehre, 146, 150 ff., 156 ff., 465; *Zippelius*, NJW 1967, 2229 ff.; bejahend speziell für das Enteignungsrecht: *Bender*, Staatshaftungsrecht, Rz. 39 (S. 30); *E. Schneider*, NJW 1967, 1750/1754; ders., MDR 1965, 439/443; *Menger*,

die Merkmale des Typischen, Spezifischen, Veranstaltungswesentlichen konkretisiert werden können.

Damit scheint es, als habe man die doch wenigstens greifbaren Kriterien des Zielgerichteten, Voraussehbaren oder etwa Betriebsbezogenen gegen ein Kriterium eingetauscht, das in seiner Allgemeinheit nur schwer faßbar sei und somit dem Grundrechtsschutz nur bedingt dienen könne. So pauschal läßt sich aber nicht urteilen. Für die Bestimmung der Zurechenbarkeit von Eigentumsbeeinträchtigungen ist mit den soeben entwickelten Grundsätzen zumindest ein gewisser — enger — Rahmen abgesteckt, innerhalb dessen sich die Rechtsprechung im Einzelfall bewegen muß. Eine größere Formalisierung der Kriterien möchte zwar erhöhte Praktikabilität ermöglichen, leistet aber von neuem der Gefahr des Entgleitens von Regelungsfällen und damit einer Verengung grundrechtlichen Schutzes Vorschub. Im übrigen lassen die Kriterien des Spezifischen, Typischen, Veranstaltungswesentlichen nicht jeden Regelungsgehalt vermissen, sie stellen sich als durchaus konkretisierbare Grenzen dar, wobei diese erforderliche Konkretisierung angesichts der Notwendigkeit erhöhter Flexibilität und der Vielzahl der auftretenden möglichen Fallkonstellationen den Gerichten, die die nötigen Topoi zu entwickeln haben, am besten anheimgegeben ist. Ihnen sollte hier die erforderliche Abgewogenheit des Urteils und das rechte Maß zugetraut werden, handelt es sich im Grunde doch um eine Tätigkeit, die dem Kernbereich richterlicher Aufgabenstellung entspringt.

VerwArch 59 (1968), 366/380; *Ossenbühl*, JuS 1971, 575/581; *Wagner*, NJW 1966, 569/572; *ders.*, Jahrreiß-Festschrift, 441/460.

Literaturverzeichnis

Achterberg, Norbert: Die Evidenz als Rechtsbegriff, DÖV 1963, 331 ff.

Anschütz, Gerhard: Der Ersatzanspruch aus Vermögensbeschädigungen durch rechtmäßige Handhabung der Staatsgewalt, VerwArch 5 (1897), 1 ff.

— Die Verfassung des Deutschen Reiches vom 11. August 1919, Kommentar, 14. Aufl., Berlin 1933

Arndt, Adolf: Das Grundrecht der Kriegsdienstverweigerung, NJW 1957, 361 ff.

— Die Nichtigkeit verfassungswidriger Gesetze, DÖV 1959, 81 ff.

— Hat die Feststellung der Verfassungswidrigkeit eines Gesetzes die Nichtigkeit der darauf gestützten Verwaltungsakte zur Folge?, NJW 1959, 863 ff.

— Die Bindungswirkung des Grundgesetzes, BB 1960, 993 ff.

— Staatshaftung für gesetzliches Unrecht, BB 1960, 1351 ff.

— Gesetzesrecht und Richterrecht, NJW 1963, 1273 ff.

— Das Werbefernsehen als Kompetenzfrage, JZ 1965, 337 ff.

Arndt, Herbert: Die fehlerhafte Einziehung, NJW 1957, 856 ff.

Bachof, Otto: Der Rechtsschutz im öffentlichen Recht: Gelöste und ungelöste Probleme, DÖV 1953, 417 ff.

— Begriff und Wesen des sozialen Rechtsstaates, Mitbericht, VVDStRL 12 (1954), 37 ff.

— Der maßgebliche Zeitpunkt für die gerichtliche Beurteilung von Verwaltungsakten, JZ 1954, 416 ff.

— Zur Bedeutung des Entschädigungsjunktims in Entschädigungsgesetzen, DÖV 1954, 592 ff.

— Reflexwirkungen und subjektive Rechte im öffentlichen Recht, Jellinek-Gedächtnisschrift, 287 ff., München 1955

— Zur maßgeblichen Rechts- und Sachlage bei Anfechtungs- und Vornahmeklagen, JZ 1958, 301 ff.

— Die Freiheit des Berufs, Die Grundrechte Bd. III/1, 155 ff., Berlin 1958

— Die Prüfungs- und Verwerfungskompetenz gegenüber dem verfassungswidrigen und dem bundeswidrigen Gesetz, AöR 87 (1962), 1 ff.

— Über einige Entwicklungstendenzen im gegenwärtigen deutschen Verwaltungsrecht, Staatsbürger und Staatsgewalt, Bd. II, Jubiläumsschrift zum hundertjährigen Bestehen der deutschen Verwaltungsgerichtsbarkeit und zum zehnjährigen Bestehen des Bundesverwaltungsgerichts, 3 ff., Karlsruhe 1963

— Verwaltung, Evangelisches Staatslexikon, Sp. 2391 ff., Stuttgart - Berlin 1966

— Verfassungsrecht, Verwaltungsrecht, Verfahrensrecht in der Rechtsprechung des Bundesverwaltungsgerichts, Bd. I, BVerwGE 1 - 12, 3. Aufl., Tübingen 1966; Bd. II, BVerwGE 13 - 19, Tübingen 1967

Bachof, Otto: Die Unzulässigkeit der Entziehung von Erbbegräbnisrechten, Peters-Gedächtnisschrift, 642 ff., Berlin 1967
— Die verwaltungsgerichtliche Klage auf Vornahme einer Amtshandlung, 2. unveränderte Aufl., Tübingen 1968

Badura, Peter: Das Verwaltungsmonopol, Berlin 1963
— Eigentumsgarantie und Benutzungszwang, DÖV 1964, 539 ff.
— Zulassung zu öffentlichen Einrichtungen der Gemeinde und Verwaltungsprivatrecht, JuS 1966, 17 ff.
— Die Rechtsprechung des Bundesverfassungsgerichts zu den verfassungsrechtlichen Grenzen wirtschaftspolitischer Gesetzgebung im sozialen Rechtsstaat, AöR 92 (1967), 382 ff.
— Auftrag und Grenzen der Verwaltung im sozialen Rechtsstaat, DÖV 1968, 446 ff.
— Wirtschaftsverwaltungsrecht, Besonderes Verwaltungsrecht, 235 ff., Bad Homburg v. d. H. - Berlin - Zürich 2. Aufl. 1970
— Wirtschaftsverfassung und Wirtschaftsverwaltung, Frankfurt a. M. 1971

Bähr, Otto: Der Rechtsstaat, Neudruck Aalen 1961 der Ausgabe von 1864

Bähr, Peter: Die maßgebliche Rechts- und Sachlage für die gerichtliche Beurteilung von Verwaltungsakten, Köln - Berlin 1967

Bäumlin, Richard: Rechtsstaat, Evangelisches Staatslexikon, Sp. 1734 ff., Stuttgart - Berlin 1966

Ballerstedt, Kurt: Rechtsstaat und Wirtschaftslenkung, AöR 74 (1948), 129 ff.
— Über wirtschaftliche Maßnahmegesetze, Festschrift für Walter Schmidt-Rimpler, 369 ff., Karlsruhe 1957

Barkhau, Werner: Öffentlich-Rechtliche Entschädigung bei Nothilfeleistungen, Stuttgart - Köln 1954

Bartlsperger, Richard: Das Dilemma des baulichen Nachbarrechts, VerwArch 60 (1969), 35 ff.

Battis, Ulrich: Erwerbsschutz durch Aufopferungsentschädigung, Berlin 1969
— Nochmals: Enteignung, enteignungsgleicher Eingriff, Aufopferung, NJW 1971, 1593 ff.
— Entschädigung für Gewerbebeeinträchtigung durch Straßenarbeiten, besonders bei U-Bahnbau — BGH LM Art. 14 GG (Cf) Nr. 27 (Buschkrugbrücke), JuS 1971, 519 ff.

Baumbach, Adolf und Wolfgang *Hefermehl*: Wettbewerbs- und Warenzeichenrecht, Bd. 1 Wettbewerbsrecht, 10. Aufl. München 1971

Bauschke, Erhard und Michael *Kloepfer*: Enteignung, enteignungsgleicher Eingriff, Aufopferung, NJW 1971, 1233 ff.

Becker, Erich: Verwaltung und Vewaltungsrechtsprechung, Bericht, VVDStRL 14 (1956), 96 ff.

Becker, Walter: Unfälle in Schule und Heim, Unsere Jugend 1967, 535 ff.

Beinhardt, Gerd: Das Recht der öffentlichen Sicherheit und Ordnung in seinem Verhältnis zur Eingriffs- und Leistungsverwaltung, DVBl 1961, 608 ff.
— Nochmals: Benutzungszwang und Eigentumsgarantie, BayVBl 1962, 205 ff.

Bellstedt, Christoph: Bedürfen Subventionen gesetzlicher Grundlage?, DÖV 1961, 161 ff.

Literaturverzeichnis

Bender, Bernd: Sozialbindung des Eigentums und Enteignung, NJW 1965, 1297 ff.
— Zur Problematik der durch Staatsunrecht begründeten öffentlichrechtlichen Kompensations- und Restitutionspflichten, DÖV 1968, 156 ff.
— Empfiehlt es sich, die Folgen rechtswidrigen hoheitlichen Verwaltungshandelns gesetzlich zu regeln (Folgenbeseitigung — Folgenentschädigung)?, Verhandlungen des 47. Deutschen Juristentages, Referat, Bd. II, Teil L 1 ff., München 1968
— Staatshaftungsrecht, Karlsruhe 1971

Bengl, Karl, Georg *Berner* und Ernst *Emmerig:* Bayerisches Landesstraf- und Verordnungsgesetz, Kommentar, 2. Aufl. München 1957

Berg, Wilfried: Konkurrenzen schrankendivergenter Freiheitsrechte im Grundrechtsabschnitt des Grundgesetzes, Berlin 1968

Bettermann, Karl-August: Rechtsgrund und Rechtsnatur der Staatshaftung, DÖV 1954, 299 ff.
— Zur Lehre vom Folgenbeseitigungsanspruch, DÖV 1955, 528 ff.
— Anm. zu BGHZ 23, 157, MDR 1957, 672 ff.
— Über richterliche Normenkontrolle, ZZP 72 (1959), 32 ff.
— Der Schutz der Grundrechte in der ordentlichen Gerichtsbarkeit, Die Grundrechte Bd. III/2, 779 ff., Berlin 1959
— Zur Verfassungsbeschwerde gegen Gesetze und zum Rechtsschutz des Bürgers gegen Rechtssetzungsakte der öffentlichen Gewalt. Beiträge zu Art. 19 Abs. 4, 93, 100 des Grundgesetzes, §§ 90 - 95 des BVerfGG und § 47 der VwGO, AöR 86 (1961), 129 ff.
— Die allgemeinen Gesetze als Schranken der Pressefreiheit, JZ 1964, 601 ff.
— Gewerbefreiheit der öffentlichen Hand, Berliner Festschrift für Ernst E. Hirsch, 1 ff., Berlin 1968
— Grenzen der Grundrechte, Berlin 1968

Bielenberg, Walter: Verfassungsrechtliche Eigentumsgarantie und Sozialbindung, dargestellt an der Sanierung (Stadt- und Dorferneuerung) nach dem Städtebauförderungsgesetz, DVBl 1971, 441 ff.

Böckenförde, Christoph: Die sogenannte Nichtigkeit verfassungswidriger Gesetze, Berlin 1966
— Verfassungsinterpretation ohne fiskalische Rücksichten?, DÖV 1967, 157 ff.

Böckenförde, Ernst-Wolfgang: Gesetz und gesetzgebende Gewalt, Berlin 1958
— Entstehung und Wandel des Rechtsstaatsbegriffes, Festschrift für A. Arndt, 53 ff., Frankfurt a. M. 1969

Bogs, Harald: Die verfassungsrechtliche Gebundenheit der öffentlichen Hand bei Bedarfsdeckungsgeschäften, BB 1963, 1269
— Die verfassungskonforme Auslegung von Gesetzen, Stuttgart - Berlin - Köln - Mainz 1966

Brandstetter, Arnulf: Der Erlaß von Berufsordnungen durch die Kammern der freien Berufe, Berlin 1971

Brinckmann, Hans: Das entscheidungserhebliche Gesetz, Berlin 1970

Brohm, Winfried: Strukturen der Wirtschaftsverwaltung, Stuttgart - Berlin - Köln - Mainz 1969

Bull, Hans Peter: Verwaltung durch Maschinen, Köln 1964
— Ampel-Unfälle als Schicksalsschläge?, DÖV 1971, 305 ff.

Bullinger, Martin: Vertrag und Verwaltungsakt, Stuttgart 1962
— Öffentliches Recht und Privatrecht, Stuttgart - Berlin 1968
Burchardi, Friedrich: Die Haftung des Staates für Zufallsschädigungen, Diss. Hamburg 1966
v. Buri, M.: Die Kausalität und ihre strafrechtlichen Beziehungen, Stuttgart 1885
Burmeister, Joachim: Verfassungskonforme Auslegung oder vertikale Normendurchdringung?, Berlin - Frankfurt a. M. 1966
— Zur Staatshaftung für Planschäden der Wirtschaft, Verwaltung 1969, 21 ff.
Bydlinski, Franz: Probleme der Schadensverursachung nach deutschem und österreichischem Recht, Stuttgart 1964
v. Caemmerer, Ernst: Das Problem des Kausalzusammenhangs im Privatrecht, Freiburg 1956
— Wandlungen des Deliktsrechts, Hundert Jahre Deutsches Rechtsleben, Festschrift zum hundertjährigen Bestehen des Deutschen Juristentages 1960 Bd. II, 49 ff., Karlsruhe 1960
Canaris, Claus-Wilhelm: Systemdenken und Systembegriff in der Jurisprudenz, Berlin 1969
Copic, Hans: Berufsverbot und Pressefreiheit, JZ 1963, 495
— Grundgesetz und politisches Strafrecht neuerer Art, Tübingen 1967
Dagtoglou, Podromos: Ersatzpflicht des Staates bei legislativem Unrecht, Tübingen 1963
Debelius, Jörg: Die Struktur des Anspruchs aus einem enteignungsgleichen Eingriff, Diss. Marburg 1968
Deutsch, Erwin: Begrenzung der Haftung aus abstrakter Gefährdungshaftung wegen fehlender adäquater Kausalität?, JZ 1966, 556 ff.
Diederichsen, Uwe: Topisches und systematisches Denken in der Jurisprudenz, NJW 1966, 697 ff.
Diester, Hans: Die Enteignung und Entschädigung nach altem und neuem Recht, Bergisch-Gladbach 1953
Dietz, Rolf: Streiks zur Durchsetzung von arbeitsvertraglichen Ansprüchen, Festschrift für Wilhelm Herschel, 47 ff., Stuttgart 1955
Dittus, Wilhelm: Die Enteignungsentschädigung nach heutigem Recht, NJW 1965, 2179 ff.
Döbereiner, Walter: Der „enteignende" Eingriff bei Immissionen, NJW 1968, 1916 f.
Drews, Bill und Gerhard *Wacke*: Allgemeines Polizeirecht, 7. Aufl., Berlin - Köln - München - Bonn 1961
Dürig, Günter: Verfassung und Verwaltung im Wohlfahrtsstaat, JZ 1953, 193 ff.
— Das Eigentum als Menschenrecht, ZgesStW 109 (1953), 326 ff.
— Art. 2 GG und die polizeiliche Generalermächtigung, AöR 79 (1953/54), 57 ff.
— Zurück zum klassischen Enteignungsbegriff, JZ 1954, 4 ff.
— Zum hessischen Sozialisierungsproblem, DÖV 1954, 129 ff.
— Grundfragen des öffentlich-rechtlichen Entschädigungssystems, JZ 1955, 521 ff.

Dürig, Günter: Grundrechte und Zivilrechtsprechung, Festschrift für Nawiasky, 157 ff., München 1956
— Der Grundrechtssatz von der Menschenwürde, AöR 81 (1956), 117 ff.
— Eigentum (V), Staatslexikon Bd. 2, Sp. 1079 ff., Freiburg 1958
— Anm. zu BSGE 5, 40, JZ 1958, 22 ff.
— Der Staat und die vermögenswerten öffentlich-rechtlichen Berechtigungen seiner Bürger, Festschrift für Willibalt Apelt, 13 ff., München - Berlin 1958
— Die Geltung der Grundrechte für den Staatsfiskus und sonstige Fiskalate, BayVBl 1959, 201 ff.
— Kommentierung zu Art. 1, 2 GG, Maunz-Dürig-Herzog, Kommentar zum Grundgesetz, Stand 1970
Eckardt, Wolf-Dieter: Die verfassungskonforme Gesetzesauslegung, Berlin 1964
Egerer, Jürgen: Der Plangewährleistungsanspruch, Baden-Baden 1971
Ehlermann, Claus-Dieter: Wirtschaftslenkung und Entschädigung, Heidelberg 1957
Ehmke, Horst: Wirtschaft und Verfassung, Karlsruhe 1961
— Prinzipien der Verfassungsinterpretation, Mitbericht, VVDStRL 20 (1963), 53 ff.
— Verfassungsrechtliche Fragen einer Reform des Pressewesens, Festschrift für A. Arndt, 77 ff., Frankfurt a. M. 1969
Ehrenforth, Werner: Die Enteignungsentschädigung nach Art. 14 Bonner Grundgesetz, DVBl 1950, 266 ff.
— Enteignungsentschädigung und Bodenreform, DRZ 1949, 270
Ehrenzweig, Armin: System des österreichischen allgemeinen Privatrechts, Wien 1951
Ellwein, Thomas: Einführung in die Regierungs- und Verwaltungslehre, Stuttgart - Berlin - Köln - Mainz 1966
— Regierung und Verwaltung, 1. Teil, Regierung als politische Führung, Stuttgart - Berlin - Köln - Mainz 1970
Emmerich, Volker: Das Wirtschaftsrecht der öffentlichen Unternehmen, Bad Homburg v. d. H. 1969
— Die Fiskalgeltung der Grundrechte, namentlich bei erwerbswirtschaftlicher Betätigung der öffentlichen Hand, JuS 1970, 332 ff.
— Die kommunalen Versorgungsunternehmen zwischen Wirtschaft und Verwaltung, Frankfurt a. M. 1970
Engler, Helmut: Die Rechtsprechung des Bundesverfassungsgerichts zu den Grundrechten, Das Bundesverfassungsgericht, Karlsruhe 1963
Enneccerus, Ludwig und Heinrich *Lehmann:* Lehrbuch des Schuldrechts, 15. Aufl., Tübingen 1958
Esser, Josef: Grundsatz und Norm in der richterlichen Fortbildung des Privatrechts, 2. unveränderte Aufl., Tübingen 1964
— Grundlagen und Entwicklung der Gefährdungshaftung, 2. unveränderte Aufl., München 1969
— Lehrbuch des Schuldrechts Bd. I, 4. Aufl., Karlsruhe 1970
Evers, Hans-Ulrich: Verfassungsrechtliche Bindungen fiskalischer Regierungs- und Verwaltungstätigkeit, NJW 1960, 2073 ff.
— Die Nachbarklage im Baurecht, JuS 1962, 87 ff.

Eyermann, Erich und Ludwig *Fröhler*: Verwaltungsgerichtsordnung, Kommentar, 5. Aufl., München 1971

Faber, Heiko: Anm. zu BGHZ 48, 98 ff., NJW 1968, 46 ff.

Fikentscher, Wolfgang: Das Recht am Gewerbebetrieb (Unternehmen) als „sonstiges Recht" i. S. d. § 823 Abs. 1 BGB in der Rechtsprechung des Reichsgerichts und des Bundesgerichtshofs, Festgabe für Heinrich Kronstein, 261 ff., Karlsruhe 1967

Fischer, Robert: Empfiehlt es sich, die verschiedenen Pflichten des Staates zur Entschädigung aus der Wahrnehmung von Hoheitsrechten nach Grund, Inhalt und Geltendmachung gesetzlich zu regeln?, Verhandlungen des 41. Deutschen Juristentages Bd. II (Sitzungsberichte), Teil C 43 ff., Tübingen 1955

Fleiner, Fritz: Institutionen des deutschen Verwaltungsrechts, 8. Aufl., Tübingen 1928

Flume, Werner: Die Frage der Besteuerung des Veräußerungsgewinns beim Verkauf von Grund und Boden landwirtschaftlicher Betriebe, Betrieb 1970, 1507 ff.

Forsthoff, Ernst: Ist die Regelung der Entschädigung im Bodenreformgesetz für NRW v. 16. Mai 1949 mit seinen Durchführungsverordnungen mit dem Grundgesetz vereinbar?, Rechtsgutachten, ohne Ort 1953

— Zur verfassungsmäßigen Problematik der Investitionshilfe, BB 1953, 421 ff.

— Begriff und Wesen des sozialen Rechtsstaates, Bericht, VVDStRL 12 (1954), 8 ff.

— Verfassungsrechtliche Bemerkungen zum Bausperrenurteil des Bundesgerichtshofs, DÖV 1955, 193 ff.

— Über Maßnahme-Gesetze, Gedächtnisschrift für Walter Jellinek, 221 ff., München 1955

— Die Umbildung des Verfassungsgesetzes, Festschrift für C. Schmitt zum 70. Geburtstag, 35 ff., Berlin 1959

— Die Bindung an Gesetz und Recht, DÖV 1959, 41 ff.

— Verfassungsmäßiger Eigentumsschutz und Freiheit des Berufs (am Beispiel des Apothekenprivilegs), Staatsbürger und Staatsgewalt Bd. II, Jubiläumsschrift zum hundertjährigen Bestehen der deutschen Verwaltungsgerichtsbarkeit und zum zehnjährigen Bestehen des Bundesverwaltungsgerichts, 19 ff., Karlsruhe 1963

— Zur Grundrechtsbindung des Staates als Auftraggeber, BayVBl 1964, 101 ff.

— Die öffentlich-rechtliche Vorteilsausgleichung, DÖV 1965, 289 ff.

— Lehrbuch des Verwaltungsrechts Bd. I, Allgemeiner Teil, München und Berlin 1966

— Über Mittel und Methoden moderner Planung, Planung Bd. III, 21 ff., Baden-Baden 1968

— Der Staat der Industriegesellschaft, München 1971

Forkel, Hans: Zum „Opfer" beim Aufopferungsanspruch, JZ 1969, 7 ff.

Franke, Franz-Josef: Der Folgenentschädigungsanspruch, VerwArch 57 (1966), 357 ff.

Frentzel, Gerhard: Die gewerbliche Betätigung der öffentlichen Hand, Bonn 1955

— Wirtschaftsverfassungsrechtliche Betrachtungen zur wirtschaftlichen Betätigung der öffentlichen Hand, Tübingen 1961

Freudling, Fritz: Wert - Schaden - Entschädigung, DÖV 1970, 308 ff.

Friauf, Karl-Heinrich: Verfassungsrechtliche Grenzen der Wirtschaftslenkung und Sozialgestaltung durch Steuergesetze, Tübingen 1966
— Bemerkungen zur verfassungsrechtlichen Problematik des Subventionswesens, DVBl 1966, 729 ff.
— Öffentlicher Haushalt und Wirtschaft, Bericht, VVDStRL 27 (1969), 1 ff.
— Der Rechtsschutz des sog. Dritten in der verwaltungsgerichtlichen Rechtsprechung, JurA 1969, 3 ff.
— Schranken der Grundrechte, JR 1970, 215 ff.
— Steuergesetzgebung und Eigentumsgarantie, JurA 1970, 299 ff.
— Baurecht und Raumordnung, Besonderes Verwaltungsrecht, 365 ff., 2. Aufl., Bad Homburg v. d. H. - Berlin - Zürich 1970

Frohberg, Günther: Entschädigungspflicht bei Änderungen des Straßenniveaus?, BlGBW 1958, 145 ff.

Fromm, Günter: Rechtsprobleme beim Bau und Betrieb von U-Straßenbahnen, AfE 1964, 149 ff.

Frotscher, Werner: Rechtsschutz nur gegen Verwaltungsakte?, DÖV 1971, 259 ff.

Frowein, Jochen: Gleichheit der Wahl und Größe der Wahlkreise, DÖV 1963, 857 ff.
— Zur vorgeschlagenen Änderung von § 79 des Bundesverfassungsgerichtsgesetzes, DÖV 1970, 591 ff.

Füchsel, Konrad: Schadensersatzansprüche an die Straßenverkehrsbehörde bei Funktionsstörung an einer Verkehrssignalanlage, DAR 1969, 197 ff.

Furler, Hans: Das polizeiliche Notrecht und die Entschädigungspflicht des Staates, VerwArch 33 (1928), 340 ff.

Fuss, Ernst-Werner: Rechtsverhältnisse und Verbindlichkeiten einer für verfassungswidrig erklärten Partei, JZ 1959, 741 ff.

Gallwas, Hans-Ulrich: Nebenwirkungen hoheitlicher Akte und Enteignungsrecht, BayVBl 1965, 40 ff.
— Faktische Beeinträchtigungen im Bereich der Grundrechte, Berlin 1970
— Erfüllung von Verwaltungsaufgaben durch Private, Mitbericht, VVDStRL 29 (1971), 211 ff.

Gather, Hans-Herbert: Rechtsfragen beim Bau von U-Bahnen, DWW 1966, 51 ff.

Geiger, Willi: Kommentar zum Bundesverfassungsgerichtsgesetz, Berlin - Frankfurt a. M. 1952
— Die Grundrechte in der Privatrechtsordnung, Stuttgart 1960
— Zur Diskussion um die Freiheit der Kunst, Festschrift für Gerhard Leibholz Bd. II, 187 ff., Tübingen 1966

Gelzer, Konrad: Der Umfang des Entschädigungsanspruches aus Enteignung und enteignungsgleichem Eingriff, München 1969

Giese, Friedrich: Enteignung und Entschädigung früher und heute, Tübingen 1950

Goennenwein, Otto: Gemeinderecht, Tübingen 1963

Göldner, Detlef Christoph: Verfassungsprinzip und Privatrechtsnorm in der verfassungskonformen Auslegung und Rechtsfortbildung, Berlin 1969

Götz, Heinrich: Der Wirkungsgrad verfassungswidriger Gesetze, NJW 1960, 1177 ff.
Götz, Volkmar: Wirtschaftsverwaltungsrechtliche Ausgleichsabgaben, AöR 85 (1960), 200 ff.
— Recht der Wirtschaftssubventionen, München und Berlin 1966
Greiner, Gottfried: Wiederbelebung des klassischen Enteignungsbegriffes, DÖV 1954, 583 ff.
Grunsky, Wolfgang: Grenzen der Rückwirkung bei Änderung der Rechtsprechung, Karlsruhe 1970
Gundlach, Gustav: Gemeinwohl, Staatslexikon Bd. III, Sp. 737 ff., 6. Aufl., Freiburg 1959
Haak, Volker: Normenkontrolle und verfassungskonforme Gesetzesauslegung des Richters, Bonn 1963
Haas, Diether: Eigentum und Enteignung, MDR 1951, 650 ff.
— System der öffentlichen Entschädigungspflichten, Karlsruhe 1955
— Empfiehlt es sich, die Folgen rechtswidrigen hoheitlichen Verwaltungshandelns gesetzlich zu regeln (Folgenbeseitigung — Folgenentschädigung)?, Verhandlungen zum 47. Deutschen Juristentag, Referat, Teil L 32 ff., München 1968
Häberle, Peter: Die Wesensgehaltsgarantie des Art. 19 Abs. 2 GG, Karlsruhe 1962
— Gemeinwohljudikatur und Bundesverfassungsgericht, AöR 95 (1970), 86 ff., 260 ff.
— Öffentliches Interesse als juristisches Problem, Bad Homburg v. d. H. 1970
Häntzschel, Kurt: Kommentar zum RPG, Berlin 1927
— Das Recht der freien Meinungsäußerung, Handbuch des Deutschen Staatsrechts Bd. II, 651 ff., Tübingen 1932
Hamann, Andreas: Zur Abgrenzung von Enteignung und Sozialbindung, NJW 1952, 401 ff.
— Deutsches Wirtschaftsverfassungsrecht, Berlin 1958
— Entschädigungsansprüche wegen Subventionsschäden, BB 1962, 505 ff.
Hamann, Andreas und Helmut *Lenz:* Kommentar zum Grundgesetz, 3. Aufl., Neuwied - Berlin 1970
Hamel, Walter: Die Bedeutung der Grundrechte im sozialen Rechtsstaat, Berlin 1957
— Das Recht der freien Berufswahl, DVBl 1958, 37 ff.
Hammer, Rudolf: Benutzungszwang und Eigentumsgarantie, BayVBl 1962, 103 ff.
Hasskarl, Horst: Die Rechtsprechung des Bundesverfassungsgerichts zu Art. 80 Abs. 1 S. 2 GG, AöR 94 (1969), 85 ff.
Haueisen, Fritz: Die Theorie der wesentlichen Bedingung — eine wichtige Ursachenlehre, JZ 1961, 9 ff.
Heck, Karl: Heidelberger Kolloquium über Fragen der Verfassungsgerichtsbarkeit im Juli 1961, Verfassungsgerichtsbarkeit in der Gegenwart, Länderberichte und Rechtsvergleichung (Hrsg. Hermann Mosler), Köln - Berlin 1962
Heidenhain, Martin: Amtshaftung und Entschädigung aus enteignungsgleichem Eingriff, Berlin 1965
— Folgen rechtswidrigen hoheitlichen Verwaltungshandelns, JZ 1968, 487 ff.

Heller, Hermann: Die Souveränität, Berlin und Leipzig 1927
— Der Begriff des Gesetzes in der Reichsverfassung, Bericht, VVDStRL 4 (1928), 98 ff.
— Staatslehre, Leiden 1934
Helmreich, Karl und Julius *Widtmann:* Kommentar zur Bayerischen Gemeindeordnung, 3. Aufl., München 1966
Hemsen, Vollert: Der allgemeine bürgerlich-rechtliche Aufopferungsanspruch, Diss. Hamburg 1961
Henke, Wilhelm: Das subjektive öffentliche Recht, Tübingen 1968
— Die Rechtsformen der sozialen Sicherung und das allgemeine Verwaltungsrecht, Bericht, VVDStRL 28 (1970), 149 ff.
Herzog, Roman: Subsidiarität und Staatsverfassung, Staat 2 (1963), 399 ff.
— Subsidiaritätsprinzip, Evangelisches Staatslexikon, Sp. 2266 ff., Stuttgart - Berlin 1966
— Grundrechte und Gesellschaftspolitik, Berliner Festschrift für Ernst E. Hirsch, 63 ff., Berlin 1968
Hesse, Konrad: Grundzüge des Verfassungsrechts der Bundesrepublik Deutschland, 3. Aufl., Karlsruhe 1968
v. Hippel, Eike: Grenzen und Wesensgehalt der Grundrechte, Berlin 1965
Hoffmann, Gerhard: Die Verwaltung und das verfassungswidrige Gesetz, JZ 1961, 193 ff.
Hoffmann, Michael: Der Abwehranspruch gegen rechtswidrige hoheitliche Realakte, Berlin 1969
Hoffmann, Wolfgang: Rechtsfragen der Währungsparität, München 1969
— Anm. zu BGH, DVBl 1968, 335, DVBl 1969, 202 ff.
Hoffmann-Riehm, Wolfgang: „Billigkeit" zu Lasten des Steuerpflichtigen?, Betrieb 1971, 1734 ff.
— Die Beseitigung verfassungswidriger Rechtslagen im Zweitaktverfahren, DVBl 1971, 842 ff.
Holstein, Günther: Die Lehre von der öffentlich-rechtlichen Eigentumsbeschränkung, Berlin 1921
Hoppe, Werner: Der Fortbestand wirtschaftslenkender Maßnahmegesetze bei Änderung wirtschaftlicher Verhältnisse, DÖV 1965, 546 ff.
— Rechtsschutz bei der Planung von Straßen und anderen Verkehrsanlagen, München 1971
Horn, Norbert: Zur Bedeutung der Topiklehre Theodor Viehwegs für eine einheitliche Theorie des juristischen Denkens, NJW 1967, 601 ff.
Horst, Paul-Günther: Querverbindungen zwischen Aufopferungsanspruch und Gefährdungshaftung einerseits und Aufopferungsanspruch und Eingriffserwerb andererseits, Berlin 1966
Huber, Ernst Rudolf: Die Rechtsstellung des Volksgenossen, erläutert am Beispiel der Eigentumsgarantie, ZgesStW 96 (1936), 438 ff.
— Wirtschaftsverwaltungsrecht Bd. I, 2. Aufl., Tübingen 1953
— Wirtschaftsverwaltungsrecht Bd. II, 2. Aufl., Tübingen 1954
— Der Streit um das Wirtschaftsverfassungsrecht, DÖV 1956, 172 ff.
— Rechtsstaat und Sozialstaat in der modernen Industriegesellschaft, Oldenburg 1962

Huber, Konrad: Maßnahmegesetz und Rechtsgesetz, Berlin 1963
Huber, Ulrich: Normzwecktheorie und Adäquanztheorie, JZ 1969, 677 ff.
Hueck, Alfred: Grenzen des rechtmäßigen Streiks, Festschrift für Wilhelm Herschel, 27 ff., Stuttgart 1955
Hueck, Alfred und Hans C. *Nipperdey:* Lehrbuch des Arbeitsrechts, Bd. II: Kollektives Arbeitsrecht 2. Halbbd., Berlin - Frankfurt a. M. 1970
Hurst, Werner: Zur Problematik der polizeilichen Handlungshaftung, AöR 83 (1958), 43 ff.
Hussla, Erich: Die Enteignungsentschädigung für ein Bauverbot in der Rechtsprechung des Bundesgerichtshofs, Festschrift für Otto Riese, 329 ff., Karlsruhe 1964
Imboden, Max: Das Gesetz als Garantie rechtsstaatlicher Verwaltung, 2. Aufl., Basel - Stuttgart 1962
Ipsen, Hans-Peter: Enteignung und Sozialisierung, Bericht, VVDStRL 10 (1952), 74 ff.
— Rechtsfragen der Investitionshilfe, AöR 78 (1952), 284 ff.
— Die Hessische Bodenreform vor dem Bundesverfassungsgericht, DVBl 1953, 617 ff.
— Das Verbot des Massengütertransports im Straßenverkehr, Rechtsgutachten, Hamburg 1954
— Öffentliche Subventionierung Privater, DVBl 1956, 461 ff., 498 ff., 602 ff.
— Die Junktimklausel im völkerrechtlichen Vertrag, NJW 1963, 1377 ff.
— Fragestellungen zu einem Recht der Wirtschaftsplanung, Planung I, 35 ff., Baden-Baden 1965
— Gesetzliche Bevorratungspflichten Privater, AöR 90 (1965), 393 ff.
— Rechtsfragen der Wirtschaftsplanung, Planung II, 63 ff., Baden-Baden 1966
— Das Bundesverfassungsgericht und das Privateigentum, AöR 91 (1966), 86 ff.
— Verwaltung durch Subventionen, Bericht, VVDStRL 25 (1967), 257 ff.
— Außenwirtschaft und Außenpolitik, Stuttgart - Berlin - Köln - Mainz 1967
— Gleichheit, Die Grundrechte Bd. II, 111 ff., 2. Aufl., Berlin 1968
Isay, Rudolf: Die juristische Technik der Wirtschaftslenkung, Festschrift für Walter Schmidt-Rimpler, 403 ff., Karlsruhe 1957
Isensee, Josef: Subsidiaritätsprinzip und Verfassungsrecht, Berlin 1968
v. Jacobs, Alexander: Der öffentlichrechtliche Benutzungszwang in der Verwaltungsordnung, Diss. Münster 1963
Jäckel, Hartmut: Grundrechtsgeltung und Grundrechtssicherung, Berlin 1967
Jaenicke, Günther: Gefährdungshaftung im öffentlichen Recht?, Bericht, VVDStRL 20 (1963), 135 ff.
— Haftung des Staates für rechtswidriges Verhalten seiner Organe (Bundesrepublik Deutschland), Länderberichte und Rechtsvergleichung (Hrsg. Hermann Mosler), 69 ff., Köln - Berlin 1967
Jakob, Wolfgang: Eingriff kommunaler Satzungen in „Freiheit und Eigentum", DÖV 1970, 666 ff.
Janssen, Günther: Der Anspruch auf Entschädigung bei Aufopferung und Enteignung, Stuttgart 1961
— Gefährdungshaftung im deutschen öffentlichen Recht?, NJW 1962, 939 ff.
Jellinek, Walter: Verwaltungsrecht, 3. Aufl., Berlin 1931

Jellinek, Walter: Schadensersatz aus Amtshaftung und Enteignungsentschädigung, JZ 1955, 147 ff.

Jerschke, Hans-Ulrich: Öffentlichkeitspflicht der Exekutive und Informationsrecht der Presse, Berlin 1971

Jesch, Dietrich: Unbestimmter Rechtsbegriff und Ermessen in rechtstheoretischer und verfassungsrechtlicher Sicht, AöR 82 (1957), 163 ff.

— Anm. JZ 1958, 705/706

— Gesetz und Verwaltung, Tübingen 1961

— Anm. zu BayVGHE n. F. 14 I 24 ff., DÖV 1962, 428 ff.

Jürgens, Erhard: Verfassungsmäßige Grenzen der Wirtschaftswerbung, VerwArch 53 (1962), 105 ff.

Kääb, Arthur und Walter *Rösch:* Kommentar zum BayLStVG, 2. Aufl., München 1967

Kaiser, Joseph H.: Staat und Privateigentum, Öffentliche Gewährleistung, Beschränkung und Inanspruchnahme privaten Eigentums in sechs Staaten rechtsvergleichend dargestellt, 5 ff., Köln - Berlin 1960

— Der Plan als ein Institut des Rechtsstaates und der Marktwirtschaft, Umrisse eines Aktionsmodells, Planung II, 11 ff., Baden-Baden 1966

Katzenstein, Gerhard: Die Entschädigungspflicht des Staates aus rechtswidrigschuldloser Ausübung öffentlicher Gewalt, MDR 1952, 193 ff.

Kaufmann, Erich: Untersuchungsausschuß und Staatsgerichtshof, Autorität und Freiheit Bd. I, 309 ff., Göttingen 1960

— Eigentum und Verwaltung, Autorität und Freiheit Bd. I, 450 ff., Göttingen 1960

— Die Grenzen der Verfassungsgerichtsbarkeit, Autorität und Freiheit Bd. I, 500 ff., Göttingen 1960

Kemper, Gerd Heinrich: Pressefreiheit und Polizei, Berlin 1964

Kessler, Heinrich: Der enteignungsgleiche Eingriff in der Rechtsprechung des Bundesgerichtshofs, DRiZ 1967, 374 ff.

Kimminich, Otto: Die öffentlich-rechtlichen Entschädigungspflichten, JuS 1969, 349 ff.

— Rechtsgutachten zu den eigentumsrechtlichen Bestimmungen des Entwurfs eines Städtebau- und Gemeindeentwicklungsgesetzes, Düsseldorf 1969

— Kommentierung zu Art. 14 GG, Bonner Kommentar, Hamburg 1950 ff., Stand Februar 1971

Kind, Christian: Haftung des Staates für eingriffslose Schädigungen, Diss. Bonn 1969

Kirchheimer, Otto: Die Grenzen der Enteignung, Berlin und Leipzig 1930

Kitzinger, Friedrich: Kommentar zum RPG, Tübingen 1920

Kleeberg, Rudolf: Zur Einkommensbesteuerung der Veräußerungsgewinne bei land- und forstwirtschaftlichen Betriebsgrundstücken, BB 1970, 964 ff.

Klein, Friedrich: Eigentumsgarantie und Besteuerung, StuW 1966, Sp. 432 ff.

— Bundesverfassungsgericht und richterliche Beurteilung politischer Fragen, Münster 1966

— Art. 14 GG als Schranke steuergesetzlicher Intervention, Festschrift für Fritz Neumark, 229 ff., Tübingen 1970

Klein, Hans H.: Zum Begriff der öffentlichen Aufgabe, DÖV 1965, 755 ff.
— Überlegungen zur Verfassungsmäßigkeit der „einfachen" Notstandsgesetze, BB 1967, 297 ff.
— Teilnahme des Staates am wirtschaftlichen Wettbewerb, Stuttgart - Berlin 1968
— Bundesverfassungsgericht und Staatsraison, Frankfurt a. M. - Berlin 1968
— Öffentliche und private Freiheit, Staat 10 (1971), 145 ff.
Kleindienst, Bernhard: Geldausgleich für Beeinträchtigungen durch Verkehrslärm?, NJW 1968, 1953 ff.
Kleinhoff, J.: Der enteignungsgleiche Eingriff in der Rechtsprechung des Bundesgerichtshofs, DRiZ 1955, 167 ff.
Klingmüller, Ernst: Der Kausalitätsbegriff in der Rechtsprechung des Bundessozialgerichts, Rechtsschutz im Sozialrecht, 127 ff., Köln - Berlin - München 1965
Kloepfer, Michael: Grundrechte als Entstehenssicherung und Bestandsschutz, München 1970
Kloepfer, Michael und Erhard *Bauschke:* Enteignung, enteignungsgleicher Eingriff, Aufopferung, NJW 1971, 1233 ff.
Klussmann, Manfred: Zulässigkeit und Grenzen von nachträglichen Eingriffen des Gesetzgebers in laufende Verträge, Berlin 1970
Knies, Wolfgang: Schranken der Kunstfreiheit als verfassungsrechtliches Problem, München 1967
Knoke, Thomas: Betriebliche Ordnungsgewalt in Räumlichkeiten des Verwaltungsvermögens, AöR 94 (1969), 338 ff.
Knoll, Ernst: Eingriffe in das Eigentum im Zuge der Umgestaltung gesellschaftlicher Verhältnisse, AöR 79 (1953/1954), 455 ff.
— Das Verfahren zur Geltendmachung von Ansprüchen auf Ausgleich von Schäden, welche durch die Wahrnehmung von Hoheitsrechten entstanden sind, Verhandlungen zum 41. Deutschen Juristentag, Gutachten, Bd. I 1. Hbbd., 91 ff., Tübingen 1955
Köhler, Heinz: Straßenbau und Eigentumsschutz, DVBl 1963, 618 ff.
König, Hans-Günther: Allgemeines Sicherheits- und Polizeirecht in Bayern, Köln - Berlin - Bonn - München 1962
Körner, Gerhard: Anm. zu OVG Koblenz, NJW 1961, 426, NJW 1961, 797 ff.
Köttgen, Arnold: Grundprobleme des Wasserrechts, Jena 1925
— Die erwerbswirtschaftliche Betätigung der öffentlichen Hand und das öffentliche Recht, Tübingen 1928
— Verwaltungsrecht der öffentlichen Anstalt, VVDStRL 6 (1929), 105 ff.
— Subventionen als Mittel der Verwaltung, DVBl 1953, 485 ff.
— Gemeindliche Satzungsgewalt und Grundgesetz, DVBl 1955, 445 ff.
— Gemeindliche Daseinsvorsorge und gewerbliche Unternehmerinitiative, Göttingen 1961
— Fondsverwaltung in der Bundesrepublik Deutschland, Stuttgart - Berlin - Köln - Mainz 1965
— Mandat, Methoden, Instrumente planender Verwaltung, Planung III, 11 ff., Baden-Baden 1968
Kötz, Hein: Zur Haftung bei Schulunfällen, JZ 1968, 285 ff.

Konow, Karl-Otto: Schadensersatz oder Entschädigung bei rechtswidrigen enteignungsgleichen Eingriffen?, JR 1964, 410 ff.
— Anliegerentschädigung beim U-Bahnbau, BB 1967, 103 ff.
— Zum allgemeinen Schadensersatzanspruch bei rechtswidrigen Grundrechtsverletzungen, JR 1967, 245 ff.
— Eigentumsschutz gegen Eingriffe der öffentlichen Hand, Berlin 1968
— Zur Frage der Subsidiarität der Aufopferungsansprüche, DVBl 1968, 205 ff.
— Amtshaftungsanspruch und Gleichheitsgebot, DVBl 1971, 454 ff.

Kopp, Ferdinand: Verfassungsrecht und Verwaltungsverfahrensrecht, München 1971

Koppensteiner, Hans-Georg: Intervention, Wettbewerb und Unternehmen, BB 1967, 217 ff.

Kraemer, Hans-Joachim: Die Kausalität im öffentlichen Recht, NJW 1965, 183 ff.

Krautzberger, Michael: Die Erfüllung öffentlicher Aufgaben durch Private, Berlin 1971

Kreft, Friedrich: Grenzfragen des Enteignungsrechts in der Rechtsprechung des Bundesgerichtshofs und des Bundesverwaltungsgerichts, Ehrengabe für Bruno Heusinger, 167 ff., München 1967
— Aufopferung und Enteignung, Karlsruhe 1968
— Empfiehlt es sich, die Folgen rechtswidrigen hoheitlichen Verwaltungshandelns gesetzlich zu regeln (Folgenbeseitigung — Folgenentschädigung)?, Verhandlungen zum 47. Deutschen Juristentag, Diskussionsbeitrag, Bd. II Teil L 77 ff., München 1968

Kriele, Martin: Theorie der Rechtsgewinnung, Berlin 1967
— Plangewährleistungsansprüche?, DÖV 1967, 531 ff.

Kröner, Herbert: Begriffe und Grundprobleme der Rechtsprechung des Bundesgerichtshofs zur Eigentumsgarantie, DVBl 1969, 157 ff.
— Die Eigentumsgarantie in der Rechtsprechung des Bundesgerichtshofs, 2. Aufl., Köln - Bonn - Berlin - München 1969

Krüger, Herbert: Die Einschränkung von Grundrechten nach dem Grundgesetz, DVBl 1950, 625 ff.
— Die Auflage als Instrument der Wirtschaftsverwaltung, DVBl 1955, 380 ff., 450 ff., 518 ff.
— Das besondere Gewaltverhältnis, Bericht, VVDStRL 15 (1957), 109 ff.
— Verfassungsänderung und Verfassungsauslegung, DÖV 1961, 721 ff.
— Das neue Wasserrecht und die alten Berechtigungen, Rechtsgutachten, Hamburg 1961
— Die Bestimmung des Eigentumsinhalts (Art. 14 Abs. 1 S. 2 GG), Hamburger Festschrift für Friedrich Schack, 71 ff., Hamburg 1966
— Allgemeine Staatslehre, 2. Aufl., Stuttgart - Köln - Berlin - Mainz 1966
— Die verfassungsgerichtliche Beurteilung wirtschaftspolitischer Entscheidungen, DÖV 1971, 289 ff.

Krüger, Theo: Die Enteignung, Wiesbaden o. J.

Küper, Maria und Hans *Walter:* Impfschädenrecht nach dem Bundesseuchengesetz, NJW 1963, 2352 ff.

Külz, Helmut R.: Zu Fragen des Eigentums und der Enteignung im neuen Wasserrecht, Staatsbürger und Staatsgewalt Bd. II, Jubiläumsschrift zum hundertjährigen Bestehen der deutschen Verwaltungsgerichtsbarkeit und zum zehnjährigen Bestehen des Bundesverwaltungsgerichts, 293 ff., Karlsruhe 1963

Kuschmann, Horst: Die Abgrenzung der Enteignung und der Aufopferung von der Amtshaftung in der Rechtsprechung des Bundesgerichtshofs, NJW 1966, 574 ff.

Kutscher, Hans: Die Enteignung, Stuttgart - Berlin 1938

Lange, Heinrich: Herrschaft und Verfall der Lehre vom adäquaten Kausalzusammenhange, AcP 156 (1957), 114 ff.

Lange, Hermann: Empfiehlt es sich, die Haftung für schuldhaft verursachten Schaden zu begrenzen? Kann für den Umfang der Schadensersatzpflicht auf die Schwere des Verschuldens und die Tragweite der verletzten Norm abgestellt werden?, Verhandlungen zum 43. Deutschen Juristentag, Gutachten, Bd. I 1. Hbbd., 3 ff., Tübingen 1962

Lange, Joachim: Kausalität und Verschulden im Steuerrecht, BB 1971, 405 ff.

Larenz, Karl: Vertrag und Unrecht, Bd. II: Die Haftung für Schaden und Bereicherung, Hamburg 1937

— Tatzurechnung und „Unterbrechung des Kausalzusammenhanges", NJW 1955, 1009 ff.

— Methodenlehre der Rechtswissenschaft, 2. Aufl., Berlin - Heidelberg - New York 1969

— Lehrbuch des Schuldrechts, Bd. I: Allgemeiner Teil, 10. Aufl., München 1970

— Lehrbuch des Schuldrechts, Bd. II: Besonderer Teil, 9. Aufl., München 1968

— Zum heutigen Stand der Lehre von der objektiven Zurechnung im Schadensersatzrecht, Festschrift für Richard Honig, 79 ff., Göttingen 1970

Laufke, Franz: Vertragsfreiheit und Grundgesetz, Festschrift für Heinrich Lehmann Bd. I, 145 ff., Berlin - Tübingen - Frankfurt a. M. 1956

Lechner, Hans: Kommentar zum Bundesverfassungsgerichtsgesetz, 2. Aufl., München 1967

Leibholz, Gerhard: Der Status des Bundesverfassungsgerichts, Das Bundesverfassungsgericht, 61 ff., Karlsruhe 1963

— Zur Begriffsbildung im öffentlichen Recht, Strukturprobleme der modernen Demokratie, 262 ff., 3. Aufl., Karlsruhe 1967

Leibholz, Gerhard und *H. J. Rinck:* Grundgesetz für die Bundesrepublik Deutschland, Kommentar an Hand der Rechtsprechung des Bundesverfassungsgerichts, 3. Aufl., Köln - Marienburg 1968

Leisner, Walter: Grundrechte und Privatrecht, München 1960

— Gefährdungshaftung im öffentlichen Recht?, Mitbericht, VVDStRL 20 (1963), 185 ff.

— Französisches Staatshaftungsrecht, VerwArch 54 (1963), 1 ff., 240 ff., 369 ff.

— Von der Verfassungsmäßigkeit der Gesetze zur Gesetzmäßigkeit der Verfassung, Tübingen 1964

— Öffentlichkeitsarbeit der Regierung im Rechtsstaat, Berlin 1966

— Werbefernsehen und öffentliches Recht, Berlin 1967

— Öffentliches Recht und Berufsfreiheit, AöR 93 (1968), 162 ff.

— Die bayerischen Grundrechte, Wiesbaden 1968

Leisner, Walter: Bayerisches Verwaltungsrecht in der Rechtsprechung, München 1968
— Privatinteresse als öffentliches Interesse, DÖV 1970, 217 ff.
— Verfassungsrechtliche Grenzen der Erbschaftsbesteuerung, Berlin 1970
Lerche, Peter: Ordentlicher Rechtsweg und Verwaltungsrechtsweg, Berlin - Köln 1953
— Amtshaftung und Folgenbeseitigung, RiA 1954, 9 ff.
— Grundrechtsbegrenzungen „durch Gesetz" im Wandel des Verfassungsbildes, DVBl 1958, 524 ff.
— Grundrechte der Soldaten, Die Grundrechte Bd. IV/1, 447 ff., Berlin 1960
— Übermaß und Verfassungsrecht, Köln - Berlin - München - Bonn 1961
— Rechtsprobleme der wirtschaftslenkenden Verwaltung, DÖV 1961, 486 ff.
— Amtshaftung und enteignungsgleicher Eingriff, JuS 1961, 237 ff.
— Stil, Methode, Ansicht, DVBl 1961, 690 ff.
— Verfassungsfragen um Sozialhilfe und Jugendwohlfahrt, Berlin 1963
— Zum Kompetenzbereich des Deutschlandfunks, Berlin 1963
— Föderalismus als nationales Ordnungsprinzip, VVDStRL 21 (1964), 66 ff.
— Buchbesprechung, DÖV 1965, 212 ff.
— Das Bundesverfassungsgericht und die Verfassungsdirektiven, AöR 90 (1965), 341 ff.
— Zum „Anspruch auf rechtliches Gehör", ZZP 78 (1965), 1 ff.
— Rechtsprobleme des Werbefernsehens, Frankfurt a. M. - Berlin 1965
— Presse, Pressefreiheit, Evangelisches Staatslexikon, Sp 1601 ff., Stuttgart - Berlin 1966
— Werbung und Verfassung, München und Berlin 1967
— Verfassungsrechtliche Zentralfragen des Arbeitskampfes, Bad Homburg v. d. H. - Berlin - Zürich 1968
— Zur Verfassungsmäßigkeit des Erfordernisses der „Dreivierteldeckung" in der freiwilligen Weiterversicherung nach dem Finanzänderungsgesetz, Rechtsgutachten, München 1968
— Ermächtigungsvorschriften für Außenwerbungssatzungen, Betrieb 1969, Beilage Nr. 6, 1 ff.
— Zur Verfassungsmäßigkeit des Gesetzes zur außenwirtschaftlichen Absicherung gemäß § 4 des Gesetzes zur Förderung der Stabilität und des Wachstums der Wirtschaft (AbsichG) vom 29. 11. 1968 — BGBl I, S. 1255 — im Hinblick auf die Behandlung der sog. Altkontrakte, Rechtsgutachten, München 1969
— Rundfunkmonopol, Frankfurt a. M. - Berlin 1970
— Wirtschaftliche Agenda der Gemeinden und Klagerecht Privater, JurA 1970, 821 ff.
Lindenmaier, Fritz: Adäquate Ursache und nächste Ursache, ZHR 113 (1950), 207 ff.
Löffler, Martin: Presserecht Bd. II, Landespressegesetze, Kommentar, 2. Aufl., München 1968
Lorenz, Dieter: Fernsehfahndung und öffentliche Gewalt, BayVBl 1971, 52 ff.
— Die Folgepflicht gegenüber rechtswidrigen Verwaltungsakten und die Strafbarkeit des Ungehorsams, DVBl 1971, 165 ff.

Lüke, Gerhard und Rolf *Zawar:* Durchblick: Die Fehlerhaftigkeit von Rechtsakten, JuS 1970, 205 ff.

Luhmann, Niklas: Grundrechte als Institution, Berlin 1965

— Öffentlich-rechtliche Entschädigung rechtspolitisch betrachtet, Berlin 1965

Maetzel, Bogumil: Rechtsfragen zur Folgenbeseitigung, DÖV 1968, 515 ff.

Maisch, E.: Hat die Feststellung der Verfassungswidrigkeit eines Gesetzes die Nichtigkeit der darauf gestützten Verwaltungsakte zur Folge?, NJW 1959, 227 ff.

Maiwald, Joachim: Anwendbarkeit für verfassungswidrig erklärter Gesetze?, BayVBl 1971, 90 ff.

Mallmann, Walter: Schranken nichthoheitlicher Verwaltung, Bericht, VVDStRL 19 (1961), 165 ff.

v. Mangoldt, Herrmann und Friedrich *Klein:* Das Bonner Grundgesetz, Band I, 2. Aufl. Berlin 1957/1966, Bd. II, 2. Aufl. 1964 ff.

Mann, Frederick A.: Zur Geschichte des Enteignungsrechts, Hundert Jahre Deutsches Rechtsleben, Festschrift zum hundertjährigen Bestehen des Deutschen Juristentages Bd. II, 299 ff., Karlsruhe 1960

Martens, Joachim: Streitgegenstand und Urteilsgegenstand der Anfechtungsklage, DÖV 1964, 365 ff.

Martens, Wolfgang: Öffentlichrechtliche Probleme des negatorischen Rechtsschutzes gegen Immissionen, Hamburger Festschrift für Friedrich Schack, 85 ff., Hamburg 1966

— Öffentlich als Rechtsbegriff, Bad Homburg v. d. H. - Berlin 1969

Matz, Werner: Art. 14 GG, Entstehungsgeschichte der Artikel des Grundgesetzes, JöR 1 (1951), 144 ff.

Maunz, Theodor: Das Verhältnis der Baulandentschädigung zum Grundgesetz, Düsseldorf 1955

— Grundfragen des Energiewirtschaftsrechts, VerwArch 50 (1959), 315 ff.

— Wirtschaftsverwaltungsrecht, Staats- und Verwaltungsrecht in Bayern, 484 ff., 2. Aufl., München 1964

— Kommentierung zu § 31 BVerfGG, Maunz-Sigloch-Schmidt/Bleibtreu-Klein, Kommentar zum BVerfGG, München - Berlin 1967 ff.

— Deutsches Staatsrecht, 17. Aufl., München 1969

— Kommentierung zu Art. 14 und 20 GG, Maunz-Dürig-Herzog, Kommentar zum Grundgesetz, Stand 1970

Maurer, Hartmut: Das richterliche Prüfungsrecht zur Zeit der Weimarer Verfassung, DÖV 1963, 683 ff.

— Die Verfassungswidrigkeit der Heiratsklausel im Beamtenbesoldungsrecht und ihre Folgen, FamRZ 1971, 12 ff.

Maury, Karl: Entschädigungslose Enteignungen, MDR 1954, 144 ff.

Mayer, Otto: Deutsches Verwaltungsrecht, Bd. I und II, 3. Aufl., München - Leipzig 1924

Menger, Christian-Friedrich: Über die Identität des Rechtsgrundes der Staatshaftungsklagen und einiger Verwaltungsstreitsachen, Gedächtnisschrift für Walter Jellinek, 347 ff., München 1955

— Gesetz als Norm und Maßnahme, Bericht, VVDStRL 15 (1957), 3 ff.

— Höchstrichterliche Rechtsprechung zum Verwaltungsrecht, VerwArch 51 (1960), 262 ff.

Menger, Christian-Friedrich und Hans Uwe *Erichsen:* Höchstrichterliche Rechtsprechung zum Verwaltungsrecht, VerwArch 56 (1965), 374 ff.
— Höchstrichterliche Rechtsprechung zum Verwaltungsrecht, VerwArch 59 (1968), 366 ff.
— Höchstrichterliche Rechtsprechung zum Verwaltungsrecht, VerwArch 60 (1969), 376 ff.
Merk, Wilhelm: Deutsches Verwaltungsrecht Bd. II, Berlin 1970
Merten, Detlef: Gedanken zur Demonstrationsfreiheit, MDR 1968, 621 ff.
Merton, Robert K.: Die unvorhergesehenen Folgen zielgerichteter sozialer Handlung, Sozialer Wandel, 169 ff., Neuwied - Berlin 1967
Mestmäcker, Ernst Joachim: Die Abgrenzung von öffentlich-rechtlichem und privat-rechtlichem Handeln im Wettbewerbsrecht, NJW 1969, 1 ff.
Mörtel, Georg: Auswirkungen der veränderten Generalklausel auf Verwaltung und Verwaltungsrechtsprechung, Wandlungen der rechtsstaatlichen Verwaltung, 137 ff., Berlin 1962
Mössner, Jörg Manfred: Die öffentlich-rechtliche Konkurrentenklage — BVerwGE 30, 191, Jus 1971, 131 ff.
v. Mohl, Robert: Über die rechtliche Bedeutung verfassungswidriger Gesetze, Staatsrecht, Völkerrecht und Politik, 1. Bd.: Staatsrecht und Völkerrecht, 66 ff., Tübingen 1860/Graz 1962
Mohnhaupt, Heinz und Norbert *Reich*: Aufopferungsansprüche bei Schulunfällen, NJW 1967, 758 ff.
Müller, Friedrich: Normbereiche von Einzelgrundrechten in der Rechtsprechung des Bundesverfassungsgerichts, Berlin 1968
— Freiheit der Kunst als Problem der Grundrechtsdogmatik, Berlin 1969
— Die Positivität der Grundrechte, Berlin 1969
v. Münch, Ingo: Die Grundrechte des Strafgefangenen, JZ 1958, 73 ff.
Naumann, Richard: Die staatliche Intervention im Bereich der Wirtschaft, VVDStRL 11 (1954), 131 ff., Diskussionsbeitrag
Neumann, Peter: Wirtschaftslenkende Verwaltung, Stuttgart 1959
Neumann-Duesberg, Horst: Unterlassungsanspruch der Gewerkschaft gegen Betriebsinhaber bei Behinderung sozialadäquater Plakatwerbung im Betrieb — Kollision zwischen Koalitionsrecht und Eigentumsrecht —, AuR 1966, 289 ff.
— Korrektur des Unmittelbarkeitsbegriffes beim Eingriff in den Gewerbebetrieb (§ 823 BGB), NJW 1968, 1990 ff.
Nicolaysen, Gert: Eigentumsgarantie und vermögenswerte subjektive öffentliche Rechte, Hamburger Festschrift für Friedrich Schack, 107 ff., Hamburg 1966
Niese, Werner: Streik und Strafrecht, Tübingen 1954
— Die moderne Strafrechtsdogmatik und das Zivilrecht, JZ 1956, 457 ff.
Nipperdey, Hans C.: Rechtsgutachten zum Zeitungsstreik, 1953
— Rechtswidrigkeit, Sozialadäquanz, Fahrlässigkeit, Schuld im Zivilrecht, NJW 1957, 1777 ff.
— Boykott und freie Meinungsäußerung, DVBl 1958, 445 ff.
— Tatbestandsaufbau und Systematik der deliktischen Grundrechte, NJW 1967, 1985 ff.

Obermayer, Klaus: Verwaltungsakt und innerdienstlicher Rechtsakt, Stuttgart - München - Hannover 1956
— Zur Rechtsstellung des Nachbarn im Baurecht und zum Folgenbeseitigungsanspruch, JuS 1963, 110 ff.
— Allgemeines Verwaltungsrecht, Staats- und Verwaltungsrecht in Bayern, 109 ff., 2. Aufl., München 1964
— Verfassungswidriges Enteignungsrecht, BayVBl 1971, 209 ff.
Oldiges, Martin: Grundlagen eines Plangewährleistungsanspruches, Bad Homburg v. d. H. - Berlin - Zürich 1970
v. Olshausen, Hennig: Die Wirksamkeit des Gesetzes und der Geltungsanspruch der Verfassung, JZ 1967, 116 ff.
Ossenbühl, Fritz: Die Rücknahme fehlerhafter begünstigender Verwaltungsakte, Berlin 1965
— Die Bindung der Verwaltung an die höchstrichterliche Rechtsprechung, AöR 92 (1967), 478 ff.
— Erfüllung von Verwaltungsaufgaben durch Private, Bericht, VVDStRL 29 (1971), 137 ff.
— Die Struktur des Aufopferungsanspruches (BGHZ 46, 327), JuS 1970, 276 ff.
— Enteignungsgleicher Eingriff und Gefährdungshaftung im öffentlichen Recht — BGHZ 54, 332, Jus 1971, 575 ff.
Pagendarm, Kurt: Bemessung der Enteignungsentschädigung nach der Rechtsprechung des Bundesgerichtshofes, WM 1958, 1350 ff.
— Amtshaftungsklagen in der Rechtsprechung des Bundesgerichtshofes, VersR 1960, 878 ff.
— Rechtsprechung des III. Zivilsenats, DRiZ 1960, 314 ff.
— Das Spannungsverhältnis zwischen von der Rechtsprechung entwickelten Rechtssätzen und späteren gesetzlichen Regelungen, Festschrift für Otto Riese, 355 ff., Karlsruhe 1964
— Bemessung der Enteignungsentschädigung nach der Rechtsprechung des Bundesgerichtshofes, WM 1965, Beilage Nr. 5, 1 ff.
Palandt: Bürgerliches Gesetzbuch, bearbeitet von Danckelmann u. a., 30. Aufl., München 1970
Papier, Hans-Jürgen: Die Forderungsverletzung im öffentlichen Recht, Berlin 1970
— Abschied vom enteignungsgleichen Eingriff?, NJW 1971, 2157 ff.
Paulick, Heinz: Lehrbuch des allgemeinen Steuerrechts, Köln - Berlin - Bonn - München 1971
Pesch, Karl: Ursache im Bürgerlichen Recht und in der gesetzlichen Unfallversicherung, NJW 1958, 1074 ff.
— Der Ursachenzusammenhang beim Dienstunfall des Beamten, DVBl 1959, 43 ff.
v. Pestalozza, Christian Graf: Kritische Bemerkungen zu Methoden und Prinzipien der Grundrechtsauslegung in der Bundesrepublik Deutschland, Staat 2 (1963), 425 ff.
— Die Geltung verfassungswidriger Gesetze, AöR 96 (1971), 27 ff.
Peter, Christoph: Anm. zu BGHZ 48, 46, JZ 1968, 226 ff.
— Zur neueren Enteignungsrechtsprechung des Bundesgerichtshofs, JZ 1969, 549 ff.

Peters, Hans: Lehrbuch der Verwaltung, Berlin 1949
— Die Verfassungsmäßigkeit des Verbots der Beförderung von Massengütern im Fernverkehr auf der Straße, Rechtsgutachten, Bielefeld 1954
— Staat, Staatslexikon, Sp. 519 ff., 7. Bd., 6. Aufl. Freiburg 1962
— Öffentliche und staatliche Aufgaben, Nipperdey-Festschrift Bd. II, 877 ff., München - Berlin 1965
— Der Dritte im Baurecht, DÖV 1965, 744 ff.
— Die kommunale Selbstverwaltung und das Subsidiaritätsprinzip, AfK 1967, 5 ff.
— Geschichtliche Entwicklung und Grundfragen der Verfassung, Berlin - Heidelberg - New York 1969

Podlech, Albert: Grundrechte und Staat, Staat 6 (1967), 341 ff.

Püttner, Günter: Reklame an städtischen Verkehrsmiteln, AfK 1967, 110 ff.
— Die öffentlichen Unternehmen, Bad Homburg v. d. H. - Berlin - Zürich 1969

Quaritsch, Helmut: Kirchen und Staat, Staat 1 (1962), 289 ff.
— Eigentum und Polizei, DVBl 1959, 455 ff.

Quidde, Torsten: Zur Evidenz der Fehlerhaftigkeit, DÖV 1963, 339 ff.

Rabel, Ernst: Das Recht des Warenkaufs Bd. I, Berlin und Leipzig 1936

Raiser, Ludwig: Eigentumsrecht, Handwörterbuch der Sozialwissenschaften Bd. 3, 39 ff., Stuttgart - Tübingen - Göttingen 1961
— Grundgesetz und Privatrecht, Verhandlungen zum 46. Deutschen Juristentag, Festvortrag, Bd. II Teil B, München - Berlin 1967

Raiser, Thomas: Adäquanztheorie und Haftung nach dem Schutzzweck der verletzten Norm, JZ 1963, 462 ff.

Rausch, Rudolf: Die Funktionen des Entschädigungsjunktims im Enteignungsrecht, Diss. Würzburg 1964
— Enteignungsrechtliche Probleme im Lichte der Junktimklausel, DVBl 1969, 167 ff.

Rauschning, Dieter: Die Sicherung der Beachtung von Verfassungsrecht, Bad Homburg v. d. H. - Berlin - Zürich 1969

Redeker, Konrad: Gegenwartsfragen der berufsständischen Selbstverwaltung, JZ 1954, 625 ff.
— Staatliche Planung im Rechtsstaat, JZ 1968, 537 ff.
— Von der Nachbarklage zum Planbefolgungsanspruch (Plangewährleistungsanspruch), DVBl 1968, 7 ff.
— Sozialstaatliche Gestaltung und rechtsstaatliche Bindung, DVBl 1971, 369 ff.

Redeker, Konrad und Hans-Joachim *v. Oertzen:* Verwaltungsgerichtsordnung, Kommentar, Stuttgart - Berlin - Köln - Mainz 3. Aufl. 1969

Reiff, Eduard: Begriff der Kausalität in der Unfallversicherung, NJW 1961, 630 ff.

Reinhardt, Rudolf: Wo liegen für den Gesetzgeber die Grenzen, gemäß Art. 14 des Bonner Grundgesetzes über Inhalt und Schranken des Eigentums zu bestimmen?, Verfassungsschutz des Eigentums, Zwei Abhandlungen von R. Reinhardt und U. Scheuner, 1 ff., Tübingen 1954
— Empfiehlt es sich, die verschiedenen Pflichten des Staates zur Ersatzleistung aus der Wahrnehmung von Hoheitsrechten nach Grund, Inhalt und Geltendmachung gesetzlich neu zu regeln?, Verhandlungen des 41. Deutschen Juristentages, Gutachten, Bd. I 1. Hbbd., 233 ff., Tübingen 1955

Reismüller, Johann Georg: Anm. zu OVG Münster, JZ 1959, 359, JZ 1960, 360 f.
— Anm. zu BGHZ 31, 1, JZ 1960, 122 ff.
Ridder, Helmut: Enteignung und Sozialisierung, Mitbericht, VVDStRL 10 (1952), 124 ff.
— Meinungsfreiheit, Die Grundrechte Bd. II, 243 ff., 2. unveränderte Aufl. Berlin 1968
Riedel, Jürgen: Öffentlich-rechtliche Gefährdungshaftung, Diss. Erlangen 1965
Rinck, Gerd: Gefährdungshaftung, Göttingen 1959
Röhl, Hellmut: Die Nennung des eingeschränkten Grundrechts nach Art. 19 Abs. 1 S. 2 GG, AöR 81 (1956), 195 ff.
Roellecke, Gerd: Der Begriff des positiven Gesetzes und das Grundgesetz, Mainz 1969
Rösslein, Thomas: Der Folgenbeseitigungsanspruch, Berlin 1968
Rohwer-Kahlmann, Harry: Aufopferungsanspruch wegen Folgen eines Turnunfalls?, SozSich 1967, 134 ff.
Roth, Karlernst: Die öffentlichen Abgaben und die Eigentumsgarantie im Bonner Grundgesetz, Heidelberg 1958
Rothenbücher, Karl: Das Recht der freien Meinungsäußerung, Bericht, VVDStRL 4 (1928), 6 ff.
Rudolph, Kurt: Die Bindungen des Eigentums, Tübingen 1960
Rudolphi, Hans-Joachim: Vorhersehbarkeit und Schutzzweck der Norm in der strafrechtlichen Fahrlässigkeitslehre, JuS 1969, 549 ff.
Rüfner, Wolfgang: Formen öffentlicher Verwaltung im Bereich der Wirtschaft, Berlin 1967
— Der Folgenbeseitigungsanspruch, ein materiellrechtlicher oder ein prozessualer Anspruch?, DVBl 1967, 186 ff.
— Zum gegenwärtigen Stand des deutschen Staatshaftungsrechts, BB 1968, 881 ff.
— Überschneidungen und gegenseitige Ergänzungen der Grundrechte, Staat 7 (1968), 41 ff.
— Die Eigentumsgarantie als Grenze der Besteuerung, DVBl 1970, 881 ff.
Rümelin, Max: Die Gründe der Schadenszurechnung, Freiburg und Leipzig 1896
— Die Verwendung der Causalbegriffe im Straf- und Zivilrecht, AcP 90 (1906), 171 ff.
Runge, Berndt: Zur Verfassungswidrigkeit von § 4 Abs. 2 S. 5 EStG, Betrieb 1970, 1661 ff.
Rupp, Hans Heinrich: Die Beseitigungs- und Unterlassungsklage gegen Träger hoheitlicher Gewalt, DVBl 1958, 113 ff.
— Anm. zu BVerwGE 11, 68, DÖV 1960, 796 ff.
— Die Nichtigkeit eines verfassungswidrigen Gesetzes und die Entscheidungsfunktion des Bundesverfassungsgerichts, JuS 1963, 469 ff.
— Privateigentum an Staatsfunktionen, Tübingen 1963
— Der maßgebliche Zeitpunkt für die Rechtfertigung der Verwaltungsakte, Rechtsschutz im Sozialrecht, 173 ff., Köln - Berlin - Bonn - München 1965
— Grundfragen der heutigen Verwaltungsrechtslehre, Tübingen 1965

Rupp, Hans Heinrich: Das Urteil des Bundesverfassungsgerichts zum Sammlungsgesetz — eine Wende in der Grundrechtsinterpretation des Art. 2 Abs. 1 GG?, NJW 1966, 2037 ff.
— Das Grundrecht der Berufsfreiheit in der Rechtsprechung des Bundesverfassungsgerichts, AöR 92 (1967), 213 ff.
— Wohl der Allgemeinheit und öffentliche Interessen — Bedeutung der Begriffe im Verwaltungsrecht, Wohl der Allgemeinheit und öffentliche Interessen, 116 ff., Berlin 1968
— Zur Problematik öffentlich-rechtlicher Machtpotenzierung durch Funktionenkombination, NJW 1968, 569 f.

Rupp und Wiltraut *v. Brüneck:* Darf das Bundesverfassungsgericht an den Gesetzgeber appellieren?, Festschrift für Gebhard Müller, 355 ff., Tübingen 1970

Ryffel, Hans: Öffentliche Interessen und Gemeinwohl — Reflexion über Inhalt und Funktion, Wohl der Allgemeinheit und öffentliche Interessen, 13 ff., Berlin 1968

Säcker, Franz Jürgen: Direktions- und Hausrecht als Abwehrrecht gegen gewerkschaftliche Betätigung im Betrieb, BB 1966, 700 ff.

Salzwedel, Jürgen: Bericht über die Staatsrechtslehrertagung 1961, AöR 87 (1962), 82 ff.
— Staatsaufsicht in Verwaltung und Wirtschaft, Bericht, VVDStRL 22 (1965), 206 ff.

Schack, Friedrich: Die Anwendung des § 75 EinlPrALR auf schuldlos rechtswidrige Eingriffe der öffentlichen Gewalt in der Rechtsprechung des Reichsgerichts, VerwArch 40 (1935), 426 ff.
— Empfiehlt es sich, die verschiedenen Pflichten des Staates zur Entschädigungsleistung aus der Wahrnehmung von Hoheitsrechten nach Grund, Inhalt und Geltendmachung gesetzlich neu zu regeln?, Verhandlungen des 41. Deutschen Juristentages, Gutachten, Bd. I 1. Bbbd., 1. ff., Tübingen 1955
— Der für Aufopferungsansprüche neben der Enteignungsentschädigung verbleibende Raum, JZ 1956, 425 ff.
— Der Aufopferungsanspruch, BB 1956, 409 ff.
— Zum Aufopferungsanspruch im Nachbarrecht, JR 1958, 207 ff.
— Der „enteignungsgleiche Eingriff", JZ 1960, 625 ff.
— Gefährdungshaftung auf dem Gebiete des deutschen öffentlichen Rechts, DÖV 1961, 728 ff.
— Anm. zu OLG Celle, JZ 1961, 372, JZ 1961, 373 ff.
— Aufopferungsanspruch bei Versagung der Abwehrklage aus § 1004 BGB, Jus 1963, 263 ff.
— Enteignungsentschädigung bei nicht beabsichtigten Schäden, DÖV 1965, 616 ff.
— Die Entschädigungsansprüche ohne Rücksicht auf Verschulden im Immissionsbereich, BB 1965, 341 ff.
— Enteignung, Evangelisches Staatslexikon, Sp. 415 ff., Stuttgart - Berlin 1966
— Die Rechtsprechung zur Entschädigungsart bei von öffentlichen Betrieben verursachten Immissionsschäden, Betrieb 1968, 2115 ff.
— Bürgerlichrechtlicher und öffentlichrechtlicher Entschädigungsanspruch bei Immissionen, NJW 1968, 1914 ff.

Schäfer, Hans: Empfiehlt es sich, die verschiedenen Pflichten des Staates zur Entschädigungsleistung aus der Wahrnehmung von Hoheitsrechten nach Grund, Inhalt und Geltendmachung gesetzlich neu zu regeln?, Referat, Verhandlungen des 41. Deutschen Juristentags, C 3 ff., Tübingen 1955

Schaumann, Wilfried: Grundrechtsanwendung im Verwaltungsprivatrecht, JuS 1961, 110 ff.

— Buchbesprechung, AöR 87 (1962), 502 ff.

Scherpf, Fritz: Planung als politischer Prozeß, Verwaltung 1971, 18 ff.

Scheuner, Ulrich: Grundlagen und Art der Enteignungsentschädigung, Verfassungsschutz des Eigentums, 2 Abhandlungen von R. Reinhardt und U. Scheuner, 63 ff., Tübingen 1954

— Die Abgrenzung der Enteignung, DÖV 1954, 587 ff.

— Die staatliche Intervention im Bereich der Wirtschaft, Rechtsformen und Rechtsschutz, Bericht, VVDStRL 11 (1954), 1 ff.

— Grundfragen der Staatshaftung für schädigende Eingriffe, Gedächtnisschrift für Walter Jellinek, 331 ff., München 1955

— Probleme der staatlichen Schadenshaftung nach deutschem Recht, DÖV 1955, 545 ff.

— Die neuere Entwicklung des Rechtsstaates in Deutschland, Hundert Jahre Deutsches Rechtsleben, Festschrift zum hundertjährigen Bestehen des Deutschen Juristentages, Bd. II, 229 ff., Karlsruhe 1960

— Die Einwirkung der verfassungsgerichtlichen Feststellung der Nichtigkeit von Rechtsnormen auf vorgängige Hoheitsakte, BB 1960, 1256 ff.

— Amtshaftung und enteignungsgleicher Eingriff, JuS 1961, 243 ff.

— Pressefreiheit, Bericht, VVDStRL 22 (1965), 1 ff.

— Voraussetzung und Form der Errichtung öffentlicher Körperschaften, Gedächtnisschrift für Hans Peters, 797 ff., Heidelberg 1967

— Das Grundgesetz in der Entwicklung zweier Jahrzehnte, AöR 95 (1970), 353 ff.

Schick, Walter: Gemeindemonopole und Grundgesetz, DÖV 1962, 931 ff.

— Untergesetzliche Rechtssätze als Enteignungsnormen, DVBl 1962, 774 ff.

Schickedanz, Erich: Schutzzwecklehre und Adäquanztheorie, NJW 1971, 916 ff.

Schleeh, Jörg: Zur Dogmatik der öffentlich-rechtlichen Folgenbeseitigung, AöR 92 (1967), 58 ff.

Schmidt, Hans Joachim: Zum Umfang der Enteignungsvorwirkungen, DVBl 1971, 451 ff.

Schmidt-Bleibtreu, Bruno: Kommentierung zu § 80/90 BVerfGG, Maunz-Sigloch-Schmidt/Bleibtreu-Klein, Kommentierung zum Bundesverfassungsgerichtsgesetz, München - Berlin 1967

— Zur Einkommensbesteuerung der Veräußerungsgewinne bei land- und forstwirtschaftlichen Betriebsgrundstücken, BB 1970, 1172 ff.

Schmidt-Bleibtreu, Bruno und Franz *Klein:* Grundgesetz für die Bundesrepublik Deutschland, Kommentar, Neuwied - Berlin 1969

Schmitt, Carl: Die Auflösung des Enteignungsbegriffes, Verfassungsrechtliche Aufsätze, 110 ff., Berlin 1958

— Freiheitsrechte und institutionelle Garantien der Reichsverfassung (1931), Verfassungsrechtliche Aufsätze, 140 ff., Berlin 1958

Schmitt, Carl: Rechtsstaatlicher Verfassungsvollzug (Rechtsgutachten), Verfassungsrechtliche Aufsätze, 452 ff., Berlin 1958
— Die Tyrannei der Werte, Säkularisation und Utopie, Ebracher Studien, Stuttgart 1967
— Verfassungslehre, 4. Aufl., unveränderter Nachdruck der 1928 erschienenen 1. Aufl., Berlin 1965

Schneider, Egon: Entschädigungsansprüche wegen Straßenverkehrs, MDR 1965, 439 ff.
— Eingriffsschwere oder Einzelakt, DÖV 1965, 292 ff.
— Anm. zu BGH, NJW 1967, 1749/1752/1754, NJW 1967, 1750 ff.
— Entschädigung der Straßenanlieger bei Straßenbauarbeiten nach der Rechtsprechung des Bundesgerichtshofs, DRiZ 1968, 190 ff.
— Enteignungseingriffe in Gewerbebetriebe, GewArch 1969, 269 ff.

Schneider, Hans: Gerichtsfreie Hoheitsakte, Tübingen 1951
— Über Einzelfallgesetze, Festschrift für C. Schmitt, 159 ff., Berlin 1959
— Aufopferung und Enteignung (Fr. Kreft), Diskussionsbeiträge, 29 f., 30 ff., Karlsruhe 1968
— Verfassungsrechtliche Fragen des Steinkohle-Anpassungsgesetzes (Rechtsgutachten), BB 1969, Beilage 2, 1 ff.

Schneider, Peter: In dubio pro libertate, Hundert Jahres deutsches Rechtsleben, Festschrift zum hundertjährigen Bestehen des Deutschen Juristentages, Bd. II, 263 ff., Karlsruhe 1960
— Prinzipien der Verfassungsinterpretation, Bericht, VVDStRL 20 (1963), 1 ff.

Schneider, Rudolf: Rechtsnorm und Individualakt im Bereich des verfassungsrechtlichen Eigentumsschutzes, VerwArch 58 (1967), 197 ff., 301 ff.
— Bericht über die Diskussion über enteignungsrechtliche Fragen bei der juristischen Studiengesellschaft Karlsruhe, NJW 1968, 1320 f.

Schnur, Roman: Probleme um den Störerbegriff im Polizeirecht, DVBl 1962, 1 ff.
— Pressefreiheit, Mitbericht, VVDStRL 22 (1965), 101 ff.

Schöne, Lothar: Öffentliche Gewalt und Eigentum, DÖV 1954, 552 ff.

Scholler, Heinrich: Person und Öffentlichkeit, München 1967

Scholz, Rupert: Das Wesen und die Entwicklung der gemeindlichen öffentlichen Einrichtung, Berlin 1967
— Gemeinde-Einwohner-Privatschule, WRP 1968, 315 ff.
— Anm. zu BVerwGE 30, 191 ff., NJW 1969, 1044 ff.
— Wirtschaftsaufsicht und subjektiver Konkurrentenschutz, Berlin 1971
— Koalitionsfreiheit als Verfassungsproblem, München 1971

Schricker, Helmut: Wirtschaftliche Tätigkeit der öffentlichen Hand und unlauterer Wettbewerb, München - Köln - Berlin 1964

Schüle, Adolf: Die staatliche Intervention im Bereich der Wirtschaft, Mitbericht, VVDStRL 11 (1954), 75 ff.

Schulte, Hans: Enteignung und privatrechtliche Aufopferung, DVBl 1965, 386 ff.
— Eigentum und öffentliches Interesse, Berlin 1970

Schumann, Ekkehard: Die Problematik der Urteils-Verfassungsbeschwerde bei gesetzgeberischem Unterlassen, AöR 88 (1963), 331 ff.

Schwark, Eberhard: Der Begriff der „Allgemeinen Gesetze" in Art. 5 Abs. 2 des Grundgesetzes, Berlin 1970

Schwenk, Edmund H.: Umfang und Wirkung von Meinungs- und Pressefreiheit, NJW 1962, 1321 ff.

Schweiger, Karl: Die für die Entscheidung über die verwaltungsgerichtliche Anfechtungsklage maßgebende Sach- und Rechtslage, DÖV 1964, 205 ff.

— Der für die verwaltungsgerichtliche Entscheidung maßgebende Zeitpunkt, NJW 1966, 1899 ff.

Scupin, Hans Ulrich: Das Polizeirecht in der Bundesrepublik Deutschland, Handbuch der kommunalen Wissenschaft und Praxis Bd. II, 606 ff., Berlin - Göttingen - Heidelberg 1957

Sellmann, Martin: Sozialbindung des Eigentums und Enteignung, NJW 1965, 1689 ff.

Selmer, Peter: Der Vorbehalt des Gesetzes, JuS 1968, 489 ff.

Sendler, Horst: Die Konkretisierung einer modernen Eigentumsverfassung durch Richterspruch, DÖV 1971, 16 ff.

Senoner, Dieter: Amtshaftung für Automaten, Diss. München 1968

Siebert, Wolfgang: Privatrecht im Bereich öffentlicher Verwaltung, Zur Abgrenzung und Verflechtung von öffentlichem Recht und Privatrecht, Festschrift für Hans Niedermayer zum 70. Geburtstag, 215 ff., Göttingen 1953

Sigloch, Heinrich: Vorläufige Geltung verfassungswidriger Gesetze, JZ 1958, 80 ff.

Simitis, Spiros: Soll die Haftung des Produzenten gegenüber dem Verbraucher durch Gesetz, kann sie durch richterliche Fortbildung des Rechts geordnet werden? Im welchem Sinne?, Verhandlungen des 47. Deutschen Juristentages, Gutachten, Bd. I Teil C, München 1968

— Informationskrise des Rechts und Datenverarbeitung, Karlsruhe 1970

Smend, Rudolf: Das Recht der freien Meinungsäußerung, Mitbericht, VVDStRL 4 (1928), 44 ff.

— Verfassung und Verfassungsrecht, Staatsrechtliche Abhandlungen und andere Aufsätze, 119 ff., 2. Aufl., Berlin 1968

— Bürger und Bourgeois im deutschen Staatsrecht, Staatsrechtliche Abhandlungen und andere Aufsätze, 309 ff., 2. Aufl., Berlin 1968

Söhn, Hartmut: Eigentumsrechtliche Probleme des gemeindlichen Anschluß- und Benutzungszwanges, Diss. München 1965

Spanner, Hans: Enteignungsprobleme im österreichischen Recht, Gedächtnisschrift für Walter Jellinek, 469 ff., München 1955

— Die verfassungskonforme Auslegung in der Rechtsprechung des Bundesverfassungsgerichts, AöR 91 (1966), 503 ff.

— Gesetzliche Regelung des Folgenbeseitigungsanspruches?, DVBl 1968, 618 ff.

— Die Steuer als Instrument der Wirtschaftslenkung, StuW 1970, Sp. 377 ff.

Starck, Christian: Der Gesetzesbegriff des Grundgesetzes, Baden-Baden 1970

Steffen, Erich: Der Aufopferungsanspruch in der Rechtsprechung des Bundesgerichtshofs, DRiZ 1967, 110 ff.

— Die Enteignungsentschädigung, DRiZ 1968, 126 ff.

Stein, Ekkehart: Der Verwaltungsvertrag und die Gesetzmäßigkeit der Verwaltung, AöR 86 (1961), 320 ff.
— Lehrbuch des Staatsrechts, 2. Aufl., Tübingen 1971
Stein, Erwin: Zur Wandlung des Eigentumsbegriffes, Festschrift für Gebhard Müller, 503 ff., Tübingen 1970
Stein, Lorenz: Die Verwaltungslehre, 7. Teil: Innere Verwaltungslehre, Drittes Hauptgebiet: Die wirtschaftliche Verwaltung, Erster Teil: Die Entwährung, Stuttgart 1868
Stern, Klaus: Gedanken über den wirtschaftslenkenden Staat aus verfassungsrechtlicher Sicht, DÖV 1961, 325 ff.
— Die öffentliche Sache, Mitbericht, VVDStRL 21 (1964), 183 ff.
Stier-Somlo, Fritz: Rechtsstaat, Verwaltung und Eigentum, VerwArch 19 (1911), 43 ff.
Stödter, Rolf: Öffentlichrechtliche Entschädigung, Hamburg 1933
— Über den Enteignungsbegriff, DÖV 1953, 96 ff., 136 ff.
Stoll, Hans: Kausalzusammenhang und Normzweck im Deliktsrecht, Tübingen 1968
Strache, Karl-Heinz: Das Denken in Standards, Berlin 1968
Stree, Walter: Deliktsfolgen und Grundgesetz, Tübingen 1960
Suhr, Dieter: Eigentumsinstitut und Aktieneigentum, Hamburg 1966
Thieme, Werner: Subsidiarität und Zwangsmitgliedschaft, Saarbrücken 1962
Thoma, Richard: Die juristische Bedeutung der grundrechtlichen Sätze der Deutschen Reichsverfassung im Allgemeinen, Grundrechte und Grundpflichten der Reichsverfassung Bd. I (1929), 1 ff., Berlin - Mannheim 1929
Thomä, Volker und Björn *Wolter:* Zweckentfremdung und Enteignung, MDR 1958, 203 ff.
Tiedemann, Klaus: Haftung für Gesundheitsbeschädigungen Gefangener, NJW 1962, 1760 ff.
Timmermann, Franz Hubert: Der baurechtliche Nachbarschutz, Berlin 1969
Torz, Robert: Die privatwirtschaftliche Betätigung der öffentlichen Hand und das Grundgesetz, DÖV 1958, 205 ff.
Traeger, Ludwig: Der Kausalbegriff im Straf- und Zivilrecht, Marburg 1904
Triepel, Heinrich: Staatsrecht und Politik, Berlin 1927
— Das Recht der freien Meinungsäußerung, Diskussionsbeitrag, VVDStRL 4 (1928), 89
Über, Gisbert: Freiheit des Berufs, Hamburg 1952
Ule, Carl Herrmann: Verwaltungsgerichtsbarkeit, Kommentar zur VwGO, 2. Aufl., Köln - Berlin - München - Bonn 1962
— Besonderes Gewaltverhältnis, Evangelisches Staatslexikon, Sp. 663 ff., Stuttgart - Berlin 1966
Ule, Carl Hermann und D. *Fittschen:* Anm. zu BGHZ 41, 264, JZ 1965, 315 ff.
Ule, Carl Herrmann und Klaus Albrecht *Sellmann:* Der maßgebliche Zeitpunkt für die Sach- und Rechtslage bei Anfechtungsklagen, JuS 1967, 308 ff.
Vervier, Heinrich: Meinungsäußerung und Beamtenrecht, AöR 6 (1924), 1 ff.
Viehweg, Theodor: Topik und Jurisprudenz, 4. Aufl., München 1969
Vogel, Karl-Heinz: Die Rechtsstellung des Dritteigentümers im Falle ungerechtfertigter Einziehung, GA 1958, 33 ff.

Vogel, Klaus: Öffentliche Wirtschaftseinheiten in privater Hand, Hamburg 1959
— Der Verursachungsbegriff im Polizeirecht, JuS 1961, 91 ff.
— Gesetzgeber und Verwaltung, Bericht, VVDStRL 24 (1966), 125 ff.
— Aufopferung und Enteignung (Fr. Kreft), Diskussionsbeiträge, 32 f., 36 f., Karlsruhe 1968
— Steuerrecht und Wirtschaftslenkung, Jahrbuch der Fachanwälte für Steuerrecht 1968/1969, 225 ff.
Vogel, Klaus und Hannfried *Walter:* Kommentierung zu Art. 105 GG, Bonner Kommentar Stand Februar 1971, Hamburg 1950 ff.
Wagner, Heinz: Der Haftungsrahmen in der Lehre vom Sonderopfer, Festschrift für Hermann Jahrreiß, 441 ff., Köln - Berlin - Bonn - München 1964
— Zur Kritik an der Rechtsprechung zum Enteignungsrecht, DRiZ 1965, 114 ff.
— Eingriff und unmittelbare Beeinträchtigung im öffentlichen Entschädigungsrecht, NJW 1966, 569 ff.
— Die Abgrenzung von Enteignung und enteignungsgleichem Eingriff, NJW 1967, 2333
— Amts- oder Fiskalhaftung, JZ 1968, 245 ff.
Weber, Hermann: Grundprobleme des Staatskirchenrechts, JuS 1967, 433 ff.
Weber, Max: Wirtschaft und Gesellschaft, Studienausgabe, hrsg. von Joh. Winckelmann, 1. Hbbd., Köln - Berlin 1964
Weber, Werner: Zur Problematik von Enteignung und Sozialisierung nach neuem Verfassungsrecht, NJW 1950, 401 ff.
— Enteignung, Handwörterbuch der Sozialwissenschaften Bd. 3, 227 ff., Stuttgart - Tübingen - Göttingen 1961
— Die verfassungsrechtlichen Grenzen sozialstaatlicher Forderungen, Staat 4 (1965), 409 ff.
— Das Bundesverfassungsgericht und die Steuerordnung, AöR 90 (1965), 452 ff.
— Öffentlich-rechtliche Rechtsstellungen als Gegenstand der Eigentumsgarantie in der Rechtsprechung, AöR 91 (1966), 382 ff.
— Eigentum und Enteignung, Die Grundrechte Bd. II, 331 ff., 2. unveränderte Aufl., Berlin 1968
— Wandlungen und Formen des Staates, Spannungen und Kräfte im westdeutschen Verfassungssystem, 225 ff., 3. Aufl., Berlin 1970
Wehrhahn, Herbert: Das Gesetz als Norm und Maßnahme, Mitbericht, VVDStRL 15 (1957), 35 ff.
Weimar, Robert: „Zufalls"-Schädigungen durch die öffentliche Hand, DÖV 1963, 607 ff.
Weimar, Wilhelm: Gibt es eine öffentlich-rechtliche Gefährdungshaftung?, JR 1958, 96 ff.
Weishäupl, Karl: Die Kausalität in der Kriegsopferversorgung, München - Berlin 1958
Weissauer, Walther und Dieter *Hesselberger:* Nichtigkeit oder Vernichtbarkeit verfassungswidriger Normen, DÖV 1970, 325 ff.
Weitnauer, Hermann: Aufopferung und Enteignung (Fr. Kreft), Diskussionsbeitrag, 34, Karlsruhe 1968
Welzel, Hans: Das Deutsche Strafrecht, 11. Aufl., Berlin 1969

Wengler, Wilhelm: Völkerrecht Bd. I, Berlin - Göttingen - Heidelberg 1964
Werner, Fritz: Verwaltungsrecht als konkretisiertes Verfassungsrecht, DVBl 1959, 527 ff.
— Das Problem des Richterstaates, Berlin 1960
— Über Tendenzen der Entwicklung von Recht und Gericht in unserer Zeit, Karlsruhe 1965
Wertenbruch, Wilhelm: Grundrechtsanwendung im Verwaltungsprivatrecht, JuS 1961, 105 ff.
— Sozialrecht und allgemeines Verwaltungsrecht, DÖV 1969, 593 ff.
Westermann, Harry: Die Befugnis zum Bauen nach der Rechtsprechung und nach dem BBauG als Frage der Inhaltsbestimmung des Grundeigentums im Rahmen von Art. 14 GG, Festschrift für Hans Carl Nipperdey Bd. II, 765 ff.
Weyreuther, Felix: Empfiehlt es sich, die Folgen rechtswidrigen Verwaltungshandelns gesetzlich zu regeln (Folgenbeseitigung — Folgenentschädigung), Verhandlungen des 47. Deutschen Juristentages, Gutachten, Bd. I Teil B, München 1968
Wilburg, Walter: Zur Lehre von der Vorteilsausgleichung, JheringsJb 82 (1932), 51 ff.
— Elemente des Schadensrechts, Marburg 1941
Wilhelm, Bernhard: Grundsätze des materiellen Enteignungsrechts, DÖV 1965, 397 ff.
Wilke, Günther: Die Haftung des Staates, Frankfurt a. M. 1960
Wintrich, Josef: Über Eigenart und Methode verfassungsgerichtlicher Rechtsprechung, Festschrift für Wilhelm Laforet, 227 ff., München 1952
— Zur Problematik der Grundrechte, Köln 1957
Wittig, Peter: Politische Rücksichten in der Rechtsprechung des Bundesverfassungsgerichts?, Staat 8 (1969), 137 ff.
Wolf, Ernst: Das Recht am eingerichteten und ausgeübten Gewerbebetrieb, Festschrift für Fritz v. Hippel, 665 ff., Tübingen 1967
Wolff, Hans J.: Verwaltungsrecht Bd. I, 7. Aufl., München 1968
— Verwaltungsrecht Bd. III, München und Berlin 1966
Wolff, Martin: Reichsverfassung und Eigentum, Festschrift für Wilhelm Kahl, 1 ff., Tübingen 1923
Wulf, Hartmut: Die Junktimklausel, Diss. Hamburg 1968
Zacher, Hans F.: Entschädigungslose Enteignung von Verkehrsflächen?, BayVBl 1956, 66 ff., 109 ff.
— Freiheit und Gleichheit in der Wohlfahrtspflege (Rechtsgutachten), Köln 1964
— Verwaltung durch Subventionen, Mitbericht, VVDStRL 25 (1967), 308 ff.
— Soziale Gleichheit, AöR 93 (1968), 341 ff.
— Freiheitliche Demokratie, München - Wien 1969
Zeidler, Karl: Über die Technisierung der Verwaltung, Karlsruhe 1959
— „Verwaltungsfabrikat" und Gefährdungshaftung, DVBl 1959, 681 ff.
— Bundesverfassungsgericht und „Maßnahmegesetz", JZ 1960, 391 ff.
— Maßnahmegesetz und „klassisches" Gesetz, 1961
— Schranken nichthoheitlicher Verwaltung, Mitbericht, VVDStRL 19 (1961), 208 ff.

Zeidler, Karl: Gedanken zum Fernsehurteil des Bundesverfassungsgerichts, AöR 86 (1961), 361 ff.
— Einige Bemerkungen zum Verwaltungsrecht und zur Verwaltung in der Bundesrepublik Deutschland seit dem Grundgesetz, Staat 1 (1962), 321 ff.
Zinkahn, Willy und Walter *Bielenberg:* Kommentar zum Bundesbaugesetz, Stand März 1971, München
Zinkeisen, Siegfried: Das Fehlen einer Entschädigungsregelung im AWG, Diss. München 1968
Zippelius, Reinhold: Problemjurisprudenz und Topik, NJW 1967, 2229 ff.
Zuleeg, Manfred: Zweistufige Rechtsverhältnisse bei der Vergabe öffentlicher Aufträge?, NJW 1962, 2231 ff.
— Die Gesetzgebungsbefugnisse des Bundes und der Länder im Recht der Enteignung und Aufopferung, DVBl 1963, 320 ff.
— Die Rechtsformen der Subventionen, Berlin 1965

Printed by Libri Plureos GmbH
in Hamburg, Germany